古典文獻研究輯刊

十四編

潘美月・杜潔祥 主編

第 14 冊

馬驌之生平與學術

李 時 銘 著

國家圖書館出版品預行編目資料

馬驌之生平與學術／李時銘 著 — 初版 — 台北縣永和市：花
木蘭文化出版社，2012〔民 101〕
目 2+208 面；19×26 公分
（古典文獻研究輯刊 十四編；第 14 冊）
ISBN：978-986-254-847-9（精裝）
1.（清）馬驌 2. 傳記 3. 學術思想 4. 經學 5. 史料學
011.08   101002996

古典文獻研究輯刊
十四編 第十四冊   ISBN：978-986-254-847-9

馬驌之生平與學術

作 者 李時銘
主 編 潘美月 杜潔祥
總 編 輯 杜潔祥
企劃出版 北京大學文化資源研究中心
出 版 花木蘭文化出版社
發 行 所 花木蘭文化出版社
發 行 人 高小娟
聯絡地址 新北市永和區中正路五九五號七樓
       電話：02-2923-1455／傳真：02-2923-1452
網 址 http://www.huamulan.tw 信箱 sut81518@gmail.com
印 刷 普羅文化出版廣告事業
初 版 2012 年 3 月
定 價 十四編 20 冊（精裝）新台幣 31,000 元

馬驌之生平與學術

李時銘　著

作者簡介

李時銘，國立政治大學中文研究所文學博士，曾任台北市立國樂團指揮兼副團長、國立實驗國樂團專任指揮，現任逢甲大學中文系教授。主要研究領域為經學、音樂與文學、中國音樂史、文獻學等，著作有《詩歌與音樂論稿》、《全唐賦》（共同主編）及〈作樂思想的理論及其實踐〉、〈正樂與詩樂之雅俗〉、〈論重編《全漢賦》──以費編《全漢賦》在文獻整理上的問題為借鑑〉、〈論臺灣賦之編纂〉等。

提　要

　　馬驌是清初的學者，以史學見長，兼擅經學，他留下兩部主要的著作：《左傳事緯》與《繹史》，前者將《左傳》易編年為紀事，是同類著作中較嚴謹的；後者則裒集古史史料，依事立目，並根據史料之信度，彙聚編次，對於近代的古史研究，產生相當大的影響。但是這種為人作嫁的基礎建構工作，並不如創發理論或論證問題般的吸引注意，因此長期以來，並未得到應有的評價。

　　本文一則考辨馬驌的生平學行及其著作，一則析論其學術成就。全編分為七章：一、生平事蹟，探討馬驌的身世親族、科第仕宦以及交游等；二、著述，討論其《左傳事緯》、《繹史》、《鄒平縣志》等書之撰作經過與刊刻存佚；三、經學，分就《詩》、《書》、《禮》、《春秋》四部分觀察馬驌在經學方面之特識與成績；四、史料學，依據《繹史》引述書目及徵採情況，討論馬氏在史料蒐集考辨上之功力；五、歷史編纂學，就《左傳事緯》與《繹史》之編輯，論析其成就；六、歷史批評，輯錄馬驌關於知人論世之文字，以見其史識；七、結論，就馬驌著作本身之成就與其後承襲其體製、論據之情形，評估馬氏在學術史上之地位。

目次

緒　言

　　馬驌生當晚明空疏與乾嘉考據之間，自其著述所存者《左傳事緯》與《繹史》觀之，馬氏之爲學也以深植根基爲本，以博稽群籍爲務，故其所長在史料之蒐集考訂與夫編撰之獨創也。方虛談之際能務實學，先考信之興而辨載記，由是知馬氏之難能也。第以其性內斂而少發揚，其著作長於編纂而尠議論，故易爲人所用而不名，此不能不爲之太息也。

　　觀其一生，不尙虛文而重實學，其出仕也，以民生疾苦爲念；其治學也，唯編整故籍是務。自朱明以來，學者多侈談心性，廢書不觀，即或讀書，亦不脫舉業二字；而先生獨致力於載籍之編纂，顧亭林、閻百詩嘗稱道之。然風氣寖假，後世多以著作爲高，視考索爲小道，先生之業，遂沒而不彰。夫讀書根基不立，徒以成一家言是尙，躐等以求，其可乎哉？善乎高亨之言曰：「今人多勤於著述而懶於讀書，樂於譚虛而苦於索實」，博學務實，蓋馬氏之所事，發潛德之幽光，此本論文之所由作也。

　　本文計分七章：一、生平事蹟，探討馬驌之身世親族、科第宦績及交游等，並附行年表；二、著述，討論馬驌之著述包括《左傳事緯》、《繹史》、《鄒平縣志》、《十三代瑰書》等之撰作經過與刊刻存佚，並敘錄現存之版本，其著錄有誤者且爲釐正；三、經學，分就《詩》、《書》、《禮》、《春秋》四部份觀察馬驌在經學方面之特識與成績；四、史料學，依據《繹史》引述書目及徵採情況討論馬驌在史料蒐集考辨評價上之功力；五、歷史編纂學，就《左傳事緯》與《繹史》之編輯，肯定馬驌之成就；六、歷史批評，輯錄馬驌關於知人論世之文字，以見其史識；七、結論，就馬驌著作本身之成就與其後承襲其體製、論據之情形，評估馬氏在學術史上之地位。文末並附主要參考

書目。

關於馬驌生平資料，頗爲缺乏。最早爲康熙十二年施閏章所撰之〈靈璧縣知縣馬公墓誌銘〉，論其著作，則有王士禎《分甘餘話》關於《繹史》板入內府者一則，《四庫提要》二則（《左傳事緯》、《繹史》）。其後有關論述，多不脫此範圍，如《國朝耆獻類徵初編》卷二一八、《國朝先正事略》卷三十二、《清史稿》卷四八七、《清史列傳》卷六十八（語甚簡略）等。本文以〈墓誌銘〉爲基礎，復搜採方志所載，參以時人文集筆記，撰成生平事略一章，大致有關馬氏之生平者，已盡萃於斯矣。其所以不厭其詳，多事援引者，蓋無徵不信也。因或證或考，資料繁瑣，爲便徵引參稽，故此章特採用綱目體，以清端緒；其所不知，蓋付闕如，亦聞疑傳疑，聞信傳信之義也。由於資料之闕軼，故年譜無所依憑而作，僅能就其可考徵者作爲行年表，庶乎聞弦歌而知雅意耳。

對於馬驌學術之討論，主要依據《左傳事緯》與《繹史》，就其所徵引史料與考訂編纂，分別義例，條析縷舉，以見馬氏之非率意作者。凡所徵引，《事緯》據光緒四年潘爵刻本，《繹史》據光緒十五年金匱浦氏刻本，以其通行且亦尚稱可用，其有疑義，並分別以原刊本參校。

余弱冠從先師趙鐵寒先生習上古史，先生常以「證古」爲訓，而史料之蒐集考訂，固其首要者焉，是以對馬氏《繹史》，推崇有加，謂其可供學者索引，得以省爬羅之苦，嘉惠後學者蓋不少也；洎入本所，從高師仲華讀《左傳》，時以《傳》之義例與竄亂問題相勉，並推介《左傳事緯》。是故數年間頗留意於馬驌之事蹟，然除施閏章〈墓誌銘〉外，竟無較詳備之傳記，諸家所述或僅片言隻句，實不足以明其學也。因廣搜史料，撰爲文章，並以繼志述事自期也。撰作期間，復承王師夢鷗、羅師宗濤之襄助勉勵，多所匡正，俾得順利完成。其有未逮，尚祈師長先進，有以教之。

一九八四年八月

第一章　生平事蹟

馬驌，字宛斯，一字驄御，自號攬茝齋主人。山東省濟南府鄒平縣人。生於明天啓元年正月十一日（1621 年 2 月 1 日），卒於清康熙十二年七月初四（1673 年 8 月 15 日），享年五十四歲。其先世自棗強（河北冀縣東南）徙鄒平，居孫鎮。祖九功（肖南）推財讓善，好周人急，里中稱德門焉。父化豸（獻明），績學補諸生，早逝，驌與弟駉依祖以生。

先生嘗讀於鄒平之虎㟼社學，與順治三年丙戌恩科鄉試，中式。十六年，與己亥恩科會試，成進士。謁選居京邸，以才望爲順天鄉試同考官，所拔皆知名士。康熙六年，除淮安府推官，數有平反，旋以裁缺歸。八年，補靈璧知縣，蠲荒除弊，歲省民力無筭，流亡復業者數千家。爲政四年，卒於任，民皆哭泣，爲之制服，得部檄祀名宦祠。

先生初娶成孺人，儉勤恪順，先二十五年卒，繼室瞿孺人，其副李氏，妾趙氏。成氏生子二：瓖、邑廩生，次璲；女子一人，適長山縣進士李予之。李氏生子三：瓚、邑庠生，次瑜、玥，俱州同。孫男廷鑣、廷鐸、廷鉽、廷鑑。

先生博雅嫻古，始終嗜書，勤學好問，尤精於《左氏》之學。嘗與修《鄒平縣志》，著有《左傳事緯》，易編年爲紀事，正文十二卷，另撰〈丘明小傳〉一卷、〈左氏辨例〉三卷、〈左傳圖說〉一卷、〈覽左隨筆〉一卷、〈春秋名氏譜〉一卷、〈左傳字釋〉一卷，計二十卷。又有《繹史》一百六十卷，取隋以前載籍之關乎古史者，以類相從，一事一目，並爲評論焉。起自開闢原始，終於秦併天下；末十卷曰外錄，則統紀天官、律呂、地理、名物等，如史志然，書稱精博，時人號爲「馬三代」。所編《十三代瑰書》，則不傳焉。

第一節　身世與親族

馬驌，字宛斯，一字驄御，自號攬茝齋主人。山東省濟南府鄒平縣人。

> 施閏章〈靈壁縣知縣馬公墓志銘〉（以下或簡稱〈墓誌銘〉）:「濟南之鄒
> 平，有以好古力學聞者，曰馬君宛斯，諱驌，宛斯其字，一字驄御。」

> 康熙間《繹史》原刻本〈徵言〉後有圖記二，一陰文「馬驌印」，另一陰
> 文「字宛斯」。（參圖版一）

> 康熙間刊本《左傳事緯・例略》後有「攬茝齋主人謹識」，前書與正書目
> 錄均題「攬茝齋編次」，知攬茝齋主人者，馬驌之自號也，蓋取義於〈離
> 騷〉:「既替余以蕙纕兮，又申之已攬茝。」此歷來諸家紀傳所未曾及之
> 者。

圖版一：康熙九年原刊本《繹史・徵言》後馬驌圖章

生於明天啓元年正月十一日（1621 年 2 月 1 日），卒於清康熙十二年七月初四
日（1673 年 8 月 15 日），享年五十四歲。

> 〈墓志銘〉:「君生明天啓辛酉正月十一日，享年五十四，卒于今康熙癸
> 丑七月辛未。」

其先世自棗強徙鄒平，居孫鎮。

> 〈墓志銘〉:「其先世自棗強徙鄒平。」

> 《鄒平縣志》（下文或省稱《鄒志》）十五:「馬九功（案：驌祖），先世
> 居孫鎮。」

> 《清史稿・地理志》:「直隸，冀州直隸州，縣五」，棗強爲其一。

> 據《鄒平縣志》卷首〈方域沿革圖〉，孫鎮在縣北，清屬梁鄒鄉，民國後
> 改長白鄉。

> 又《鄒平縣志・方域考・梁鄒鄉》、「梁六里領六村：范家莊、都路平、
> 大里莊、孫家鎮（原注：即漢、隋、唐鄒平故城，有集）、北辛莊、高唐
> 寨。」孫鎮即孫家鎮。（參圖版二、圖版三）

圖版二：民國長白鄉（清梁鄒鄉）圖

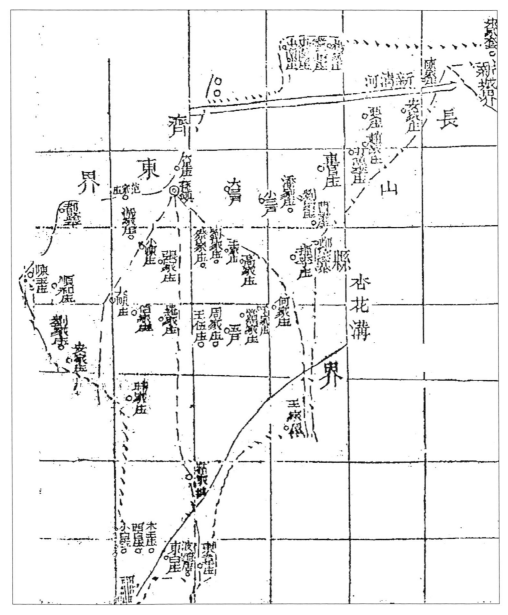

（《鄒平縣志》卷首，此圖北方在上、南方在下）

圖版三：清鄒平縣圖

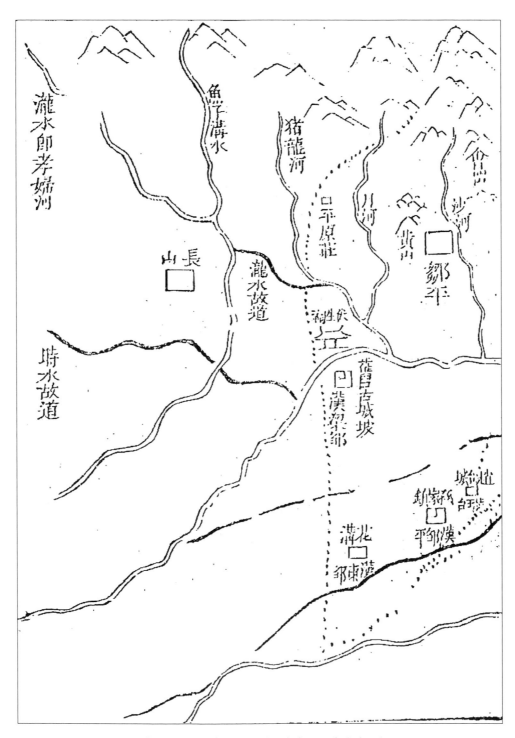

（《鄒平縣志》卷首，此圖北方在下，南方在上）

祖九功，推財讓善，好周人急，里中稱德門焉。

《鄒平縣志》卷十五：「九功好周人急，近村貧而無以葬埋昏嫁者，多咨給焉。萬歷甲寅（案：明神宗四十二年，1614）大饑，多出粟以助賑；又捐金修北門子城。嘗訓子孫曰：『讀書修德，勿缺其一也。』歿祀鄉賢祠。」（馬九功傳）

〈墓志銘〉：「大父肖南公，推財讓善，里中稱德門焉。」

《鄒平縣志》卷十八：「馬九功卒後二十餘年，有鄉民張耀年八十矣，自云曾貸九功銀五兩，挈家他徙，今始復業；夫妻紡績，有布十疋，今以來償。其孫驌因家無契券，又不識其人，堅不受。耀泫然流涕曰：『我家八口，賴五金以活，今有子有孫，皆出公賜，可不償邪？』置布而去。驌貨其布修橋路、施乞丐焉。」（〈雜志〉）

《濟南府志》卷五十四：「（驌）祖九功，號肖南，祀忠義祠。」《鄒志》卷十五馬駉傳：「歿，與祖同祀忠義祠。」案《鄒平縣志》卷十五九功傳云「祀鄉賢祠」，與此不同，考《鄒志》五忠義孝弟祠有「明授兩淮鹽運副使馬公名九功」，鄉賢祠則不祀，九功傳蓋失之。

父化豸，績學補諸生，早逝。

《濟南府志》卷五十四：「（驌）父化豸早歿，依祖以居。」（馬驌傳）

〈墓志銘〉：「父獻明公，績學補諸生，早世。」

案《鄒志》卷十五：「馬九功，先世居孫鎮，皆力農，九功始以讀書勉弟桂卿，故桂卿為諸生。」是馬家讀書實自驌之叔祖桂卿始，桂卿則沂水訓導狒漢之父、而御史光之祖也。

又《鄒志》卷十三〈貤封〉有馬化豸，妻范氏、閆氏、張氏，「康熙□年以子驌官贈文林郎、靈璧縣知縣，妻贈太孺人。」〔註1〕妻范氏、閆氏、張氏旁行斜上，云「妻贈太孺人」，則驌或為范氏所出。

案：化豸卒年，諸書不詳，實當明崇禎八年（1635），即驌十五歲時。

《鄒志》卷十五謂驌弟駉「七歲失怙恃，與兄驌同依於祖九功。」（馬駉傳）〔註2〕據《濟南府志》卷五四云：「康熙戊辰（案二十七年，1688）

〔註1〕《世祖章皇帝實錄》順治九年二月庚辰：「定官員封贈例……正七品，儒士出身：文林郎，吏員出身：宣義郎，從七品：徵仕郎，妻俱孺人，封贈一代。」

〔註2〕稱「失怙恃」，則父母俱亡，然化豸既有妻三人，則驌駉未必同母所出。又江藩《漢學師承記》卷一稱「驌少孤，事母以孝聞」，則未知所出。

鄒平文廟失修，（駉）糾多士倡新之，工成生子，蓋六十矣。」（馬駉傳）
則駉當生於崇禎二年（1629），其七歲時為崇禎八年，是年父卒，時驌十
五歲。〔註3〕

弟駉，康熙二十四年貢生，候選訓導。

　　《鄒志》卷十五：「馬駉、字端斯，七歲失怙恃，與兄驌同依於祖九功。
　　祖歿，事兄如父，終日無浮語倦容。同居四十年，不析產。兄歿於靈壁
　　（壁）官署，駉撫棺慟絕。既蘇，遣兄子扶柩歸，身留交盤閱三載然後
　　返。居鄉媢睦，有不和於兄弟，不親於宗族者，必親之和之乃已。待族
　　子無疾言遽氣，而岸然不可犯。鄒平廟學久失修，駉糾多士倡新之。駉
　　無子，功成而生子，駉已六十歲矣。歿，與祖同祀忠義祠。」（馬駉傳）

　　《濟南府志》卷五十四差詳：「馬駉，字端斯，驌之弟，貢生，候選訓
　　導。……兄歿於靈壁，聞訃，千里命駕，撫棺慟絕；既蘇，遣兄子扶柩
　　歸，身留金陵交盤凡三載，無怨望怨嗟。……」（馬駉傳）

　　案據《鄒志》卷十三〈選舉志〉：康熙二十四年乙丑貢生有馬駉。

　　又《鄒志》卷五〈建置考下〉忠義孝弟祠祀有「皇清貢生候選訓導馬公名
　　駉」。

族弟光，與驌同榜進士。曾任雲南羅次、江南寧國知縣，雲南道、河南道監
察御史。

　　《鄒志》卷十五：「馬光，字幼實，鄉賢𤞑漢子也。順治辛卯（八年，
　　1651）科舉人，己亥（十六年）科與同曾祖兄驌同榜進士。除雲南羅次
　　縣知縣……服官有政聲。丁憂，服除，補江南寧國縣知縣，以治行第一，
　　行取入都，授雲南道監察御史，改河南道，又出巡兩浙鹽課。康熙十六
　　年，因趙高鹿馬之謠謫奉天（案：事詳《鄒志》，不具錄）。……康熙三

〔註3〕又據李文藻〈與紀曉嵐先生書〉（《南澗文集》卷下）述其訪求馬驌遺書時，曾
　　遇驌姪，自云驌歿十年始生：「昨於九月初一日過鄒平，邀一友同至其家，一
　　白鬚者出，自云宛斯之姪。……白鬚云：『伯父歿十年，予始生……。』……」
　　驌以康熙十二年（1673）卒，則其姪應生於康熙二十二年，而《鄒志》卷十
　　五云：「駉無子，功成（案指修鄒平廟學）而生子，駉已六十歲矣。」（馬駉
　　傳）參之《濟南府志》卷五十四「康熙戊辰（二十七年）鄒平文廟失修，糾
　　多士倡新之，工成生子，蓋六十矣」之文，馬駉應僅此一子，且不可能生於
　　康熙二十七年之前，白鬚者或記憶之失，故不取焉。且《鄒志》卷十五馬駉
　　傳云：「（與兄）同居四十年，不析產。」（《濟南府志》卷五十四同），若自所
　　推驌父卒年（1635）至驌卒（1673）為三十九年，亦合四十之約數。故馬駉
　　生於崇禎二年（1629），馬化豸卒於八年（1635），應較為合理。

十五年……俞旨赦光。……」（馬光傳）

案《明清歷科進士題名碑錄》順治己亥科，馬光爲三甲第二百一十五名進士。

又案《鄒志》卷十五：「馬犿漢，字孟白，……九功之猶子而御史光之父也。以耕讀不涉外務，家法嚴愼，有餘積輒以賙親族貧乏，凡三黨待以舉火者數十家。歲歉，振救所全活尤眾。以貢官沂水訓導，先以德，次以文。殁後，縣人合以文祭之。……祀鄉賢祠。」

驌初娶成孺人，早卒，繼室瞿孺人，其副李氏，妾趙氏。驌卒於靈璧，趙氏爲殉焉。

〈墓志銘〉：「初娶成孺人，儉勤恪順，婦職具宜。先二十五年卒，君悼之日：『是于我有助，它日必無异穴。』今以之祔葬。繼室瞿孺人，其副李氏。」

案：馬驌卒於康熙十二年，成孺人先二十五年卒，則在順治五年（1648）。馬驌繼室，施閏章《文集》作「瞿孺人」，《碑傳集》九十一、《國朝耆獻類徵初編》二一八引〈墓志銘〉同，唯《鄒志》引作「翟孺人」，雖《鄒志》成於鄉人，然以前數者校刊頗精而後者文多節闕，且《鄒志》卷九〈古蹟考二〉、卷十五〈人物考上〉兩引〈墓志銘〉而文字頗有出入，殆不可盡從，故以《文集》爲是。

又《鄒志》卷十六：「趙氏，江南興化人，順治己亥進士馬驌妾也。驌仕靈璧令四載，卒於官，氏年二十四，扶柩歸里，閉戶自經死。」（〈人物考下傳略〉）

《嘉慶重修一統志》第五十八冊：「馬驌妾趙氏，鄒平人，驌任靈壁（璧）縣知縣，卒於官，氏扶柩歸葬，自經死。」

案：《鄒志》稱趙氏江南興化人，此云鄒平人者，《鄒志》近且詳，應可從。

又《鄒志》卷十六道光十六年續考補「縣中節孝祠內牌」條云：「馬驌妾趙氏，前《志》（案指嘉慶八年以前所修《鄒志》）及《馬氏譜》均未載旌年，而祠有其牌位，《譜》亦有『奉旨置主入節孝祠』之言。」前引文在未旌者四人中，此則已旌，而旌年未詳。

成氏生子二：瓚、璲，並女一人。李氏生子三：瓚、瑜、玥。瓚，邑廩生，瓚，邑庠生。

　　〈墓志銘〉：「成生子二：瓌，邑廩生，次璲，女子一人，⋯⋯李生子三：
　瓚，邑庠生，次瑜、玥。」

瑜、玥俱州同，瑜著有《餐霞閣詩藁》。〔註4〕

　　《鄒志》卷十三：「援例未仕」條：「馬玥、馬瑜⋯⋯俱州同。」（「選舉表」）

　　案清制：直隸州設州同知，有別於府之同知，簡稱州同，從六品，為知
州屬官，與州判分掌糧務水利、防海管河諸職。

　　《鄒志》卷十七〈藝文考下〉：「《餐霞閣詩藁》，馬瑜著」。案《詩藁》未
見，《鄒平縣志》存其詩二首，一在卷六〈山水考〉〈春日遊會仙山詩〉：
「入山處處是桃花，好鳥鳴春不厭譁。風淨野湖漁棹穩，雲連春樹酒旗
斜。登臨最喜身猶健，疎放何妨老更加。一上高峰眞曠絕，醉歌明月吸
流霞。」一在卷九〈古蹟考〉輓一自九歲守志至八十四歲卒之貞女王氏：
「古來鮮有百年人，縱是百年疾苦駛。丈夫須留身後名，令名不立不如
死。我生好讀節義書，慷慨悲歌每如此。只緣巾幗有鬚眉，丈夫或不如
女子。」

　　又康熙三十四年重修《鄒平縣志》，瑜亦嘗與其事：時督學使者□謙吉
〔註5〕〈序〉云：「復校於馬子瑜諸人，瑜則宛斯先生嗣也。」又知縣程
素期〈序〉亦稱「⋯⋯復捃馬宛斯先生舊《志》遺稿，用宏潤色；適其
令嗣子握手示一冊，為《志》補遺。」子握則瑜也，蓋取諸《楚辭・九
章・懷沙》：「懷瑾握瑜兮，窮不知所示。」

女適長山進士李予之。

　　〈墓志銘〉：「女子一人，適長山進士李予之。」

　　案：長山亦屬濟南府。

　　據《長山縣志》卷六，李予之康熙己酉科（八年，1669）舉人，庚戌科
（九年）連捷成進士。（〈選舉志〉）

〔註4〕馬驌次子璲或不識字。李文藻訪書鄒平，述驌侄白鬚者言曰：「其遺稿一簏，
　　在長房某所，某不識字，恐其有干預田產者，故不肯示人。」而驌之諸子瓌
　　為邑廩生，瓚邑庠生，瑜玥俱州同，瑜且有詩，固非不識字者，獨璲未見及
　　之，故所謂「長房某者」當即璲也。
　　又：原刻本《左傳事緯》卷八〈左傳字釋〉列有「男馬瑜、馬瓌、馬瓚、馬
　　玥全校」，獨不舉璲，是益可證。

〔註5〕□謙吉，原書姓氏闕壞，僅殘存如「亅」。案學政多進士出身，查《明清進士
　　題名碑錄》，順治十六年己亥科有董謙吉，河南澠池人，康熙三年甲辰科有劉
　　謙吉，江南山陽人，年世均相當，考其殘字，或係劉謙吉。

《長山縣志》卷七：「李予之，字又何，登康熙庚戌進士，授內閣中書舍人，陞戶部山西司主事，轉本部員外郎中。案無留牘，廉勤有聲。遷鎮遠知府，興學校，修武備，崇節儉，慎安插，省徭役、恤舟船。甫二年，土人頌曰：『若苗若蠻，悉欣欣而戴二天；若商若賈，盡熙熙而受一廛。』舉卓異，需次候補，以疾終於京。」（李予之傳）

《濟南府志》卷五十五李予之傳大致相同而文較略。

案：李予之家門甚盛，其父振熙為順治乙酉（二年）恩拔貢，常德通判；伯重熙順治庚寅（七年）貢生，化熙崇禎甲戌（七年）進士，明四川巡撫，復詔總督三邊，順治初召拜工部右侍郎，疏辭弗獲，尋轉左侍郎，累遷刑部尚書；叔文熙順治壬辰進士，歷四川、江西、浙江、山西諸道御史；弟獻之康熙癸卯武舉〔註6〕。茲據《長山縣志‧選舉志》、〈人物志〉及《濟南府志‧人物志》列其譜系如下：

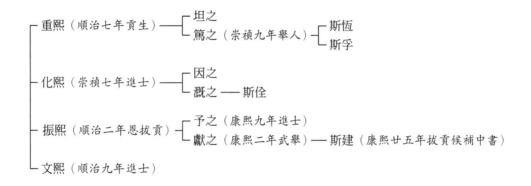

孫男廷鑣、廷鐸、廷鈘、廷鑑，凡四人。

〈墓志銘〉：「孫男廷鑣、廷鐸、廷鈘、廷鑑，凡四人。」

〔註6〕《長山縣志》卷九李重熙傳：「門內由甲乙諸科通仕籍者，繩繩未艾。」
《長山縣志》卷九〈孝友〉：「李振熙，字翔鳴。幼隨父避兵長白山中，兵將及，以身護父，身中兩矢。後父死于難，遂終身不忍入山。國初，筮仕者皆破格優用，以兄在朝，不願離母，部檄促之，始詣京謁選，除常德通判。未幾，思母切，引疾歸。子予之登進士。」（李振熙傳）《濟南府志》卷五十五同。
《長山縣志》卷七〈仕績〉：「李化熙，字五絃，前甲戌科進士，筮仕湖州司理，雪徐巘奇冤，署德清，釐租弊，惠流於民。」
李重熙傳見《長山縣志》卷九〈孝友〉，李化熙傳見《長山縣志》卷七〈仕績〉，李文熙同。

第二節　科第仕宦

一、博古勤學

馬驌生而清羸，博雅嗜古，勤學好問。

> 王士禎《池北偶談》卷九：「馬驌，……生而清羸，博雅嗜古。」

> 〈墓誌銘〉：「君始終嗜書，遠近赴弔皆謂先生勤學好問，著書滿家。」

順治初，嘗與梁知先、呂繹如等十八人結虎嵒社學，日唯讀書是事，並以時入社，較文藝進退。

> 〈創建梁鄒書院記〉：「明以來，（鄒平）縣有伏生、范文正公、張長白祠中三書院，萬曆時胥以朝議撤毀。迨我聖朝受籙，書院未及復而社學先興矣。梁朗公、呂元籍兩先生偕同人結虎嵒社學，後則王曙暉（啓卓）、醴山（啓治）兩先生繼主之。社中多掇科名，或為顯宦，亦有負著作之才者：隱居則蕭亭先生（案張實居）以風雅名，出仕則宛斯先生以博洽著，其書皆仰荷《四庫》收錄，上充中祕之藏。」（《鄒志》卷五）〔註7〕

> 案：〈記〉稱「迨我聖朝受籙」，知在順治初，而馬氏以順治三年中舉，其讀於社學，或在此期間。且順治九年嚴書院結社之禁，上諭云：「各提學官督率教官，務令諸生將平日所習經書義理，著意講求，躬行實踐，不許別創書院，群聚結黨，空讀廢業。」俞正燮《癸巳存稿》卷八亦云：「我朝順治九年禮部頒天下學校臥碑第八條云：『禁立盟結社』，十七年又以給事中楊雍建言禁妄立社名及投刺稱同社同盟，……」蓋懲於復社大社等之抗清也。〔註8〕

> 又《鄒志》卷十五：「呂繹如，字元籍，……與梁公知先立虎岩社學，同盟十八人，多捷去。」（呂繹如傳）〔註9〕

> 又同卷王啓治傳後案語：「按明之季世，嘉魚熊魚山起復社，山東萊陽宋

〔註7〕　該〈記〉題「道光□□年歲在□□□月吉日鄒平紳士公撰」，案據《鄒志》卷一〈總記〉，梁鄒書院建於道光八年，竣於十二年，〈記〉或是年所作。

〔註8〕　士子入社，主要當在研習揣摩時文之風氣，有關此節，可參考謝國楨《明清黨社運動考》。

〔註9〕　案繹如明呂軏之裔，父興周，早殁。繹如長而力學，數不第，慨然歎曰：「吾少孤，願早博一命，以慰泉壤。」順治元年（1644）以拔貢入對大廷，得官箕城令。秩滿，遷天雄別駕，職司糧馬，後擢長沙府同知。因素性介直不阿，同官有忌之者，潛中傷之，索瘢不得，僅以微譴罷歸，抑鬱得疾，竟不起。（據《鄒志》十五節錄孫光祀《膽餘軒文集》及《舊志》）

澄嵐起山左大社應之。入大社者九十一人，一時多聞而興者；鄒平亦有黃山虎岳社，梁朗公知先、呂元籍繹如主之，同盟凡十有八人。（宋澄嵐標榜門戶以應復社，幾賈大禍）黃山同盟十八人，不入大社，各閉戶讀書，唯以時入社，較文藝進退，不馳逐於聲氣之場，亦不干涉外事，故不爲當路所忌也。朗公、元籍後，醴山、曙暉二公繼之；二公歿，社學息矣。」〔註10〕

居家出仕，力學不輟。

案：顧炎武《譎觚十事》第五則辨李煥章景公墓條曾舉其在順治十五年過鄒平與馬驌親訪景相公墓一事以證己說，詳第三節「交游」。

又閻若璩《尚書古文疏證》卷六下考磬石山所在云：「又案《寰宇記》：磬石山在淮陽軍下邳縣西南八十里，〈禹貢〉『泗濱浮磬』孔《傳》『水中見石，可以爲磬。』案泗水中無此石，其山在泗水南四十里，今取磬石上供樂府，聲清亮，大小擊之皆然。與安國說不同，恐禹治水之時，水至此山矣。此正所謂不以今格古、後樊前者最是。今則在鳳陽府宿州靈壁（壁）縣北七十里。馬公驌云。」其說蓋得自馬驌，知馬氏知靈壁時亦不忘就近考古蹟也。

又張穆《閻潛邱先生年譜》卷二引《靈壁志》云：「驌博極群書，著作甚富，公退，即張鐙升閣，手校心維，申旦不寐。」馬氏之博古勤學，可以概見矣。

二、科第仕宦

順治三年丙戌八月，再行鄉試，中舉。

《世祖章皇帝實錄》順治元年冬十月載：「甲子（十日），上御皇極門，頒詔天下，詔曰：『……會試定於辰戌丑未年，各直省鄉試定於子午卯酉年。』」則丙戌非當行鄉試，其先二年乙酉初行鄉試，而三年所以重行者，蓋因大學士剛林等奏以天下初定需才孔亟故。《東華錄》順治三年四月乙酉（九日）載：「大學士剛林等奏請於本年八月再行鄉試，來年二月再行會試，以收人才；其未歸地方，生員舉人來投誠者亦許一體應試，

〔註10〕案《鄒志》卷十五：「王啓卓，字文超，號醴山。……孝友端方，博學工古文辭，精理學。……雍正癸卯歲（元年，1723）貢生，主黃山社學。」又：「（王）啓治，字曙輝。……雍正癸卯拔貢，性嚴峻，訓事有法，主黃山社學垂四十年，撥甲乙科及小試冠軍者多出其門焉。」

從之。」

案：是年山東鄉試主司爲陽城楊時化、滄州李震成，《實錄》三年七月乙丑（二十一日）：「命禮科右給事中楊時化、刑部員外郎李震成爲山東鄉試考試官。」

據《國朝貢舉年表》卷一，是年山東鄉試首題爲「天下有道則見」，二題「好學近乎知」，三題「善政得民二句」。

《鄒平縣志》卷十三〈選舉表〉該年鄒平縣中舉者有馬驌、韓毓質（南鄭知縣）、賈士準（黃縣教諭）三人，而驌下注「鄉魁」，然據《國朝貢舉年表》首名爲臨清王介錫，未知孰是。

順治十六年，中己亥恩科進士。

〈墓志銘〉：「舉順治己亥進士。」

《明清歷科進士題名碑錄》該科「賜進士出身」第二甲九十六名，其第六十六名「馬繡山東濟南府鄒平縣人」，案「繡」當爲「驌」之誤。

案：十五年戊戌已經會試，是年蓋因雲貴底平，預爲儲備人才，故特增一科。《章皇帝實錄》順治十六年二月「庚午，諭禮部：雲貴新經內附，地方綏輯需人，見在候選各員尚不足用，應預爲甄取，以備任使。著令今秋再行會試，爾部即傳諭遵行。」是則馬驌鄉、會試均中恩科。

據《國朝貢舉年表》卷二，是科總裁爲內閣劉正宗、衛周祚，首題：「欲脩其身七句」，二題：「道之以德二句」，三題：「爲人臣者接也」。

又《實錄》載是年殿試在九月癸酉（十五日），策論題見《實錄》卷一二八。

據《明清歷科進士題名碑錄》，該科取一甲三名，二甲九十六名，三甲二百七十七名，共三百七十六名。〔註11〕

〔註11〕清初會試中式額數無定例，順治三年正月甲戌「禮部奏言：龍飛首科，正士類彈冠之日，今年二月會試天下舉人，其中式名額及內簾房考官均宜增廣其數，以收人才而襄盛治。得旨：開科之始，人文宜廣，中式額數准廣至四百名，房考官二十員，後不爲例。」（《順治實錄》卷二十三）與明代同。四年再行會試，取中三百名（《實錄》卷三十一），六年爲三百九十五名（《實錄》卷四十三），九年分南北中卷，原定四百名，實取三百九十七名，另有滿州蒙古貢士五十名（《實錄》卷六十二、《大清會典事例》卷三五〇），十二年滿洲蒙古五十名，漢軍及漢貢士四百四十九人，止分南北卷（《實錄》卷九十），人數最多，十五年取中三百四十三人（《實錄》卷一一六），是年江南新科舉人停止會試（《實錄》卷一一五），而《大清會典事例》卷三五〇所載「十五

謁選居京邸，舉爲順天鄉試同考官。

〈墓志銘〉：「謁選居京邸，用才望與順天鄉試同考官，所拔皆知名。」

《國朝耆獻類徵初編》卷二一八：「謁選居京邸，舉爲順天鄉試同考官。」

《國朝先正事略》卷三十二：「謁選居京邸，以文望舉爲順天鄉試同考官。」

案：官吏授職前例須赴部謁選，其時日長短則無定準，李文藻《琉璃廠書肆記》云：「乾隆己丑五月二十三日，予以謁選至京師，寓百順胡同，九月二十五日籤選廣東之恩平縣。十月初三日引見，二十三日領憑，十一月初七日出京。此次居京師五月有餘。」（《南澗文集》卷上，頁 22）而馬驌中舉後應未即得職，是否閒居京師則不得而知也。

又案：鄉試除正副主考外，另派同考官若干（通常比照會試爲十八人），其擇取甚爲矜愼〔註12〕。《實錄》載順治十七年二月壬子禮部議覆科臣楊雍建條奏：「每科鄉會試關係人才進取，理宜一體愼恖。鄉試同考，應照戊戌、己亥會試上諭遵行；其京闈，除郎中不差外，應取員外、主事、中、行、評、博及近畿推、知、守部進士，開列點用，即日入闈。其各省，應敕撫按，矢公矢愼，酌量定期，預取本省及鄰省推、知教職，即日公閭入闈，以絕弊竇。同考各官，先取甲科，甲科不足，兼取鄉科。若同考官作弊，聽主考糾參；若主考通同作弊，京闈許監試御史糾參；外省許各撫按糾參，其撫按所取同考官，有作弊者，撫按一并治罪。」從之。又《大清會典事例》卷三三四：「（順治）十七年，定順天同考官：除郎中不差外，吏部取各部員外郎、主事、中書、評事、博士、國子監科甲出身，及近京廉愼素著科甲推官、知縣開列，題請欽定。」蓋因事關國家掄才大典，故簡命深愼，而順天府尤爲所重，益知其得之不易也。〔註13〕

年題准：會試額數裁減，每科取中一百五十名」，應未施行。十六年中式額數《實錄》、《東華錄》未載，《大清會典事例》則稱「是科取中三百五十名」，然據《題名錄》應爲三百七十六名。

〔註12〕此類考官，應頗榮耀而難能，清季名臣，如李鴻章者，且以終身不得衡文爲憾，陳東原《中國教育史》第二十三章第二節引《凌霄一士隨筆》稱「合肥在翰苑，未得衡文一差。一日在賢良寺，與幕友聚談，同年楊味蔯自誇其闈作，合肥嗤之曰：『中進士不得翰林，可羞哉！』味蔯曰：『翰林一生不得衡文差，亦可羞哉！』合肥將以杖叩之，味蔯乃遁。」其爲人所重，可見一斑。

〔註13〕《順治實錄》載：「十五年戊戌正月甲寅，上親覆試丁酉科順天舉人。面諭之

又馬氏之與順天鄉試同考官，可能在順治十七年庚子科。蓋馬驌中式至除淮南推官，順天鄉試共三科：順治十七年庚子、康熙二年癸卯、五年丙午，癸卯科《春秋》房曾有誤謬，正副主考白乃貞、詹養沉及同考官羅繼謨革職〔註 14〕，馬氏以《春秋》見長，應在《春秋》房，推其非與此科；而〈墓志銘〉云「舉順治己亥進士，謁選居京邸，用才望與順天鄉試同考官」，中式謁選，時間應極接近，可能不在康熙五年，故推測為庚子科。

康熙六年，除淮安府推官，平反三十案，尋奉裁歸。

〈墓志銘〉：「治淮甫三月，數有平反。」

《濟南府志》卷五十四：「除淮南府推官，平反三十案，以裁缺歸。」

《淮安府志》卷十三〈職官表五・推官〉項下有「馬驌，鄒平人，進士，六年任，以後裁缺。」

案：清初進士改明朝舊例，以名次分授內外官，順治三年三月甲子吏部右侍郎金之俊等奏：「故明舊例進士四百名，二甲選部屬知州，三甲選評博中行推官知縣，不論名次。每逢內外兼用，政體人情，均屬未協，今開刱之初，法宜變通。臣等擬二甲前五十名選部屬，後二十名選評博中行；三甲前十名選評博中行，十一名至二十名選知州，二十一名至七十名選推官，餘盡選知縣，庶政體人情俱得其平。」從之。(《東華錄》) 其後略有更易，順治十五年四月丙戌上諭：「設科取士，原為授官治民，使之練習政事。向例二甲授京官，三甲授外官。同一進士，頓分內外；未

曰：『頃因考試不公，特親加覆閱，爾等皆朕赤子，其安心毋畏，各抒實學，朕非好為此舉，實欲拔取眞才，不獲已爾。』眾皆頓首稱萬歲。諭禮部：『朝廷選舉人才，科目最重，必主考、同考官皆正直無私，而後眞才始得。昨因鄉試賄賂公行，情罪重大，已將李振鄴、田耜等，特置重辟，家產籍沒。今會試大典，尤當愼重，考試官、同考官及天下舉人，若不洗滌肺腸，痛絕情弊，不重名器，不惜身命，仍敢交通囑託，賄買關節等弊，或被發覺，或經科道指參，即將作弊人等俱照李振鄴、田耜等重行治罪，絕不姑貸。爾等即刊刻榜文，遍行嚴飭，使知朕取士釐奸至意。』」以該科順天鄉試曾有弊端，故嗣後簡派綦嚴，必須「正直無私」、「廉愼素著」，於此可知馬驌之素行與其難能也。

〔註 14〕《實錄》康熙三年十月：「先是，吏科給事中楊雍劾奏：康熙二年順天鄉試《春秋》題目，『邾子』悞『邾人』，將考試官白乃貞、詹養沉及同考官羅繼謨革職。其寫『人』字中式九人，寫『子』字貼出三人，交禮部覆試。尋命中式九人，不必覆試，將貼出『子』字三人覆試，優者准中舉人。」蓋題誤而應試者不誤，故疑其作弊。

習民事,遽任內職,未爲得當。今科進士,除選取庶吉士外,二甲三甲,俱著除授外官。遇京官有缺,擇其稱職者陞補,著永著爲例。應如何分別選授,爾部詳議具奏。」(《實錄》卷一一六)甲辰吏部遵諭議奏:「向例新科進士授職,內則主事、中、行、評、博,外則知州、推官、知縣,皆照甲第,分別除授。今既不分二甲三甲,俱選外官,恐數年後,遂無應補中行等官。今議除候選者補完外,遇有中行等官缺出,亦於推知內俸深有薦者陞轉。如遇五部主事一同出缺,先儘陞主事,次陞中行評博。」(同上)而己亥科則除庶吉士外,俱以推官知縣任用,《世祖實錄》十六年十月己亥「吏部奏言:己亥科進士,除選庶吉士外,應照等第,除授知州推官知縣。得旨:進士初授知州,品級太懸,著俱以推官知縣用,永著爲例。」是科雖定例如此,然則實際上仍未能徧授,有遲至十年始得官職者,《聖祖實錄》康熙六年五月己巳:「吏部議覆福建道御史李棠條奏,例監考補中書,三年後即陞部屬,進士舉人,乃遲至十年之久,始得官職。嗣後例監考授中書之例,請停止,將進士舉人及在外推知教職,選擇補用。查內院中書,有撰文辦事責任,機密重地,例監補授,似屬太優,應行停止。將各科進士,照年分前後,一缺五人,咨取考試。得旨:各科進士,不必拘年分前後人數,有願考者,預行選取,堪用者,遇缺即補。」會試中式增廣額數,本爲儲備人材,又不能人人授職,候選者眾(如己亥科之不選中行評博,蓋前數科候選未盡也),雖謂儲備,實非善策。〔註15〕

又案:清代推官建置期間極短,大多因襲明制。《清史稿‧職官志三》:「府:知府一人,……並置推官(康熙六年省)及挂銜推官(順治三年省)……」二者先後裁撤,《世祖實錄》順治三年四月辛丑:「諭禮部:朝廷設官治民,而冗員反致病民,各府設推官一員,其挂銜別駐推官,盡行裁革。……其裁過推官、主簿,赴部改選。」《聖祖實錄》康熙六年七月甲寅:「吏部題:議政王貝勒大臣九卿科道等,會議裁官一疏,應將

〔註15〕顧炎武《日知錄》卷十九「中式額數」條云:「今人論科舉多以廣額爲盛,不知前代乃以減數爲美談。」然清初科舉之廣額,不過爲籠絡士人而已,《順治實錄》二年七月丙辰:「浙江總督張存仁疏言:『近有借口薙髮,反順爲逆者,若使反形既露,必處處勞大兵勤捕。竊思不勞兵之法,莫如速遣提學,開科取士,則讀書者有出仕之望,而從逆之念自息;行蠲免、薄稅斂,則力農者少錢糧之苦,而隨逆之心自清。』得旨:開科以取士,薄斂以勸農,誠安民急務,歸順各省,准照恩詔事例,一體遵行。」其動機已可概見。

河南等十一省，俱留布政使各一員，停其左右布政使之名，至江南、陝西、湖廣三省，俱有布政使各二員，駐箚各處分理，亦應停其左右布政使之名，照駐箚地名稱布政使；其各省守巡道一百八員、推官一百四十二員，俱照議一併裁去。得旨，允行。」推官職司蓋掌理刑名，故《濟南府志》稱其「平反三十案」。《世祖實錄》十三年九月載：「戊午，刑部議覆江西巡按笪重光疏言：推官職掌刑名，豈宜草率，今後訊理事件，如一次舛錯，罰俸三月，二次六月，三次一年，四次上以降級，庶之懲警，共加詳慎。從之。」知推官之職掌刑名也。其先或用貢生考選，順治九年以後，多用進士，不足乃補以舉人。《實錄》順治九年六月丙午：「吏部議覆陝西總督孟喬芳疏言，直省各府推官，應俱用進士，不足，乃以舉人間補，其從前貢生考推官者改選知縣，從之。」施閏章稱馬氏「治淮甫三月」，知為時甚暫，而能平反三十案，亦可見其吏才矣。

康熙八年，補靈璧知縣。

《重修安徽通志》卷一二三〈職官志〉表十一，康熙八年靈璧知縣有馬驌，鄒平人，出身則誤為貢生。其前任黃寶鼎，洛陽人，廩生，三年任；後任吳嵩，內江人，十二年任。靈璧屬鳳陽府，八年知府為塗騰茂，直隸人，貢生；九年為劉應中，井陘人，貢生；十一年至十四年為章欽文，富陽人，貢生。

在任革陋規、均里甲，歲省民力無算，得有司刻石縣門；除荒田稅，請蠲賑，流亡復業者數千家。

〈墓志銘〉：「為靈璧蠲荒除災，除弊陋，刻石縣門，歲省民力亡算，流亡復業者數千家。」

《濟南府志》卷五十四：「革陋規、均里甲，刻石縣門，歲省民力無筭。除荒田稅，請蠲賑，流亡復業者數千家。」

案：清代地方政府之陋規，往往而有，名目不一，蓋以公費不足，需有所挹補，其甚者則出乎吏役之要索。汪輝祖《學治臆說・續說》云：「官中公事，廉俸所入，容有不敷支給之處，是以因俗制宜，取贏應用。……陋規之目，各處不同，惟吏役所供，萬無受理；他若平餘、津貼之類，可就各地方情形，斟酌調劑。」陋規之見於記載者，「如代書蓋戳有戳記費，告期掛號有掛號費，傳呈有傳呈費，准理而交保者有取保費，房書送稿有紙筆費，結案有出結費，請息有和息費；呈詞數日不批，便索買

批費；又隔數日無票，便索出票費；又隔數日不審，便索升堂費；後收結案費；審訊時有坐堂費，將結時有衙門費，兩造議和者又有和息呈詞之費；徵糧時，設站有站費，站書有站書費，又有夫價費、役食費。」（徐炳憲《清代知縣職掌之研究》，頁 72 引述方大湜《平平言》、賀長齡〈整吏治以清政本札〉、曾國藩〈直隸清訟事宜十條〉等，別參齊如山《中國的科名》，頁 168～169）由於公費短絀，陋規是否應革，見仁見智，汪輝祖即以爲「（陋規）忽予汰革，目前自獲廉名；迨用無所出，勢復取給於民，且有變本而加厲者，長貪風，開訟釁，害將滋甚極之。陋規不能再復，而公事棘手，不自愛者，因之百方掊克，奸宄從而藉端，善良轉難樂業……去其太甚而已，不宜輕言革除。」（同前引）馬驌所裁汰者，或經斟酌，隨時釐剔：《安徽通志》卷一四七〈職官志·名宦〉引《靈璧縣志》載馬驌知靈璧時「嚴革雜項之弊，有申文一通，大略以靈璧凋殘之區，雜項甚爲民害，凡一切陋規濫派等弊，皆悉心釐剔，隨時出示革除。邑人凌縣祚等列款籲請上司勒石以垂久遠。」其申文已不復見，而勒石云者，殆即所謂「刻石縣門」與？〔註16〕

又除荒田稅者，據《聖祖實錄》載康熙十一年「五月丁未，戶部議覆安徽巡撫靳輔疏言：臨淮、靈璧二縣，從前虛報開墾，并拋荒水衝沙壓田地，共四千六百一十六頃有奇，實係小民賠糧，請將康熙十年以前額賦，盡行豁免，應如所請。從之。」案：此在馬驌任內奏免，亦其德績也。其中虛報開墾者，多出於官吏有心無心之疏失，以致增加百姓之稅負，必得有擔當之主官方能豁除。鄒平縣之事例，可予吾人較清楚之認識：《鄒平縣志》卷一載順治「十年至十三年，鄒平屯田報墾下地四百九十五頃一畝有奇」，其中部分即屬虛報，故順治十七年「豁除鄒平虛報墾田二百八十二頃四十一畝有奇。」《志》云：「時有興屯之議，屯田長官揣里書必通隱匿之弊，拘集公所，示以利害，怵以峻刑。里書隨手編彙，倉卒造報，實未嘗履地開弓。報後一年徵穀草，二年徵屯租，三年同熟地起科，歲應輸銀二千三百七十餘兩，米三百六十餘石。地畝捏報不實，以致逋賦益多，官民交困。十六年，生員程電馭呈懇除豁，知縣徐政詳請上官嚴查清丈，奏豁田二百八十二頃四十一畝零。」蓋因屯田長官之強

〔註16〕《古今圖書集成》卷八三一所載靈璧縣治「明季復爲寇燬，惟遺址存，今令茲土者，皆僦居民舍。」清初該縣之凋殘可以概見，縣府如此，遑論其他。

逼與里書之畏刑虛報，故多致民困。

重修儒學，興義學。

　　《重修安徽府志》卷九十：「靈璧縣儒學……崇禎九年燬於兵，國朝康熙
　　十二年，知縣馬驌、訓導汪之章重修，十七年知縣姜玉竣其事，規制畢
　　具。」

　　《古今圖書集成》卷八三二：「靈璧縣儒學，在縣治東，元至元間知縣李
　　良佑建，後燬於兵，……弘治五年知縣陳玉、萬曆四十五年知縣陳泰交
　　相繼修葺。皇清康熙十二年知縣馬驌復修之。」

　　又：「義學，在城東舊祠堂內，知縣馬驌設。」

　　案：此或由於馬驌之出身好學有關。清代知縣號稱「百里侯」，在地方上
　　之權限頗大，有所作為者往往影響甚深，尤以教育學風之提倡為然。齊如
　　山曾舉吳汝綸為例：「吳摯甫先生到處提倡學術，他在遵化州、深冀州各
　　數年，而各該處的讀書人，不但桐城派的文章發達了若干，而真講讀書的
　　學者，也添了不少，至今各該處的文風都很盛，民國後學務也很盛，求新
　　學的人也極多，這不能不歸功於吳摯甫先生。」（《中國的科名》，頁 168）

為政四年，積勞成疾，卒於任，士民皆哭，為之制服。

　　《閻潛邱先生年譜》卷二引《靈璧志》：「積勞成疾，卒官，士民痛之。」

　　《濟南府志》卷五十四：「為政四年，卒於任，民皆哭泣，為之制服。」

其子扶柩歸葬於鄒平縣韓家坊西九龍山下。

　　《濟南府志》卷五十四〈馬駉傳〉：「兄歿於靈璧，聞訃，千里命駕，撫
　　棺慟絕。既蘇，遣兄子扶柩歸，身留金陵交盤凡三載。」

　　《鄒平縣志》卷九：「靈璧縣知縣馬驌墓：在城西十二里韓家坊西九龍山
　　下。」

得部檄祀靈璧名宦祠，並入鄒平鄉賢祠。

　　〈墓志銘〉：「四年卒官，靈士民皆哭，且號于上曰：『願世世奉祀。』于
　　是得部檄祀名宦。」

　　《濟南府志》卷五十四：「部檄祀靈璧名宦。」

　　《鄒平縣志》卷四：「鄉賢祠三楹，在戟門右。祀秦博士伏勝、……國朝
　　靈璧縣知縣馬驌。」

　　又卷五：「鄉賢祠：皇清勅授文林郎江南淮安府推官裁補靈璧縣知縣祀名
　　宦馬公名驌。」

案：入祀名宦鄉賢，事關風教，故考覈頗嚴。《欽定學政全書》卷十載：「順治元年定：名宦鄉賢，風教所關，提學官遇有呈請，務須覈實確據。若有受人請求妄舉者，師生人等，即以行止有虧論；其從前冒濫混雜者，徑自革除。」同卷又載「康熙七年奏准：嗣後各直省學政，遇有鄉賢，務須覈實，年終造冊報部，勿得徇情冒濫。如有私給衣頂奉祀者，盡行黜革。」可見朝廷重視之一斑。其入祀限制頗嚴，詳同卷各年上諭。鄒平鄉賢祠所祀，前此有秦博士伏勝、宋集賢院學士范仲淹、禮部尚書周起、元國子司業張臨、明貢生孫文澤、河南巡撫張一元、贈寧武關兵備道張奇策、固原州知州成己數人而已。

施閏章為作〈墓志銘〉，諡為「文介先生」。

〈墓志銘〉：「將葬于某所，其弟諸生駧抱兄所著之書造門請曰：『公昔視二東學，先伯氏嘗獲交于夫子，既習其學行，其不可無以顯諸幽。』」蓋施閏章熟習馬驌之學行，故馬駧請為撰〈銘〉。施氏〈靈璧縣知縣馬公墓志銘〉載《施愚山先生文集》（康熙間棟亭刻本）卷十九，《四庫全書》本題《學餘堂文集》。

又：「君既以此（案：指讀書著書）自娛，不問家橐；出而為吏，所至號廉能。……君始終嗜書，遠近赴弔皆謂先生勤學好問，著書滿家。再仕五年，訖無長物。援古人私諡之例以諡之，曰：『文介先生』。銘曰：『有茶弗吐，君所自處。𣕋集于枯，煦以甘雨。仕矣彌學，手亡廢書。三皇百氏，以佃以漁。於乎其所志者永存，而所嗇者萬古之須臾。』」案文者謂其勤學著述，介者稱其廉潔自守也。

又王士禎〈題馬宛斯小照〉詩：「里名通德舊傳經，暖翠浮嵐入戶庭。今日黃山山下路，空餘書帶草青青。何鄭千秋樹齒牙，輪攻墨守各堅瑕。大官解擅《春秋》癖，不數《公羊》賣餅家。山陽笛裏劇堪憐，宿草何時哭墓田。更有人琴斷腸處，彭城風雨對牀眠。」（《鄒平縣志》卷九〈古蹟考二・馬驌墓〉引）此詩重在其學術成就。又此詩王氏各集未見，其自注云：「君與先兄西樵俱以癸丑七月捐館舍。」則當作於癸丑以後，第不可確知耳。〔註17〕

〔註17〕 西樵，王士禎長兄士祿也，生於明天啟六年，卒於清康熙十二年（1626～1673）。清介有守，篤於友愛。舉順治九年進士，累官吏部員外郎，充河南鄉試正考官，因事免官。母歿，以毀卒。詳《清史列傳》。

第三節　交　游

馬驌交游不廣，且多失考，讀於虎圉社學時所往來者，已不可知；其信而有徵者曰餘杭嚴沆、宣城施閏章，二子者曾議梓其著作；崑山顧炎武、太原閻若璩，曾相與問學，然為時甚暫；至如興化李清因寶應喬可聘之介為《繹史》作序，是否有所交往，則未可確知。茲分述於後。

一、嚴沆　施閏章

嚴沆，字子餐，一字禹航，號顥亭，餘杭人。生於明萬曆四十五年，卒於清康熙十七年（1617～1678）。幼讀書，以孝聞，為詩古文，浸沈六經、《史》、《漢》，為「西泠十子」之冠。舉順治十二年進士，改庶吉士御試第一，十三年，授兵科給事中，旋歷吏科戶科刑科禮科給事中、左副都御史，官至戶部侍郎。性退讓，或譏彈其詩，輒應時改定。有《棄園詩文集》、《北行日錄》等。

施閏章，字尚白，號愚山，宣城人。生於明萬曆四十六年，卒於康熙二十二年（1618～1683）。少孤，事叔父如父。從沈壽民遊，博綜群籍，善詩古文辭。舉順治六年進士，授刑部主事，以員外郎試高等，擢山東學政，崇雅黜浮，有「冰鑒」之譽。秩滿，遷江西參議，分守湖西道，崇獎風教，所至輒葺書院，會講常數百人。康熙十八年召試鴻博，授翰林院侍講，纂修《明史》，二十二年轉侍讀，尋病卒。著有《學餘堂集》、《矩齋雜記》、《蠖齋詩話》等。

案：嚴沆生平詳《碑傳集》卷十八阮元撰〈嚴侍郎沆傳〉、《國朝耆獻類徵初編》卷四十九、《國朝先正事略》卷四十等。施閏章生平詳《清史稿》卷四八九〈文苑一〉、《清史列傳》卷七十、《碑傳集》卷四十三毛奇齡撰〈翰林院侍讀施君閏章墓表〉、《國朝先正事略》卷二十九，及其曾孫施念曾所編《愚山先生年譜》（在曹刻本《施愚山先生文集》中）等。

順治八年，馬驌携《左傳事緯》游武林，得識嚴沆，沆見而悅之；十四年秋，沆典試山東，會施閏章督學是鄉，共覽《事緯》，信其可傳，欲捐俸梓之，未果。

嚴沆〈左傳事緯敘〉：「鄒平馬宛斯著《左傳事緯》二十卷，……歲辛卯（案：順治八年），宛斯攜以游武林（案：即杭州，時嚴沆或居家），余

見而悅之。及今六七年，猶未懸之國門。丁酉（案：順治十四年）秋，余典試山左，會施愚山先生視學是邦，共覽宛斯所論著，信其可傳，欲捐俸梓之，余力贊是舉。」

案：此〈敘〉見《鄒平縣志》卷十七，同卷「事緯刊誤」條云：「按《事緯》版久歸宛斯從弟侍御幼實光家，幼實裔孫文慶得《事緯》原敘，嚴禹航先生沆所撰也。……道光十二年（案：1832）文慶為補刻原敘。」知嚴〈敘〉可能失傳若干時日，今所見各本《左傳事緯》均不載。辛卯為順治八年，云「及今六七年」，則嚴氏作〈敘〉在順治十四、五年。又據《愚山先生年譜》順治十三年「秋，奉使督學山東，有〈赴官山左〉詩、〈歷下長至〉詩（原注：《獨樹軒記》：『予以丙申冬十月抵歷下受事。』）。十四年，過鄒平，謁漢伏生墓。」馬驌之結識施閏章蓋在此時，〈墓志銘〉述馬駉之言曰：「公昔視二東學，先伯氏嘗獲交於夫子。」《學餘堂詩集》卷二十六施氏〈歷下集嚴顥亭、馬宛斯、陳允倩〉云：「小飲論文細，開軒見月明。荒臺延夜色，古木動秋聲。潦倒人間事，虛無身後名。莫將〈白雪〉調，苦問濟南生。」〔註18〕濟南生者馬驌也。雖嚴沆、施閏章頗熱衷於《事緯》之刊刻，沆甚且已為之敘，似行將付剞劂者，然是書終馬驌之生竟未刻成（詳第二章），其緣故固已難知矣。

又案王晫《今世說》卷一：「嚴顥亭以宏獎人倫為己任，凡詞場藝苑，苟擅一長，必傾心倒屣，不惜齒牙為游揚。時論其名在三君八俊間。」知嚴沆之善獎掖人也。

驌修《鄒平縣志》，施閏章為之序，驌卒，閏章且為撰〈墓志銘〉焉。

〔註18〕陳允倩即陳祚明，生平不詳，王士禎《感舊集》卷十四錄其詩一首，盧見曾〈補傳〉云：「祚明，字嗣倩，一字允倩，別號稽留山人，浙江仁和布衣，有《稽留山人集》。」注引汪琬《安雅堂集》：「〈趙雍客詩序〉：『往在京師，與施愚山諸君子以詩學相切劘，因而有燕台七子之刻，嚴給諫顥亭、丁儀部飛濤、陳布衣允倩，皆杭人也。』」另外施閏章〈哭顥亭少司農〉云：「僑胗真聯絡，應劉並頡頏。」自注：「謂丁飛濤、陳胤倩。」（《學餘堂詩集》卷四十四）則「允」或當作「胤」，蓋避清世宗諱。《四庫提要》云：「《浙江通志》稱其博學善屬文，以貧傭書京師，歿於客邸。所著有詩二十卷，詞一卷，古文尤富，其古文與詞今皆未見，此編乃其詩集也，亦名《散帶集》，自順治乙未至康熙癸丑，凡十九年之作，編年排次。」（〈別集類存目九〉《稽留山人集》）

案：施閏章〈鄒平縣志序〉作於順治十六年，收於今本《鄒志》中，而其《文集》則不載；〈墓志銘〉見《文集》卷十九。

二、顧炎武　閻若璩

顧炎武，本名絳，乙酉（福王歿，順治二年，1645）改名炎武，字寧人，號亭林，崑山人。生於明萬曆四十一年，卒於清康二十一年（1613～1682）。生而雙瞳子，中白邊黑，讀書一目十行，性耿介，絕不與人交，獨善里中歸莊，周游復社。見明季多故，廢舉業，講求經世之學。國變後，母王氏不食卒，遺命勿事二姓，故屢召不至，卒以布衣終焉。炎武嘗游歷大江南北，並遠至塞上，后定居於華陰。平生無一刻離書，所到之處，以書自隨，遇邊塞亭障，呼老兵卒詢曲折，與書對勘。其著述宏富，弟子潘耒收輯遺書，序而傳之，有《亭林詩文集》、《左傳杜解補正》、《音學五書》、《山東考古錄》、《京東考古錄》、《金石文字記》、《石經考》等，而《日知錄》積三十餘年而成，為尤著焉。

案：顧炎武生平，詳參《清史稿》卷四八七〈儒林傳二〉、《清史列傳》卷六十八、《碑傳集》卷一三〇全祖望撰〈神道表〉、李光地撰〈小傳〉、《國朝耆獻類徵初編》卷四〇〇劉紹攽、石韞玉撰〈傳〉、江藩《漢學師承記》卷八、張穆《顧亭林先生年譜》、謝國楨《顧寧人學譜》等。

順治十五年，亭林過鄒平，與馬驌訪景公碑於郊外。

張穆《顧亭林先生年譜》：「（順治）十五年戊戌，四十六歲。春，至泰安，登泰山，⋯⋯過鄒平，游張氏（案：明兵部尚書張延登）萬斛園。與邑人馬宛斯驌訪碑郊外。」

案：此事吳映奎《顧亭林先生年譜》未載，僅記「過鄒平，游張氏萬斛園。」鄒平訪碑原見於《金石文字記》，而初未嘗道及馬驌也，《金石文字記》云：「鄒平縣南五里有景相公墓，景氏之裔自洪武間有兩舉人，今亦尚有諸生，不能記其祖矣。予至其邑，有諸生二人來，稱景氏之孫，請問其祖為誰，予取《通鑑》及《五代史・周世宗紀》示之，乃謝而去。間一日，往郊外視其墓碑，雖剝落十之一二，而其曰『故中書侍郎平章事景公諱範』字甚明白云云。」其後有李煥章者 [註19] 作〈與顧寧人書〉

〔註19〕李煥章，字象先，號織齋，山東樂安人，明末諸生，後棄舉子業，專肆力於

辯正地理者十，其「景公墓」條涉及此事，故顧炎武在《譎觚十事》中復爲辨說，並稱與馬驌親訪而得，以徵其信。《譎觚十事》篇首云：「忽見時刻尺牘有樂安李象先名煥章〈與顧寧人書〉辯正地理十事，竊念十年前與此君曾有一面而未嘗與之札，又未嘗有李君予僕之札，⋯⋯其所辯十事，僕所著書中有其五事，然李君亦未嘗見，但道聽而爲之說者。⋯⋯不得不出其所著以質之君子。」其第五則〈辨李煥章「景公墓」〉條云：「鄙著《金石文字記》有『後周中書侍郎景範碑』一目，曰：『鄒平縣南五里有景相公墓，⋯⋯間一日，往郊外視其墓碑，其文爲翰林學士朝議郎尙書水部員外知制誥杜國扈載撰，雖剝落十之一二，而其曰「故中書侍郎平章事景公諱範」字甚明白。』」文後案語云：「此僕在鄒平與邑人宛斯馬君名驌親訪其墓而錄之者，不知李君何所聞而勤爲己說？且與齊之景公何涉而橫生此一辯？」顧氏爲澄清李煥章之矯設辯疑函札，特說明係與馬驌親訪所得，以證其說之有據，而此節原《金石文字記》則未敘明也，其得以不致湮沒不傳者，豈不亦歸因於李氏之多事造僞哉？

順治十六年，與驌同修《鄒平縣志》。
《鄒平縣志》「修志姓氏」順治十六年修輯者有「崑山布衣顧炎武」、「靈璧縣知縣邑進士馬驌」。嘉慶八年「修志例言」云：「國朝順治十六年徐君政重修，是時馬宛斯先生爲之討論，顧亭林先生爲之校編，施尙白先生爲之序。」

亭林性耿介，不與世人交，於馬驌則推重焉。
江藩《漢學師承記》卷八稱顧炎武「性耿介，絕不與世人交。」又云：「炎武性兀傲，不諧於世。」亭林與宛斯有訪碑之交，有修志之誼，其推服馬驌之務實學，應極可能也。王士禛《池北偶談》卷九：「（馬驌）又著《繹史》⋯⋯其書最爲精博，時人稱爲『馬三代』，崑山顧亭林尤服之。」《鄒平縣志》卷十七〈藝文考〉云：「按國初諸儒好古學，以攷據自矜傲不相下。宛斯時亦有『馬三代』之號，然退讓斂抑，不事抨擊。⋯⋯崑山顧亭林嘗久居鄒平，於宛斯尤加推服也。」又《國朝先正事略》卷三

詩文古詞，著有《龍灣集》、《無學堂集》、《老樹集》，凡百餘萬言，後合刊削爲《織齋集鈔》八卷，見《四庫提要・別集類存目八》。

十二：「顧亭林讀是書（案：《繹史》），歎曰：『必傳之作也。』」（案：《漢
學師承記》卷一同）

閻若璩，字百詩，號潛邱，生於明崇禎九年，卒於清康熙四十三年（1636
～1704）。先世居太原，五世祖始居淮安。若璩生而口吃，六歲入小學，讀書
千遍不能背誦，年十五，忽而開朗，自是穎悟異常。年二十，讀《尚書》，至
古文，即疑二十五篇之譌，沈潛二十餘年，乃盡得其癥結所在，作《古文尚
書疏證》。康熙元年，始遊京師，尚書龔鼎孳爲之延譽，由是知名。平生長於
考證，遇有疑義，反覆窮究，必得其解乃已；其天性多否少可，所服膺者三
人：錢謙益、黃宗羲、顧炎武，然亦多所非議。晚年名益著，學者稱爲潛邱
先生。除《疏證》外，有《四書釋地》、《孟子生卒年月考》、《潛邱箚記》等，
並行於世。

案：閻若璩生平，詳參《清史稿》卷四八七〈儒林傳二〉、《清史列傳》
卷六十八、《國朝耆獻類徵初編》卷四一五、《碑傳集》卷一三一、《漢學
師承記》卷一及張穆《閻潛邱先生年譜》等。

康熙十二年，閻氏過靈璧，與馬驌秉燭縱談，因及《尚書》今古文問題，
於馬氏多所推許焉。

《尚書古文疏證》卷八第一一五條：「鄒平馬公驌，字宛斯，當代之學者
也。司李淮郡，後改任靈璧令。予以己丑東歸，過其署中，秉燭縱談，
因及《尚書》有今古文之別，爲具述先儒緒言，公不覺首肯，命隸急取
《尚書》以來，既至，一白文，一蔡《傳》，置蔡《傳》于予前，曰：『子
閱此，吾當爲子射覆之。』自閱白文，首指〈堯典〉、〈舜典〉曰：『此必
今文。』至〈大禹謨〉，便眉蹙曰：『中多排語，不類今文體，恐是古文。』
歷數以至卷終，孰爲今文，孰爲古文，無不立驗。因附髀嘆息曰：『若非
先儒絕識，疑論及此，我輩安能夢及？然猶幸有先儒之疑，而我輩尚能
信及，恐世之不能信及者又比比矣。』復再三慨歎。予曰：『公箸《繹史》，
引及《尚書》處，不可不分標出今文古文。』公曰：『然。』公今《繹史》
有今文古文之名者，自予之言始也。」
又：「分今文古文爲二類，不至混淆，庶學者之自有所不安，此待其疑而
後攻之者也。不然，伏生梅氏之書，眞僞互錯，誰復能辨？如馬公之具

隻眼者，殆亦未可多得哉？」

案：《疏證》謂「己丑東歸」，己丑爲順治六年，應誤。文稱「過其署中」、「命隸」云云，顯係馬驌知靈璧時，故張穆《年譜》改爲癸丑，繫於康熙十二年。其說云：「今刻本作『己丑』，案《靈璧縣志》馬驌以康熙八年任，《池北偶談》云：『宛斯康熙癸丑歲卒於官，人皆制服』，然則宛斯即以是年之冬卒官矣。」以己丑爲字誤，或然，而稱馬卒於是年冬，未免失考。

又《疏證》卷六下第九十六條：「又按《寰宇記》磐石山在淮陽軍下邳縣西南八十里……今則鳳陽府宿州靈璧縣北七十里。馬公驌云。」

《鄒平縣志》卷十七：「閻百詩若璩以古文《尙書》枚內史所傳本爲僞，因撰《疏證》一書，毛大可奇齡撰《古文冤詞》與之抗，朱竹垞彝尊作兩家調人，爭卒不息。而百詩獨重宛斯，過靈璧署，縱談至《尙書》今古文，宛斯曰：『子勿言，當爲子射覆。』……宛斯謂微子立衍，衍爲次子，疑即微仲，百詩據《漢書□□□□》□□本注（案：闕文當爲『古今人表中中』）云『微中啓子』以證其說之不□，□□□謂（案：闕文或爲『謬宛斯又』）鯀與地爭水，禹以地讓水，事本相反，迶水由地中行，則向日與水爭地之隄防，轉足爲利賴，故曰『修鯀之功』，百詩亦善之。」

又《鄒志》卷十七述閻若璩之語曰：「近時馬公驌著《繹史》，內《儀禮》十七篇分章句，附傳記，又兼及大小戴諸書，眞是繭絲生（牛）毛，讀之令人心氣俱盡。復叩其家，公生長北方，實不見朱子《古禮經傳通解》，但以其《答應氏書》二語，依義編次，凡五年而告竣，尤可嘉歎云。」

案：閻氏描述馬驌分別《尙書》之今古文，一曰「眉蹙」，一曰「拊髀歎息」，情景歷歷，由《鄒志》所述，亦可概見二人之問學；而百詩對馬驌之再稱「馬公」，推爲「當代之學者」，許其「別具隻眼」，一方面固因馬氏之年長（案長十五歲），亦由於知音之不易得，故拳拳乃爾也。〔註20〕

〔註20〕閻若璩次壻劉永順，其祖昌言與馬驌爲同科進士，《閻潛邱先生年譜》卷四引若璩長子詠所撰《潛邱行述》云：「（女五人）次適順治己亥科進士、宛平縣知縣劉公諱昌言孫、康熙壬戌科進士、工部主事諱愈公子、丁卯科拔貢生、候選學正永順。」

三、喬可聘　李清

　　喬可聘，字君徵，寶應人，明天啓壬戌（1622）進士，官御史，崇禎時出按浙江行部，尋以所屬大吏坐贓敗，貶三秩。南渡，起故官，掌河南道事，數陳宜罷廠衛、停燕飲，君臣交儆，早決大計，用光中興，皆不省。其在臺班與掌科章正宸，持論侃侃，群小憚之。南都亡，歸老於家。

　　案：喬可聘事見《國朝耆獻類徵初編》卷四七〇〈隱逸十〉。

　　李清，字映碧〔註21〕，江南興化人，生於明萬曆三十年，卒於清康熙二十二年（1602～1683）。舉崇禎四年（1631）進士，由寧波推官擢刑科給事中，以久旱請寬刑忤旨，貶浙江按察司，照磨未赴，憂歸。起吏科給事中，俄出封淮府，國變，得不與。著有《澹寧齋文集》、《南北史合註》等二十種，今存《南北史合註》、《南唐書合訂》、《歷代不知姓名錄》三種。

　　案：李清傳見《明史・李春芳傳》附、《國朝耆獻類徵初編》卷四七四、
　　　　《清史稿》卷五〇五、徐乾學〈映碧先生墓表〉、汪琬〈前明大理寺左寺
　　　　丞李公行狀〉，著作參考王重民〈李清著述考〉、乾隆五十三年《禁燬書
　　　　目》「應燬李清所著書目」，所存三種為王氏所曾見者。

　　康熙九年春，李清因喬可聘之介而序《繹史》，於馬驌多所推崇焉。

　　案：李清〈繹史序〉：「《繹史》百六十卷，今靈陽令鄒平馬侯所譔，……
　　而因前侍御八寶喬公緘眎予，屬為其敘。予啓而讀之，幾兩月而業始
　　卒。」又云：「予曩未識馬侯，今以喬公之命獲附名其閒，豈非幸邪？……
　　馬侯前理淮陰，今作宰靈陽，皆有冰蘗聲，喬公數為予言之，學古有
　　獲，不其然乎？」是知李清與馬驌原不相識。清前明進士，長於馬驌十
　　九歲，擅史學，有著述之名，馬或素慕其聲聞，故因喬公為介，緘眎其
　　書，而使為序；是則喬公與馬氏應有交往，而喬公與李清為舊識，觀其
　　數為清稱揚馬氏治績可知；至於馬、李二人嗣後是否有所往來，則無可
　　考矣。〔註22〕

〔註21〕字從《明史・李春芳傳》，《繹史序》末有「李清之印」陰文與「心水氏」陽
　　　　文圖章各一方，「心水」與「清」相應，或者一字心水。
〔註22〕李清〈序〉稱「第予猶有諗於馬侯者，……倘能貫其餘勇，自《繹史》外更
　　　　取二十一朝之史，事經文緯，州次部居，以為後勁，庶幾經國之大業，俯垂

又〈序〉末署「峕康熙九年歲次庚戌仲春上澣之吉年家治弟李清頓首拜題於澹寧齋」，知作於此時。

又案：李清本人長於史學，所著《南北史合注》、《南唐書合訂》、《諸史同異錄》等，率多彙集史著以較其同異者，然論其範疇，與《繹史》固不可同日而語，是以其序《繹史》也每多嘆服之言，如云「予夙有汲古癖，於史尤甚，每有異同，輒形論著，然大抵史乘一家言耳。自讀《繹史》，然後知天地之大，識宇宙之全，因嘆世之才人魁士，其神智意匠，愈出而愈勝，迥如江河之走大地而日月之耀終古，固非世代所能囿也。」又云：「嗚呼！斯文之在天壤，猶日月也，歷終古而常新；猶江河也，逮尾閭而愈大。……控六籍，吞百家，駕九流，跨四部，辟之水然：漢〈略〉崑崙也，晉《部》唐《典》宋《目》元《考》以迄明《補》，龍門積石太史馬頰也，當吾世而《繹史》乃出，其真尾閭矣乎？其真尾閭矣乎！」其所推崇者可謂備極矣。清曾費時二月而讀畢全書，所舉《繹史》之長亦切（參第二章），應非虛譽者可擬。

又所謂喬公者，李清〈序〉但稱「前侍御八寶喬公」而不名，所以知為喬可聘者，蓋有數因：（一）喬可聘寶應人，明天啟二年進士，官至御史，與李清所稱「前侍御八寶喬公」合，而清舉崇禎四年進士，故以晚輩自居。（二）《國朝耆獻類徵初編》卷四七〇謂喬可聘明亡後歸老於家，其家在寶應，與李清之在興化，二地相近，俱屬揚州府，二人以前明遺老相交，應極可能。（三）秀水朱彝尊（1629～1709）在康熙十七年（1678）李清八十歲時有〈興化李先生清壽詩〉，述其半生事蹟〔註23〕，顯示二人交好，而朱氏復有〈翰林院侍讀喬君萊墓表〉（《碑傳集》卷四十五），萊，可聘之子也。是李清、朱彝尊、喬可聘父子之互識，非不可能。〈墓表〉云：「（康熙）十二年，（萊）充順天鄉試同考官，關節不到，以父老請歸終養，尋丁憂。」知可聘至康熙十一年猶在，而李清序《繹史》則在九年。以時地之相當與夫交游之相繫，應可推知。

來許，上睨千古而無餘憾也哉！」此處「謁」字當同「請」意，蓋有所期許，非「謁見」之意。

〔註23〕此詩在乾隆五十二年曾因禁燬李清著述而被抽燬，詳《越縵堂日記》光緒丙子七月初六日引《管韞山集》（案：管世銘《韞山堂詩文集》），參王重民〈李清著述考〉。今惟《四部叢刊》景涵芬樓藏原刊本《曝書亭集》卷十仍載之，其後印者文多抽燬。

又案：李清著述多遭禁燬，此序獨藉《繹史》而傳，所謂「今以喬公之命獲附名其間，豈非幸邪」之言，竟爾成讖。

此數子而外，王士禎能描述馬驌相貌（《池北偶談》），作〈題馬宛斯小照〉詩，或亦相友者，第無從證知，僅付闕疑耳。

第四節　馬驌行年表

馬驌平生無自述之作，亦乏詩文集，復少與人交，未見其書牘往來，凡可以考見生平者，均付闕如，故年譜之編作，遂極受資料之限制。無何，僅能代以較簡略之行年表，聊見其平生經歷耳；有關著述之刊行等，則彙為表後云。

明天啟元年　辛酉　1621

　　正月十一日（陽曆二月一日）　馬驌生。

　　是年李清二十五歲、張爾岐十一歲、顧炎武十歲，嚴沆六歲、施閏章五歲。

崇禎二年　己巳　1629　九歲

　　弟駉生。朱彝尊生。

崇禎七年　甲戌　1634　十四歲

　　王士禎生（閏六月二十八日）。

崇禎八年　乙亥　1635　十五歲

　　父化夛卒。

崇禎九年　丙子　1636　十六歲

　　閻若璩生。

清順治三年　丙戌　1646　二十六歲

　　中恩科鄉試。

順治五年　戊子　1648　二十八歲

　　元配成孺人卒。

順治六年　己丑　1649　二十九歲

　　施閏章成進士。

順治八年　辛卯　1651　三十一歲

　　携《左傳事緯》游武林，獲交於嚴沆。

王士禎中鄉試。

順治十二年　乙未　1655　三十五歲

　　嚴沆、王士禎成進士。

順治十三年　丙申　1656　三十六歲

　　冬，與施閏章、陳祚明會於歷下。蓋是年施閏章視學山東，故獲識。

順治十四年　丁酉　1657　三十七歲

　　施閏章過鄒平，與嚴沆議梓《事緯》，未果。

順治十五年　戊戌　1658　三十八歲

　　與顧炎武訪碑鄒平。

　　嚴沆敘《事緯》。

順治十六年　己亥　1659　三十九歲

　　成進士。與顧炎武等修《鄒平縣志》。

　　族弟光成進士。王士禎謁選，得揚州推官。

順治十七年　庚子　1660　四十歲

　　候選居京邸，與順天鄉試同考官。

康熙六年　丁未　1667　四十七歲

　　任淮安府推官，七月，奉裁歸。

康熙八年　己酉　1669　四十九歲

　　任靈璧縣知縣。

康熙九年　庚戌　1670　五十歲

　　刻《繹史》，李清為序。

康熙十二年　癸丑　1673　五十三歲

　　復修靈璧儒學。閻若璩過靈璧，與論《尚書》。七月初四日（陽曆八月十
　　五日）以疾卒，妾趙氏殉之。是年祀名宦祠。〔註24〕

　　王士祿（西樵）卒（七月二十二日）。

表後

康熙十七年　戊午　1678

　　嚴沆卒。

〔註24〕施閏章撰〈墓誌銘〉稱「已得部檄祀名宦」，而〈銘〉作於康熙十二年（文中
　　　　稱馬氏「卒於今康熙癸丑」可證），知在此以前已祀名宦祠。

康熙二十一年　壬戌　1682

　　顧炎武卒（正月九日）。

康熙二十二年　癸亥　1683

　　侄白鬚者生。李清卒。施閏章卒（閏六月十日）。

康熙二十四年　乙丑　1685

　　馬駉為貢生。

康熙二十九年　庚午　1690

　　韓菼序高士奇《左傳紀事本末》。

康熙三十八年　己卯　1699

　　朱彝尊成《經義考》。

康熙四十三年　甲申　1704

　　閻若璩卒。

康熙四十四年　乙酉　1705

　　二月，聖祖南巡至蘇州，問及《繹史》，令張玉書物色原板。

康熙四十五年　丙戌　1706

　　四月，聖祖命人至鄒平購《繹史》原板入內府。

康熙四十八年　己丑　1709

　　王士禎著《分甘餘話》。朱彝尊卒（十月十三日）。

康熙五十年　辛卯　1711

　　王士禎卒（五月十一日）。

乾隆十年　乙丑　1745

　　李鍇著《尚史》。

乾隆二十七年　壬午　1762

　　李文藻訪《十三代瑰書》於鄒平。

乾隆三十六年　辛卯　1771

　　周元理自典肆中購得《十三代瑰書》原稿。

乾隆四十二年　丁酉　1777

　　五月，四庫館臣校上《繹史》。

乾隆四十四年　己亥　1779

　　六月，四庫館臣校上《左傳事緯》。

乾隆四十九年　甲辰　1784

　　李調元印《函海》。

嘉慶八年　癸亥　1803

　　秋，成啓洸得《十三代瑰書》目次。

嘉慶十四年　己巳　1809

　　李鼎元校印《函海》。

道光五年　乙酉　1825

　　李朝夔刊《函海》。

道光十二年　壬辰　1832

　　馬文慶補刻《左傳事緯》序。馬興基校正《事緯》。

同治七年　戊辰　1868

　　五月，蘇州亦西齋刊印《繹史》。

光緒二年　丙子　1876

　　中國有石印之始。

光緒四年　戊寅　1878

　　潘霨重刊《左傳事緯》。

光緒七年　辛巳　1881

　　鍾登甲刊《函海》。

光緒十四年　戊子　1888

　　裕德、盛裕擬補刊《繹史》，未果。

光緒十五年　己丑　1889

　　浦氏重刊《繹史》。

光緒二十三年　丁酉　1897

　　六月，武林尙友齋石印《繹史》巾箱本。

附錄：靈璧縣知縣馬公墓誌銘　施閏章

　　濟南之鄒平，有以好古力學聞者，曰馬君宛斯諱驌，宛斯其字，一字驄御。舉順治己亥進士，謁選居京邸，用才望與順天鄉試同考官，所拔皆知名。推官淮安，尋奉裁改知靈璧縣。四年卒官，靈士民皆哭，且號于上曰：「願世世奉祀。」于是，得部檄祠名宦。將葬于某所，其弟諸生駉抱見所著之書，造門請曰：「公昔視二東學，先伯氏嘗獲交于夫子，既習其學行，其不可無以

顯諸幽。」君少孤，穎敏強記，涉目經史，輒仿古爲圖畫，考制度，殫精研
確，上下群籍，于《左氏春秋》爲尤癖，爰以敘事易編年，引端竟緒，條貫
如一傳，謂之《左傳事緯》，凡數萬言。已又取太古以來，下及亡秦，合經史
諸子，鈎括裁纂，佐以圖考，參以外錄，謂之《繹史》，凡數十萬言，爲書百
六十卷。需次家居，又集《十三代瑋書》，篇帙倍富。今《繹史》刻行于世，
前給事興化李公清爲之敘，稱其邈思閎覽，蒐舉眾家，使秦火焚闕之餘，茫
茫墜緒，燦然復著，與未焚無异。《繹史》一編，當與《七略》、《四部》、杜
《典》、鄭《志》諸書爭勝而有加，殆前此所未有也。君既以此自娛，不問家
橐，出而爲吏，所至號廉能。治淮甫三月，數有平反；爲靈璧躙荒災、除陋
獘，刻石縣門，歲省民力亡算，流亡復業者數千家，故靈人至今痛之。君生
明天啓辛酉正月十一日，享年五十四，卒于今康熙癸丑七月辛未。疾將革，
惟語子弟以《事緯》、《瑋書》二編未鏤版爲遺憾，言訖而逝。其先世自棗強
徙鄒平，父獻明公，績學補諸生，早世；大父肖南公，推財讓善，里中稱德
門焉。初娶成孺人，儉勤恪順，婦職具宜，先二十五年卒。君悼之曰：「是于
我有助，它日必無异穴。」今以之祔塋。繼室瞿孺人，其副李氏。成生子二：
瓖、邑廩生，次璲。女子一人，適長山進士李予之。李生子三：瓚、邑庠生，
次瑜、玥，孫男廷鑣、廷鐸、廷鈇、廷鑑，凡四人。君始終嗜書，遠近赴弔，
皆謂先生勤學好問，著書滿家。再仕五年，訖無長物。援古人私諡之例以諡
之，曰「文介先生」。銘曰：

> 有茶弗吐，君所自處。氓集于枯，煦以甘雨。仕矣彌學，手亡廢
> 書。三皇百氏，以佃以漁。於乎！其所志者永存，而所嗇者萬古之
> 須臾。

案：本文據康熙間棟亭刻本《施愚山先生文集》卷十九。文淵閣《四庫
全書》本《學餘堂文集》同，惟「前給事興化李公清爲之敘稱」改爲「敘
家盛稱」，蓋禁李清著作，竝改及此文；《鄒平縣志》卷十五所引較略，
其中「瑋書」作「瑰書」，繼室「瞿孺人」作「翟孺人」。

第二章　著　述

第一節　《左傳事緯》

一、內容述要

　　《左傳事緯》為馬驌最早完成之著作，據康熙間原刊本，分為前書八卷、正書十二卷，計二十卷〔註1〕。卷前有〈例略〉，說明各部分意旨。其各卷內容如下：

　　前書卷一載〈晉杜預春秋左傳序〉、〈晉杜預春秋長歷論〉、〈晉杜預後序〉、〈唐孔穎達春秋正義序〉、〈左丘明小傳〉，後者為馬氏自撰。〈例略〉曰：「讀《春秋》者異說紛紜，漢唐以還，不下數百家，唯杜氏自號『左癡』，能成一家言。特取其〈序〉以壓卷，而孔〈序〉次之；孔氏尊杜氏者也。丘明列傳，舊史所無，茲采綴一二遺事，用補馬遷之闕。」

　　卷二至卷四為〈左氏辨例〉，發明《左傳》義例，共三十例，附〈總論〉一篇。〈例略〉曰：「《左氏》立例，有發凡，有新意，前後互明，最稱條悉。自《公》、《穀》生異同之見，胡氏成帖括之學，《左》例遂置不講，茲為推而論之，凡三十有一篇，名曰〈左氏辨例〉。」

　　卷五為〈左傳圖說〉，計有「帝派圖」、「世系圖」、「天官圖」、「地輿圖」、「列國年表」、「晉楚職官表」等。〈例略〉曰：「舊有東坡輿圖，雜入宋地；〈諸

〔註1〕　《左傳事緯》卷前〈例略〉，分別為「正書例」六條，「前書例」七條，故從其稱；《四庫全書》本所載〈例略〉同，而原前書部分則改稱《左傳事緯前集》，不稱「前書」。

－37－

侯年表〉止列數國,宋人發微圖說,詳略失宜,而剖厥錯謬,復淆觀覽。今立六圖,世系二十有一,竝著公姓卿族;地輿度量廣狹,詳誌山川,年表備列諸國,各標大事,其帝派天官職官,則愚意所增也,名曰〈左傳圖說〉。」其中「天官圖」、「地輿圖」有說無圖,未知何故,《四庫提要》云:「內地輿有說無圖,蓋未成也。」或非,因《事緯》早成於順治八年以前也。「列國年表」起自周平王四十九年,終於貞定王元年,即魯隱公元年至哀公二十七年(西元前 722~468 年)與《左傳》同始終,敍列周、魯、晉、齊、秦、楚、宋、衛、鄭、陳、蔡、許、曹、莒、邾、吳、越、滕、薛、杞、小邾、雜小國、蠻夷戎狄等大事,大抵以《春秋》、《左傳》爲依據,就春秋而論,較《史記》之〈十二諸侯年表〉爲詳密。

卷六〈覽左隨筆〉彙集《左傳》事類而成,首都邑,次諸侯興廢,次宮室建築(含城、宮室、門、台、囿、池等),次姓氏名字,次王與諸侯妃,次諡法,次諸臣、周歷、分野、星名、《易》卦、賦詩、逸《詩》、歌、謳、誦、謠、敍、箴、絲詞、雜詞、誄、策命、盟辭、禱辭、誓辭、字義、刑名、陣名、形兒、手文、衣飾、鬼神、夢、物怪,以及於車名、鼎名、鐘名、琴名、劍名、弓、矢、甲、旗、玉名、器名、賄賂、木名、鳥名、獸名、馬名、犬名、龜名、蟲名等,若會要然。〈例略〉曰:「《左氏》碎金屑玉,披覽彌新,學識博通,文字工絕,曝日之暇,隨覽隨鈔,積而成帙,名曰〈覽左隨筆〉。」

卷七〈春秋名氏譜〉,分列春秋周王以至列國君臣公族姓氏別名,並及於《傳》所引古帝王侯國與列國之祖,彙聚靡遺,眉目清晰。〈例略〉曰:「杜氏『名號歸一圖』久失讎校,不無顛倒誤謬,茲另爲一式,分國別氏,指掌瞭然,名曰〈春秋名氏譜〉。」

卷八爲〈左傳字釋〉,分「通用」、「直音」二類,注其音讀,「通用」者一字數音,義隨音異,故雖名「字釋」,實從音辨。〈例略〉曰:「六書不明,豕亥致紊,附以〈左傳字釋〉,用爲考訂之助焉。」

正書十二卷,取《左傳》傳文,重爲編纂,依事立目,易編年爲敍事,附以論斷,凡一百零八篇,率多一事一目,如〈鄭叔段之亂〉、〈衛州吁之亂〉、〈鄭莊入許〉等,亦有以事類爲目者,如〈王朝交魯〉、〈小國交魯〉、〈王臣喪亡〉、〈鄭臣之敗〉,至於〈郊祀〉、〈朔閏〉、〈蒐狩〉、〈城築〉、〈災異〉亦各立一目,庶幾全部傳文盡涵容在中矣。

二、撰述經過

　　馬驌《事緯·例略》曰：「舊文傅麗於經，年時月日以相繫維也，易編年爲敘事，篇目一百有八，將令讀者一覽即解，且無遺忘之病。」又《繹史·徵言》自云：「驌少習六藝之文，長誦百家之說，未能淹貫，輒復遺忘。頃於《左氏春秋》篤嗜成癖，爰以敘事易編年，〈辯（辨）例〉圖譜，悉出新裁，讎正舊失，數易槀而成書。」由是知馬氏之所以編纂《事緯》者，主要爲閱覽之便，使始末條貫，不致因分年閱讀而事緒紛雜也。〈例略〉又曰：「篇末贅以愚論，未敢言文，旁及諸家，雜采傳記，無庸附會僻說，折衷一歸於正大，共於發明經傳爲止。」是論也者，在發明經傳也。然觀論之爲文，類多破題承題，翼張篇旨，間用排比，頗重文章形式，似不止於發明經傳而已。意者或亦以爲時文之練習也。許元淮〈左傳事緯序〉云：「其篇末組織新豔，貫串恣肆，尤臨文必備之書。」直以爲帖括之助，蓋亦取其一偏而已。

　　嚴沆〈左傳事緯敘〉曰：「鄒平馬宛斯著《左傳事緯》二十卷……歲辛卯，宛斯携以游武林（案：今杭州），余見而悅之，及今六七年，猶未懸之國門。」辛卯爲順治八年（1651），是前此《事緯》已經成書，第未刊行耳。

三、刊刻流傳

　　馬驌《左傳事緯》最先完成，而終其生未能刊行。嚴沆〈事緯敘〉稱其順治八年携以游武林，至十四年猶未刊。〈敘〉又謂：「丁酉秋（案：順治十四年，1657），余典試山左，會施愚山先生視學是邦，共覽宛斯所論著，信其可傳，欲捐俸梓之，余力贊是舉。」斯時也緣施閏章之欲捐廉刻書，故沆始爲此敘，然終不果行，其故固不可知矣。《鄒平縣志》卷十七著錄馬興基《事緯刊誤》，其案語曰：「據〈敘〉考之，《事緯》成於順治辛卯以前，宛斯爲孝廉六年矣；又七年丁酉禹航始敘之，後二年己亥，宛斯成進士，服官政，無暇刻是書。」此說或得其情。又施閏章〈墓志銘〉稱馬驌「疾將革，惟語子弟以《事緯》、《瑋書》二編未鏤版爲遺憾，言訖而逝。」知臨終猶未刻也。

　　其曾經傳刻而筆者所知見者有以下各本：

（一）原刊本（中央研究院歷史語言研究所藏）

　　此本凡二十卷，分裝二十四冊，正文每半葉九行，行二十二字，〈例略〉每半葉六行，行十六字。左右雙欄，板心上魚尾，花口。扉頁上款「馬宛斯

先生手編」，下款「本衙藏板」（見書影一）。卷前有〈例略〉，後附標記，標記屬於義例者三種：「發凡言例◎」「例不稱凡。」「變例新意ヽ」，屬於斷句者二種：「事斷ノ」、「文斷レ」〔註2〕。後署「攬茞齋主人謹識」。其次爲目錄，先「左傳事緯前書目錄」，次「左傳事緯目錄」，前者卷一至卷八，後者卷一至卷十二，均題「攬茞齋編次」，各冊並有該冊目錄，唯《事緯》卷一目錄錯在全書之末。自前書卷二起，均署參校名氏，其式如下：

卷二	左氏辨例上	濟南馬	驌宛斯	著論
		弟　馬	光幼實	參閱
卷三、四	辨例中、下	濟南馬	驌宛斯	著論
		弟　馬	光幼實	參閱
卷五	左傳圖說	濟南馬	驌宛斯	著
		弟　馬	駉端斯	參
卷六	覽左隨筆	濟南馬	驌宛斯	偶著
		弟　馬	駉端斯	校正
卷七	左秋名氏譜	濟南馬	驌宛斯	考集
		弟　馬	光幼實	參訂
卷八	左傳字釋	濟南馬	驌宛斯	考定
		馬	瑜	
		男　馬	瓛	仝校
		馬	瓚	
		馬	玥	

《左傳事緯》部分，則題「濟南馬驌宛斯編論」、「弟馬光幼實馬駉端斯仝閱」。

由上可知，此本實經其弟駉，從弟光與子瑜、瓛、瓚、玥共同參校，至於所題著論、偶著，考集等，蓋隨各篇性質而異也。其刊刻時間，可能在康熙十二年以後之三年內，茲條析如次：

1. 《事緯》扉頁所題「馬宛斯先生手編」、「本衙藏板」，形式與康熙九年靈璧所刻《繹史》同（參書影二），知應亦刻於靈署者。
2. 《鄒平縣志》卷十五稱馬駉在驌卒後「身留交盤閱，三載然後返」，爾

〔註2〕案《說文解字》十二篇下〈乀〉部：「レ，鉤識也，從反乀」，讀若卷。」馬氏本此。段《注》：「今人讀書有所鉤勒即此。」

後似一直居鄉，可能在稽留靈璧之數年間刊刻；且馬驌臨終猶以此書未刻爲遺憾，以駉之「事兄如父」，此蓋當務之急也。〔註3〕

3. 馬光參校部分頗多（共十六卷），光之行年雖不詳，然據《鄒志》可知光在康熙十六年謫奉天以前曾出巡兩浙鹽課，地近江南，容有機會參與。〔註4〕

4. 史語所著錄爲「順治間刊本」，誤。蓋《事緯》終馬驌之生未刊，不可能在康熙十二年以前；且馬驌參校之四子中瑜瓚玥均李氏所生，李氏爲繼室瞿氏之副，既曰「繼室」，必在元配卒後，而元配成孺人卒於順治五年，若謂刊於順治年間，揆其三子之年恐無可能。

5. 《鄒平縣志》卷十七〈事緯刊誤〉案語稱《事緯》刻於身後，校勘未精，道光十二年馬光裔孫文慶補刻嚴沆原敘，其宗人興基復爲是正，「蓋歷百二十年乃成完書云」，自道光十二年（1832）逆數，似原刻於康熙五十一年（1712），是又非信。蓋朱彝尊《經義考》卷二〇八已著錄是書：「馬氏驌《春秋事緯》二十卷，存。按馬氏《左傳事緯》凡十二卷，前有〈序傳〉一卷，〈辨例〉三卷，〈圖說〉一卷，〈覽左隨筆〉一卷，〈春秋名氏譜〉一卷，〈左傳字音〉一卷。」雖其書名前後不一，然內容次第與此本同，則朱氏實見此書，而《經義考》成於康熙三十八年（據《歷代名人年譜》卷十），又前此十餘年，《鄒志》蓋失考矣。

職是之故，因定此本爲原刊本，其刊刻時間約在康熙十三年左右。

（二）文淵閣本（國立故宮博物院藏）

《四庫》開館，經山東巡撫採進，而於乾隆四十四年六月校上，爲《四庫全書》經部《春秋》類之一種。

此本亦二十卷，每半葉八行，行二十三字，其內容與原刊本大抵相同，所異者數端：

1. 前書改稱前集，卻置於正書之後。
2. 各卷僅題「靈璧知縣馬驌撰」，無參校諸氏，並無「攬葔齋」之名。

〔註3〕另一未刊者爲《十三代瑰書》，《濟南府志》稱「《瑰書》卷帙浩大，未能版行。」蓋刊刻非易也。又《志》稱「子承遺志爲鐫《事緯》」，似刻《事緯》者應爲驌子，然無他證，莫可確論矣。

〔註4〕據《鄒志》，馬光之赦回在康熙三十五年以後。

3. 全書不用標記，頗失馬驌突出義例之用心。

4. 簡端原有評語全部不錄，而〈例略〉仍保留有關評語之例，是其疏
   失。

5. 前書卷八〈左傳字釋〉「字」誤爲「事」。

（三）《函海》本

《函海》爲乾隆間李調元所輯刊者，裒集自晉以來罕傳之著作，凡四十
函。調元，字羹堂，號雨村，四川綿州人。少聰敏好學，省父化枬於浙中，
徧遊山水，遇金石即手自摹拓，購書萬卷而歸。調元博覽群籍，撰述遍及群
經小學。舉乾隆二十八年進士，改翰林院庶吉士，歷遷考功司員外郎，擢直
隸通永道，以劾永平知府，遣發伊犂，尋以母老贖歸（參《清史列傳》）。《函
海》者蓋四庫開館時，因翰苑舊侶，借觀天府藏書之副本，雇胥鈔錄，編纂
而成。李氏乾隆四十七年十二月〈函海總序〉云：「余不能化於書而酷有嗜書
癖，通籍後，薄遊京師，因得遍訪異書，手自校錄。然自《漢魏叢書》、《津
逮秘書》而外，苦無足本。幸際聖天子重修《永樂大典》，採遺書，開四庫，
于是人間未見之書，駢集纍（案：道光刊本誤爲『纍』，此從光緒刊本）至，
石渠天祿，蔑以加矣。余適由廣東學政任滿，蒙特恩監司畿輔，去京咫尺，
而向在翰院同館諸公，又時獲鱗素相通，因以得借觀天府藏書之副本。每得
善本，輒（案：道光刊本誤爲『輥』，此從光緒刊本）雇胥錄之，……書成，
分爲四十函。」全書刻於乾隆四十六年至四十七年，而於四十九刷印行世。
楊家駱〈景印函海序〉云：「乾隆四十六年秋，始付剞劂，至四十七年冬，全
書告成。都凡四十函，一百五十餘種，八百餘卷。未及刷印，調元以案去官，
板亦零散。其戚陳琮深以爲惜，與調元弟鼎元斥資贖板歸。適調元案亦大白，
因得重爲董理，於乾隆四十九年刷印行世。」

今存《函海》有二種，其一爲乾隆四十七年（1782）綿州李氏萬卷樓刊、
嘉慶十四年（1809）李鼎元重校印、道光五年（1825）李朝夔補刊本，即李
調元原刊之補刊本，朝夔爲其子；另一種爲光緒七至八年（1881～1882）廣
漢鍾登甲樂道齋刊本。二本均四十函，前者收書一六二種，後者一六五種，
各書次第略有更易。

李刊本《左傳事緯》在第十九函，李調元〈總序〉稱「第一至第十皆刻
自晉六朝以至唐宋元明諸人未見書；自十一至十六皆專刻明升菴未見書；自
十七至二十四則兼刻各家未見書，參以考證；自二十五至四十則附以拙纂。」

此本《事緯》四卷，題「鄒平馬驌撰　羅江李調元贊菴扣」（書影三），末字闕其半，四卷並同，似爲「撰」字，然何以挖闕，蓋不可知矣。

　　李氏〈左傳事緯序〉云：「余於是書（案：指《左傳》），原未嘗有所窺測，第自束髮受書，即已肄業及之，止欲借以爲帖括助，而習熟既久，偶能綜貫，隨以己見書之於冊；比從書麓中檢得馬氏《事緯》，適協余心，因再加釐訂而別爲一書焉，若謂余有所會心而居然得其要領也，則豈敢。」似李氏取馬驌《事緯》別撰成書者，故並列撰人；然則考《函海》之《左傳事緯》，雖稱四卷，實僅據馬氏原書卷六〈覽左隨筆〉益以卷五〈左傳圖說〉之三則，略移易其次第而成。茲列表比較如下：

〈覽左隨筆〉	《函海》	〈覽左隨筆〉	《函海》
1.（封建）	10.周室封建	20.歌	29.歌
2.（建都）	11.天子諸侯建都	21.謳	30.謳
3.諸侯興廢	12.諸侯興廢	22.誦	31.誦
4.（國號）	13.國號不一	23.謠	32.謠
5.（城郭等）	14.列國城郭井里宮室園池	24.銘	33.銘
6.（姓氏）	15.姓氏	25.箴	34.箴
7.（妃匹）	17.王侯妃配	26.繇詞	35.繇詞
8.（諡法）	16.諡法	27.雜詞	36.雜詞
9.（晉卿）	18.晉卿十一族	28.諺（古人之言附）	37.諺（古人之言附）
10.（魯三桓）	19.魯三桓	29.誄	38.誄
11.（春秋同姓名人）	20.春秋同姓名人	30.策命	39.策命
12.（經用周正傳參用夏時）	8.經用周正傳參夏時	31.盟辭	40.盟辭
13.（周歷）	9.周歷	32.禱辭	41.禱辭
14.（分野）	1.天文分野	33.誓辭	42.誓辭
15.（星名）	4.星名	34.（引古書）	43.引古書
16.（變卦起於左氏）	25.變卦起於左氏	35.（隱語）	44.隱語
17.（左傳引尚書）	26.左傳引尚書	36.（葬歌）	45.葬歌
18.（賦詩斷章）	27.春秋賦詩斷章	37.（左氏字義）	46.左氏字義
19.（逸詩）	28.逸詩	38.（用字之異）	47.用字之異

39.（雨雪）	7.雨雪	59.（鼎）	61.鼎
40.（良月）	3.良月	60.（鐘）	62.鐘
41.（胡喬壽等九則）	（無）	61.（鼓）	63.鼓
42.刑名	24.刑名	62.（琴）	64.琴
43.陳(陣)名	23.陳名	63.（劍）	65.劍
44.（兵戎）	22.兵戎	64.（弓）	66.弓
45.（盟誓）	21.盟誓	65.（矢）	67.矢
46.（王侯享年久者）	48.春秋王侯之享年久者	66.（甲）	68.甲
47.（善星文者）	49.善星文人	67.（旗）	69.旗
48.（勇力者）	50.勇力人	68.（玉）	70.玉
49.（善射者）	51.善射人	69.（器）	71.器
50.（形貌）	52.形貌	70.（賄賂）	72.賄賂
51.（美婦人）	53.美婦人	71.（木）	73.木
52.（手文）	54.手文	72.（鳥）	74.鳥
53.（衣飾）	58.衣飾	73.（獸）	75.獸
54.（鬼神）	55.鬼神	74.（馬）	76.馬
55.（夢異）	56.夢異	75.（犬）	77.犬
56.（物怪）	57.物怪	76.（龜）	78.龜
57.（車）	59.車	77.（蟲）	79.蟲
58.（舟）	60.舟		

說明：（1）表中數碼爲筆者所加，代表原書條次。

（2）《函海》本每則有標目，共七十九條；〈隨筆〉大多不標目，表中用（　）號者爲筆者爲便比對，就其內容所加。

（3）《函海》本「2 日食三十六」、「5 星孛三」、「6 星隕一（隕石一附）」不見於〈隨筆〉，係鈔自卷五〈左傳圖説〉之天官圖。

（4）《函海》本內與〈隨筆〉不同者僅二處：①「5 城郭」〈隨筆〉有一句「凡列國之城郭井里肆市圜池記於左方，以備參考。」《函海》刪去；②〈隨筆〉有「胡耇壽也，七十曰耋，九十曰耄。」「少君猶小君也。」「上曰汞，下曰淫，旁曰通，……」等關於字義者九則（表中 41），《函海》不載。

（5）《函海》大致以類相從，其卷一爲天文地理，卷二爲姓名兵陣名，卷三爲有關古籍及銘辭者，卷四則爲字義人物器用等，然亦未盡得宜。或者因無可歸類而刪去前項之九則。

（6）馬驌不過隨手筆錄，初不必成篇，其不加篇目也宜，其中如引古書僅二則，隱語、葬歌、雨雪、善射……等僅一則，更無須分別立目，而物怪舟車鼎名鐘名等已標舉清楚，何庸蛇足？

　　就二者比對，知李調元除刪去數則外，僅移易次第而已，即後者亦不爲多；且夫資料之鈔集，固人人可優爲之，然其中之涉及議論者如「經用周正傳參夏時」、「姓氏」、「《左傳》引《尙書》」各條，多爲個人見解，豈亦逕襲？所謂「習熟旣久，偶能綜貫，隨以己見書之於冊」，「再加釐訂而別爲一書」云云，並列名撰述，未免欺人。再則李氏所刊雖稱四卷，然僅及馬氏原書二十卷中之一卷，而亦蒙《事緯》之名，設若馬書果不存矣，《函海》獨行，後人將何以窺《事緯》之原貌？或李氏僅從內府所藏鈔得部分，實未見全書，否則諒不至此，所謂「比從書籠中檢得馬氏《事緯》」，應屬子虛。雨村者其馬驌之罪人也歟！〔註5〕

　　鍾刊本《函海》所收各書次序與李刊本略異，其〈總序〉亦相應更改：「自一至十三皆刻自晉六朝以至唐宋元明諸人未見書；自十四至二十二專刻明升菴未見書；自二十三至二十七則兼刻各家未見書，參以考證；自二十八至四十則附以拙纂。」其第二十四函有所謂《春秋左傳會要》者四卷，題「羅江李調元（贊菴）撰」，實則與李刊本《左傳事緯》內容完全相同，何以更改書名，並沒馬驌姓字，則不得而知。若謂雨村爲馬驌之罪人，則陷調元於盜，登甲又雨村之罪人也。

　　李刊本中央圖書館台灣分館及國立台灣大學均藏，藝文印書館並景印爲《百部叢書集成》之一；鍾刊本藏中研院史語所，宏業書局曾景印行世。

（四）潘霨敏德堂校刊本

　　潘霨，字偉如，吳縣人，工書、精醫學，光緒十一年至十七年任貴州巡撫。此本刊於光緒四年（1878）冬，前有「例略」，其「前書例」但舉字釋一條，蓋前書部分僅收〈左傳字釋〉也；其後〈小傳〉，爲左丘明小傳，題「濟南馬驌補撰」，文與原刊本同；再次爲〈左傳字釋〉，題「濟南馬驌宛斯考定」、「吳縣潘霨偉如重校」；其次目錄，各篇下注起迄之年，此原刊本所未有；目錄後爲正文十二卷，題「濟南馬驌宛斯編論」、「吳縣潘霨偉如校訂」。每半葉九行，行二十二字。文中標記凡例用「◎」號，變例混用「ヽ」與「△」，文斷事斷亦從原刊本用「レ」、「ノ」，然均不加說明。書眉評語與原刊本同。

　　潘氏敍曰：「（《事緯》）舊彙《繹史》中，卷帙浩繁，流布未遍，黃春渠

〔註5〕《事緯》爲李調元所謂「各家未見書」之一，可能李氏以爲人間罕睹，而增長掠美之心。

及漢陽朝宗書屋始刊爲孤行本，均無附錄，板久不存。《左氏》之書，鉅細精粗，綜貫靡遺，……得此纍纍如貫，寶貴何如？余弱冠即嗜讀是編，藏之行篋，數易丹鉛，爰重爲校刊，以貽來學。」知潘氏刊此書之動機，其藏本或即黃刻本或朝宗書屋本（此二本未見，參下文）〔註6〕，而所稱《事緯》舊彙《繹史》中不確，可能承襲許元淮之說，辨見第五節。

此本雖經潘氏校刊，然仍有若干疏誤。以〈字釋〉而言，其所得者邑部「邥」原刊本、文淵閣本均誤爲「邲」，而文十七年《傳》作「邥垂」，《釋文》音「審」，潘氏據以改正；其他「入聲」數誤爲「人聲」；邑部「鄔塢」（案：小字爲音）改爲「鄔鳩」，而《左傳》「鄔」爲地名，並無「鄔」字；「幾，幾會」誤爲「哭會」，與原刊本同，「麤與粗同」、「與」誤爲「俱」，正書卷一〈齊襄滅紀〉論「奔走幹旋」誤爲「幹旋」，同卷 25 頁上「余心蕩」之眉批「心蕩而知祿盡」云云誤植於 24 頁下等，其校刊亦不能謂精審，然大體仍稱可讀。此本廣文書局景印行世。

以上各本爲現存者，以下則係自諸家序跋著錄所知者：

（五）馬興基校刊本

《鄒平縣志》卷十七著錄《事緯刊誤》，題「諸生馬興基著」。其案語曰：「《事緯》版久歸宛斯從弟侍御幼實光家，幼實裔孫文慶得《事緯》原敍，嚴禹航先生沆所撰也。……宛斯成進士，服官政，無暇刻是書；書刻於身後，校勘未精，且多缺略。道光十二年（案：1832）文慶爲補刻原敍，其宗人興基又取正文十二卷，句櫛字比，正其訛誤，後又攷證其前書八卷，通加是正，蓋歷百二十年乃成完書云。」據此考之，此本應有嚴沆〈敍〉與馬興基之《事緯刊誤》，乃今傳各本均不見，各家亦無著錄，嚴〈敍〉僅見於《鄒志》卷十七。

（六）黃春渠重刻本

此本蓋取諸錢塘許元淮藏本重刻者。許氏〈左傳事緯序〉曰：「《事緯》……孤行不廣。……坊間購此不易得，余寶是書有年，及門黃子春渠請讀之暇，歎爲家塾中獨絕之本，思重鐫之。余謂昔人有借《文選》不得，後卒鏤版行世，茲誠嘉惠藝林盛舉也。爰畀是書而重付之梓。」知爲黃春渠所刊，而邵

〔註6〕黃刻本有許元淮序，後附〈例略〉七則，潘本同；又許〈序〉稱「《左傳事緯》爲濟南馬氏《繹史》中之一類，《繹史》書帙浩衍，版久不存，《事緯》另列成部，而孤行不廣。」潘氏敍《事緯》語多雷同，較可能採用黃刻本。

懿辰《四庫簡明目錄標注》稱「許氏刊本」，范希曾《書目答問補正》稱「許元淮刻本」，均誤。又潘霨〈敘〉謂此本無附錄，而邵、范二氏不言（案：二家無附錄者均註明），不知何者爲是。范氏《補正》印行於民國二十年，或猶及見黃刻本，今則莫知何所矣。

（七）漢陽朝宗書屋活字本

潘霨重刊《事緯》敍曰：「黃春渠及漢陽朝宗書屋始刊爲孤行本，均無附錄，板久不存。」據葉德輝《書林清話》卷八「宋以來活字板」所敍活字印刷稱「咸同間……江夏童和豫朝宗書屋印……馬驌《左傳事緯》十二卷，附錄八卷。」則此本爲活字本，且應係全帙〔註7〕，然張之洞《書目答問》所著錄者亦無附錄，不知孰是。

此外邵章《四庫簡明目錄標注‧續錄》著錄「嘉慶六桐書屋刊本」，他家未見。案《鄒志》謂道光十二年馬興基校訂《事緯》，至是乃稱完書，玩其語，似不知有嘉慶刊本。

又邵懿辰《四庫簡明目錄標注》別稱「驌又有《春秋列國表》一卷，光緒二十八年刊本」，可能爲前書卷五〈左傳圖說‧列國年表〉部分之單行者。

第二節　《鄒平縣志》

鄒平自明嘉靖十二年而始有志，蓋知縣葉林所修，清順治十六年知縣徐政重修，增廣倍之，其後康熙三十四年程素期改修，歷嘉慶八年、道光十六年以迄民國三年，凡六度修輯。而其規模體製以順治之役最爲後人所推重，是編也，馬驌實主其事。

今傳《鄒平縣志》有二，一爲道光十六年知縣羅宗瀛續修，一爲民國三年補刊者。而道光十六年續修者均另葉雕版，並題「道光十六年續纂」，知係就嘉慶八年所修者補刊，民國三年續纂者亦就道光十六年後補刊。馬驌所修固已不可得見，然自諸家序例，亦得以窺其涯略焉。

今本《鄒志》卷前有「修鄒平縣志姓氏」，其順治十六年修輯者爲鄒平縣知縣徐政，崑山布衣顧炎武、刑部郎中邑廩生張舉，靈璧縣知縣邑進士馬驌〔註8〕。蓋徐政以知縣領銜修輯，顧炎武或參校而已，其主要工作仍屬之馬

〔註7〕　既爲活字本，則應無「板久不存」之事。
〔註8〕　「邑廩生張」下原闕，據施閏章〈序〉「得比部張舉之請」，應即張舉也；又

驌，故踵事者多稱之。康熙三十五年督學使者□謙吉〈序〉曰：「覽馬宛斯先生《繹史》一百六十卷，而知鄒平邑志當成於其手。宛斯邑之名家也，其時又以學使施尙白爲之序。」嘉慶八年學政劉鳳誥〈序〉稱「今修《志》成，所屬能知人，於舊志從馬宛斯之意，能定取舍，所補僅百年事。」同年修《志》例言云：「國朝順治十六年徐君政重修，是時馬宛斯先生爲之討論，顧亭林先生爲之校編，施尙白先生爲之序。」民國二十年梁秉錕〈重印鄒平縣志序〉謂「鄒平之有縣志，始於明季，承之者則清順治間知縣事徐政氏，而總其事者爲邑進士馬宛斯先生驌。」

施閏章〈序〉曰：「舊《志》四卷，刻於嘉靖十二年，今更定之，凡八卷。」知順治本係就嘉靖本改修者。嘉慶本例言稱順治本「卷分爲八，目三十有二，首著弁言，節加跋語，山川勝景，各系以詩，其例甚善。」〔註9〕其例或可概見。其後康熙本盡變之，但仍爲八卷，嘉慶所修，以爲不合，故仍復舊式。例言又云：「康熙乙亥（案：三十四年）程君素期重編，盡變前法，不合體例，……今新《志》仍仿古式（下闕）。」嘉慶本既復歸古式，道光本又依式續纂，宜可以由此而知馬氏舊觀矣；是又不然，蓋今本爲卷十八，與原本八卷相去遠矣，劉鳳誥〈序〉所謂「於舊《志》從馬宛斯之意」，固已不可判別。雖然，吾人仍得以自今《志》所稱引馬驌之說，約其可言者數事：

一、對舊《志》之不滿

《鄒志》卷十四〈宦蹟考〉舊《志》於洪武至天順間知鄒平者僅稱「椿、儒、昉、瑄皆有治行。」今本引馬宛斯曰：「自洪武迄宣德垂七十年，爲令者多矣，既不取其政蹟，因并沒其姓名，逮至百年，惟四公之稱，甚矣舊《志》之疎也。」

二、印證故籍

《鄒志》卷四〈建置考〉城池條後引馬驌曰：「昔夫子繫《易》之〈坎〉曰：『王公設險以守其國』，而《春秋》特書莒潰之文，以爲不備之戒。夫自

時馬驌方成進士，此蓋後人所題，非修《志》時官銜。

〔註9〕 章學誠反對方志中雜以詩文，以爲應「倣《文選》、《文苑》之體而作『文徵』。」（〈方志立三書議〉，《遺書》卷十四）又〈書武功志後〉云：「志乃史裁，苟於地理無關，例不濫收詩賦，康氏（案：康海）於名勝古蹟，猥登無用詩文，其與俗下修志以《文選》之例爲藝文者相去有幾？」（同上卷）

大道隱而世變生，戰爭多而守禦始，是以城郭溝池，先王所必謹也。往者己卯之役（案：應指崇禎十二年三月清兵攻破濟南府）郡邑并皆失守，惟此與章邱藉城得全。溯尹鐸之遺勞，推子囊之舊畫，今邑之士大夫多有能言其事者。語曰：『前事不忘，後事之師也。』守斯土著，可不念哉！」是亦史家鑑往知來之義。

三、敘事客觀徵實

《鄒志》卷十四〈宦蹟考〉：「楊可經，濰縣貢士，崇禎年知縣事。」引舊《志》馬驌曰：「壬午（案：崇禎十五年，1642）之役，侯已陞青州同知，未赴任，聞變，共紳士為城守。貢士張萬鍾請救於副將邱磊，遣部將押住遼丁二十餘人來援。十二月朔，大兵至城下，環窺發矢。次日，甲騎三千，擁雲梯突至城垛，飛矢雨集，遼丁持刀當前，生員劉璽、韓之琦、成端徵、典史張恩鼓勇禦之，以蘆席裹火藥焚梯，火連城屋，自藝三十餘人，遼丁死其五，生員成端徵與焉。城外居民城內婦女，持兵懷石，咸來赴敵。城克僅存而危解矣。是役死者三十六人，傷者九十七人，俱公賷優恤之。其後當道欲奏褒鄉宦孫爌、生員劉璽等守城功，屬李自成陷京師，事遂寢。」後文又引馬驌曰：「楊令輕躁猥薄，好自呪誦以濟貪，溫飽之家攫金殆盡。」雖表彰可經之功，亦不沒其過。壬午馬氏二十二歲，應親見其事，為敘如此。又卷六〈山水考上〉「張延登會仙金燈記」條後引舊《志》馬驌曰：「仙燈之說，舊《志》以為理所必黜，然近世往往見之：崇正己巳（案：崇禎二年，1629）三月三日清明，仙燈甚盛，士女觀者數千人；順治戊戌（案：十五年，1658）三月二日清明，遊人聚觀，見數十炬往來分合，最大者如輪。或云每歲二三月間，天氣寒凜，風起霧合，此夕定有仙燈，不必其為清明也。《記》稱燈光如白鏐，每起於金母祠前，故會仙金燈為邑勝景。」案：仙燈之說雖玄，然順治十五年，馬驌應親聞見也。又卷九〈古蹟考二·墳墓〉王泉墓條引馬宛斯曰：「舊《志》載泉字永清，宋西衙丞相，立朝目不他視，惟瞻其靴，人號靴頭丞相。按《宋史》無此人，其墓上有碑，乃宏治二年儒學教諭張輪立志，其官曰西衙相府丞而已。碑云丞之後一曰伯馴，原衛指揮使，一曰節，錦衣衛指揮使，又傳至孫綱立此碑。」馬氏固精於考史者也。

又康熙三十五年程素期序《鄒志》曰：「前令徐君修於己亥歲，……（余）欲重加訂證，以資考徵。……迺請邑之紳士有聞望者相與參訂而校讎之，去疑以存信，芟繁以就簡。復捃馬宛斯先生舊《志》遺稿，用宏潤色，適其令

嗣子握手示一冊，爲《志》補遺。」既稱重訂前《志》，則舊《志》應已刊行；復搜馬氏遺稿，爲《志》補遺，此遺稿者，寧非馬氏修《志》之餘哉？惜今皆無從區分矣。

第三節 《繹史》

一、內容述要

《繹史》一百六十卷，係擷採故籍中關乎古史者，以事爲類，以時爲經，上起開闢原始，下迄秦亡，鉤括裁纂，佐以圖表，彙爲巨帙。馬氏〈徵言〉云：「取三代以來諸書，彙集周秦已上事，譔爲《繹史》。是分五部：一曰太古（三皇五帝計十篇），二曰三代（夏商西周計二十篇），三曰春秋（十二公時事計七十篇），四曰戰國（春秋以後至秦亡計五十篇），五曰外錄（紀天官地志名物制度等計十篇）。大凡一百六十篇，篇爲一卷（篇帙多者分爲上下，或分爲四五，用《漢書‧五行志》之法）。紀事則詳其顛末，紀人則備其始終，十有二代之間，君臣之蹟、理亂之由、名法儒墨之殊途、縱橫分合之異勢，瞭然具焉。」李清〈序〉曰：「至於萬千百國，十有二代之間，大而洪荒剖判之緣，小而名物訓詁之譔，與夫貞元運會之乘除，皇帝王霸之興廢，陰陽淑慝之消長，禮樂兵刑之因革，以迄日蝕星隕水流山時之篇，金生粟死仰驕僄替之說，若內若外，或事或文，莫不網羅囊括於百六十卷之中。」善夫其體製之龐大與內容之宏富也。

是編首刊李清〈序〉，次馬驌〈徵言〉，自敘《繹史》之作意、史料之大要，並廣徵遺書以補其疏漏。其後爲目錄，目錄後有〈繹史世系圖〉，先「帝王傳授總圖」，次〈太皞世系〉，以至於〈田齊世系〉，凡三十七圖〔註10〕。世系圖後爲〈繹史年表〉，始於庖犧氏，止於秦二世三年，共和以前紀世，以後紀年。年表後爲正文，如長編之體：每事各立標題，博徵史料，排比先後，以詳其顛末。凡所徵引，各冠本書之名，首要者爲大字「正書」；其相類或次要者雙行小字細書，爲「附載」，或有異同訛舛，並加疏通辨證，與隨以後資

〔註10〕所謂〈世系圖〉者實表也，馬氏稱之爲圖，篇內屢見此稱，如「傳授總圖」、「已下諸圖」、「依以爲圖」、「別有圖」等。各世系橫直聯繫，世世相承，「凡傳位例用大系，傳世例用小系」，其所據資料有矛盾者並爲考校。世系表在中國使用似不甚早，筆者學淺，未見前於此者。

料並列各條之下爲「案語」〔註11〕。春秋以前（卷一至卷一百）除卷二十三〈周官之制〉、卷二十四〈周禮之制〉外，均附以「論」。李清稱其「文成踰萬，其旨盈千，或奪或予，遂以筆舌爲裒鉞。」〈外錄〉十卷，例如正史之書志，卷一五一〈天官書〉，附圖二：天象圖、分野圖；卷一五二〈律呂通考〉，附律呂圖；卷一五三〈月令〉，附月令圖；卷一五四〈洪範五行傳〉；一五五〈地理志〉，有圖表九：古初地圖、《禹貢》九州圖（十二州附）、商地圖（《爾雅》九州附）、周職方地圖、西周地圖（《詩》十五國風附）、春秋地圖、戰國地圖（先秦附）、秦置郡縣圖、三代州域表；卷一五六〈詩譜〉；卷一五七〈食貨志〉；卷一五八〈考工記〉，附瑞玉圖；卷一五九〈名物訓詁〉，分十七類：瑞贄、質文、五行、祥應、龜策、書契、兵戎、刑法、容止、冠服、舟車、宮室、器用、飲食、草木、鳥獸、蟲魚，附以禮器圖；卷一六〇〈古今人表〉，則多仍《漢書》之舊，蓋以〈古今人表〉所涵蓋之時代恰與《繹史》相應，而未當於《漢書》也。〔註12〕

　　各篇所錄，或不止一說，大多竝載，以廣見聞，而比較異同，多能得間。〈徵言〉云：「百家所記，或事同文異，或文同人異，互見疊出，不敢偏廢，所謂疑則傳疑，廣見聞也。」又卷五論自言所以廣收有關黃帝異說者云：「舉一切迂怪之談，悉附會之黃帝，故備論其事，俾讀史者知所去取焉。」蓋駢集眾說，分其輕重，較其信度，則讀者能自得之，所謂使史料自言之也。《四庫提要》稱其「凡所徵引，悉錄原文，雖若不相屬，而實有端緒。」（李鍇〈尚史〉條）

　　《繹史》之所取材，無慮數百種，〈徵言〉云：「紀事雖止於秦末，而采書實下及梁陳（陳），事則無微不悉，文則有長必收。」又自述其徵采原則曰：「除列在學官四子書不錄（原註：《論語》、《大學》、《中庸》、《孟子》，士子

〔註11〕　「正書」、「附載」云云，馬氏所自稱：《繹史》卷三十一案語：「此入春秋第一義例，……故三《傳》竝正書，以下記事惟《左氏》正書，其《公》、《穀》之尤卓者，或亦正書，餘皆細書。」正書又稱「大書」，見卷九十五之一，頁16下案語，而以前者爲常；細書又稱「附載」，如卷十案語：「雜書稱鯀、共工作亂，附載於後。」又見一四三下頁31上、一五九下頁21下等，以此爲多，故從之。

〔註12〕　章學誠謂「馬氏之書，本屬纂類」，是以「顧曰人表若爲《繹史》而作，則亦未爲知類者也。」然《繹史》之列人表也，固合於張氏所謂「通古之史不可無人表」，蓋張氏對《繹史》性質有所誤解，見《遺書》卷十五〈亳州志人物表例議上〉。

丱角誦習，故一槩不錄；若夫五經，竝麗陳常，士或偏治其一，不復旁通，
抑且考校得失，多所發明，今盡取之）。經傳子史，文獻攸存者，靡不畢載；
傳疑而文極高古者，亦復弗遺；眞贗錯雜者，取其強半；附託全僞者，僅存
要略而已；漢魏以還，稱述古事，兼爲采綴，以觀異同；若乃全書闕軼，其
名僅見，緯讖諸號，尤爲繁多，則取諸箋注之言，類萃之帙；雖非全璧，聊
窺一斑。」大致以存佚眞僞與去古遠近爲類，其失傳者則自箋注與類書中輯
出。爬羅剔抉，旁搜遠紹，「以一人攬百世之奇，以十年窮三才之業」（李清
語），可勝道哉！李清〈序〉贊之曰：「惟是秦焚楚火言湮事軼之後，而能從
百世以下，摘抉蒐獮，使芒芒墜緒，燦然復著於斯世，與未燒無異，乃見馬
侯之有造於斯文不細耳。」

二、撰述經過

《繹史》之編撰，係以《事緯》爲基礎，上下延伸，並擴大其取材範圍。
〈徵言〉云：「頃於《左氏春秋》篤嗜成癖，爰以敘事易編年，……數易槀而
成書，謬爲同志所欣賞矣。庸復推而廣之，取三代以來諸書，彙集周秦已上
事，譔爲《繹史》」。春秋部分之材料，於《左傳》外，增出數倍，而其論則
大抵承襲《事緯》，雖間有分合，文字則大同小異（參第六章附錄）；太古、
三代則因春秋之例，至於戰國部分之無論，或因於撰述時間之限制也。

《繹史》初刊於康熙九年，馬氏〈徵言〉云：「余積思十年，業已譔集成
書」，李清〈序〉亦稱其「以十年窮三才之業」，自康熙九年逆數，似始於順
治十七年（1660），然順治十五年嚴沆敘其《事緯》已稱「宛斯別有史書，采
上古周秦以前之書，編次，加以論斷。書甚夥，尚未成。」蓋即指《繹史》
而言，且謂「書甚夥，尚未成」者，似有部分已經成書，則屬稿應更早於是。
或「積思十年」云者，指醞釀時期，非編撰時間也。〔註13〕

三、刊刻流傳

《繹史》最早在康熙九年刊於靈璧署，今存原刊本扉頁題「馬宛斯先生
手授」、「本衙藏板」（參書影二），有李清序，題「康熙九年歲次庚戌仲春」。
馬驌卒後，版歸原籍。四十四年二月，聖祖南巡，問及此書，命張玉書物色
原版，次年四月，命人至鄒平購版入內府。王士禎《分甘餘話》卷一記其事

〔註13〕《說郛》爲《繹史》材料來源之一，其書最早由兩浙督學李際期刊於順治三
年（1646），故《繹史》之作，亦不能早於是。

云：「康熙四十四年，聖駕南巡至蘇州，一日垂問故靈璧知縣馬驌所著《繹史》，命大學士張玉書物色原版。明年四月，令人賷白金二百兩至本籍鄒平縣購版進入內府，人間無從見之矣。」〔註14〕

版入內府後，存於詹事府，光緒十四年，詹事裕德與祭酒盛昱曾擬印行，未果。《四庫簡明目錄》載王懿榮語曰：「板入天府原委在《分甘餘話》，武英殿板多不能容，分庋國子監、詹事府、翰林院。此板僅闕十餘面，分庋詹事府。光緒戊子，詹事裕德與祭酒盛昱商量，改庋國子監，擬補刻印行；會盛昱以病去官，遂不果。」〔註15〕

何秋濤以為藏入內府者為改定本，其所謂改定，蓋指閻若璩所稱今古文之目。閻氏《尚書古文疏證》一一五條云：「公今《繹史》有今古文之名者，自予之言始也。」然今傳各本《繹史》除卷十〈有虞紀〉引《尚書》「曰若稽古帝舜」云云下自注「今文無此二十八字，合上〈堯典〉為一篇」外，未見今古文之分。而何秋濤據閻氏之說，乃謂閻氏所見為改定之本，而此本即購入內府者，故後人無從見之。《閻潛邱年譜》引何氏之說云：「潛邱明言：今本《繹史》有今古文之分，是改定之本，潛邱嘗見之，乃今日反罕覯者，案《分甘餘話》三：『康熙四十六（案：當作四）年，聖駕南巡至蘇州，……明年四月，令人賷白金二百兩至本籍鄒平縣，購版進入內府，人間無從見之矣。』是改定之本藏於內府，所以不著也。」此蓋臆度之詞。《繹史》刊於康熙九年，閻若璩以十二年過靈璧，書已刻成，若有改定之本，亦應出驌所親為，而馬氏以是年七月卒，當無從改作；《濟南府志》卷五十四稱其子為刻《事緯》，亦不及《繹史》；且終康熙之世，不聞有其他刊本，是以藏入內府者，實九年原板，蓋馬氏卒後，其子運回原籍者，而《事緯》之板，則歸於從弟馬光家。

〔註14〕 《漁洋山人年譜》康熙四十八年：「著《分甘餘話》，……情話之餘，述詔取靈璧知縣馬驌所著《繹史》刻板入內府，因感賦一絕，載《蠶尾後集》。」案：經查《蠶尾後集》（東海大學藏）未載此詩，王氏《帶經堂詩話》卷七自述云：「予次康熙戊子（案：四十七年）一歲之作為《蠶尾後集》，得五七言絕句二百餘首，而古律詩才什之一。」後文又云：「予甲申（四十二年）歸田後詩曰《古夫于亭稿》，此卷則為《蠶尾後集》，以綴《蠶尾》正續兩集之後，實則《古夫于亭稿》後一年之作云。」據《年譜》，《古夫于亭稿》作於康熙四十五年，則《蠶尾後集》為四十六年之作，前後所稱，相差一年，則此書或有問題，《年譜》所稱，莫可知曉。

〔註15〕 故宮博物院所藏一種著錄為「康熙九年內府刊本」，未見，康熙九年刊本係刻於靈璧者，其板取入內府，應未重刊，即使以原板補刊，亦應載明何年補刊者。

何秋濤之說，殊無可能。

《繹史》自靈璧初刊以後，數經翻刻，其板式文字大抵仍舊，變革有限。各本大致完好，茲分敘如下：

（一）康熙九年（1670）原刻本（國立中央圖書館藏）

此本係馬驌官靈璧時所自刻者。一百六十卷，四十八冊，分裝六函。扉頁題「馬宛斯先生手授」、「本衙藏板」。首載李清〈序〉，每半葉四行，行九字，文末有圖記二方：「李清之印」陰文篆字，「心水氏」陽文篆字。次馬氏〈徵言〉，每半葉九行，行十九字。前有圖記二：「臣有左傳癖」陽文圖章、「臧之名山傳之其人」陽文方章（見圖版四），文末亦有二圖記：「馬驌印」陰文方章、「字宛斯」陰文方章。〈徵言〉後依次為目錄、世系圖、年表，而後為正文。正文每半葉十一行，行二十四字，左右雙欄，板心無魚口，每卷卷首第一葉板心標目。刻工精細，紙質墨色均佳。（書影四）

（二）文淵閣《四庫全書》本（國立故宮博物院藏）

《提要》稱採通行本，於乾隆四十二年五月校上。首〈提要〉，次〈原書徵言〉，其次目錄、世系圖、年表，次正文，無李清〈序〉，蓋李氏著作於乾隆五十二年禁燬（參第一章第二節），因並及此〈序〉。又所有圖記全闕。

此本每半葉八行，行二十一字，小字雙行，字數同。各卷首均題「靈璧知縣馬驌撰」。正文、附載所引書名均不加匡，與原刻本不同，對於閱讀頗有不便。又卷一五九〈名物訓詁〉原分上下，〈禮器圖〉在卷前，此本分為三卷，以原有二卷為上中，圖為下卷。

（三）同治七年（1868）蘇州亦西齋刊本（東海大學藏）〔註16〕

此本扉頁署「馬氏繹史」，上款題「同治七年夏五月」，下款「姑蘇亦西齋藏版」。首李清〈序〉，次目錄，次〈徵言〉，其後為世系圖、年表，表後為正文。除〈徵言〉在目錄後外，其他版式內容圖章均與原刊本同，而字則多漫漶。（書影五）

（四）光緒十五年（1889）金匱浦氏重修本（國立中央圖書館臺灣分館藏）

此本扉頁有姚孟起所題「鄒平馬驌譔」、「繹史」〔註17〕，牌記「光緒十

〔註16〕 中央研究院歷史語言研究所原亦藏有，民國58年查失。

〔註17〕 姚孟起，光緒間書法家。竇鎮《國朝書畫家筆錄》卷四云：「姚孟起，字鳳生，

有五年金匱浦氏重修」。李清〈序〉改刊爲半葉十一行，行二十四字，文末印記同，惟改刻小方，次爲目錄、徵言、世系圖、年表、正文。除〈序〉之版式與〈徵言〉次第外，其圖記、版式、內容與原刻本同。惟卷一五九〈名物訓詁〉之〈禮器圖〉第一頁刻爲上下二頁，而上頁則次於原卷上之末，可能係補刻又誤置故。此本先後曾經廣文書局與新興書局（《筆記小說大觀》第三十四編）影印行世，惟廣文書局所影印者刊落有所題款、牌記、圖章。（書影六）

（五）光緒二十三年（1897）杭州尚友齋石印本（東海大學藏）

此本扉頁有陶湣宣署「馬氏繹史」〔註18〕，牌記：「光緒丁酉六月武林尚友齋得足本石印」、「圖章爲記，翻印必究」，其圖章爲「書聲琴韻」。首李清〈序〉，每半葉六行，行十四字，次〈徵言〉，每半葉十二行，行二十九字，以次爲目錄、世系圖、年表、正文。正文每半葉十六行，行三十六字。除版式之外，圖記內容與各本同。審其字體，當係以原刊本剪貼縮印爲巾箱本者〔註19〕。（書影七）

又《書目答問補正》著錄「杭州局本」一種，未見。另商務印書館《國學基本叢書》亦有排印本三十六冊行世。

此外，據《山東通志》卷一三一載：「《馬氏繹史年表補正》一卷，王延慶撰。延慶字□□（案：原挖闕），福山人，嘉慶乙丑進士，歷官國子監博士。是書見採訪冊。」此書今不見。

第四節　《十三代瑰書》

〈墓志銘〉云：「需次家居，又集《十三代瑋書》，篇帙倍富。……疾將革，猶語子弟以《事緯》、《瑋書》二編未鏤版爲憾。」案：施愚山《文集》

蘇州人，貢生。天資聰穎，又能刻苦加功，凡遇名帖，心摹手追，得悟晉唐相承原委，遂以善書著名。所臨〈皇甫元憲碑〉、王孝寬〈碑塔銘〉、諸書〈枯樹賦〉，聞皆付刊，余未之見；得見者惟〈九成宮醴泉銘〉，間架逼肖，筆亦挺勁溫潤，可爲初學津梁，著有《字學臆參》七十餘則。」

〔註18〕案陶氏生平不詳。

〔註19〕據淨雨〈清代印刷史小記〉，中國石印最早使用於光緒二年（1876），其時以此法翻印古書，「書版尺寸，又可隨意縮小，蠅頭小楷，筆畫判然。」（原載《文華圖書館季刊》三卷四期，世界書局節錄附印於《書林清話》後，爲《書林雜話》四種之一。）

作「瑋書」，李文藻引〈墓志銘〉作「緯書」，《鄒平縣志》卷十五引〈墓志銘〉作「瑰書」、卷十七有《十三代瑰書》書目，茲從《鄒志》。其義或取自《莊子》，〈天下篇〉稱莊周「其書雖瓌瑋而連犿无傷也，其解雖參差而諔詭可觀，彼其充實不可以已。」成玄英《疏》：「瓌瑋，弘壯也；連犿，和混也。」陸德明《釋文》：「瓌，古回反，瑋、瓌瑋，奇特也。」瓌同瑰，〈子虛賦〉云：「俶儻瑰瑋，異方殊類。」〔註20〕

此書蓋裒集隋以前之著作，依時代編次，計三十二套（冊），二百二十二部，其下限與《繹史》所採者同。《濟南府志》卷五十四云：「《瑰書》卷帙浩大，未能版行。」其稿原存在家，乾隆十年左右質於孫家鎮典肆中凡二十餘年，三十六年爲巡撫周元理購得，歸於江南邑中，後遂不見於世。《鄒平縣志》卷十七引成啓洸曰：「《十三代瑰書》，卷帙甚富，草稿二篋，質於孫家鎮典肆中二十餘年。乾隆辛卯（三十六年），巡撫周元理自監生李景周家購去，將以付梓，未果。今原本已歸江南矣。」〔註21〕

乾隆二十七年九月，李文藻過鄒平，爲紀昀訪求此書〔註22〕，時已質於

〔註20〕 李文藻〈與紀曉嵐先生書〉謂《瑰書》中「《周禮》、《儀禮》、《爾雅》、三《傳》皆在焉，殊不可解。其或以五經之外，國家不以取士者，皆得謂之緯書邪？」蓋誤以〈墓志銘〉之「瑋書」爲「緯書」，若與「經書」相對者，故有此疑問，實則非是。「瑰」又作「瓌」，音義並同；因「瓌瑋」而連及「瑋」，又因「瑋」而誤爲「緯」，蓋音同形近故。

〔註21〕 周元理（1706～1782），字秉中，杭州人，乾隆舉人，以知縣用，累官直隸總督、工部尚書，以疾乞休。《濟南府志》卷五十四稱「《瑰書》在典庫中二十年，乾隆癸卯，中丞周元理購去，歸於江南邑中，遂無是書矣。」案：癸卯爲四十八年，考《碑傳集》卷三十五，周元理卒於乾隆四十七年，當無可能，又據蕭一山〈清代督撫表〉，周元理在乾隆三十六年三月至十月任山東巡撫，故以《鄒志》爲是。

李景周生平不詳，或即典肆主人。案：以書典質者，古容有之，後則少見。《北齊書》卷三十九〈祖珽傳〉載珽事文襄，「州客至，請賣《華林遍略》。文襄多集書人，一日一夜寫畢，退其本曰：『不須也。』珽以《遍略》數帙質錢樗蒲，文襄杖之四十。」《梁書》卷五十一〈庾詵傳〉載「隣人有被（被）誣爲盜者，被治劾妄款。詵矜之，乃以書質錢二萬，令門生詐爲其親代之酬備。」《南史》卷二十〈謝弘微傳〉載弘微玄孫僑「素貴，嘗一朝無食，其子欲以《班史》（案：指《漢書》）質錢，答曰：『寧餓死，豈可以此充食乎？』」（參呂思勉《讀史札記》戊帙〈質典〉條，呂氏誤以僑爲弘微曾孫。）至於質典二十餘年要亦罕見。並參楊肇遇《中國典當業》、趙連發《中國典當業述評》。

〔註22〕 李氏此書未載明時間，案其文末云：「且某已應諸城修志之聘，擬在歲前開局。」考《文集》卷上〈諸城縣志序〉（案此序係代當時縣令宮懋讓所作，見乾隆二十九年刊本《諸城縣志》）云：「乾隆壬午，予宰是縣，……乃屬李君

典肆，僅得其目而已。李氏《南澗文集》卷下〈與紀曉嵐先生〉述其事云：「前承諭訪馬宛斯《十三代緯書》，某初謂是拾綴讖緯之書。後讀施愚山為作墓誌云：『疾將革，惟語子弟，以《左傳事緯》、《十三代緯書》未鏤版為遺憾。』以《左傳事緯》例之，又謂《緯書》必馬所著矣。昨於九月初一日過鄒平，邀一友，同至其家。一白鬚者出，自云宛斯之姪。問所存遺稿幾何，白鬚云：『伯父歿十年，予始生，其遺稿一簏，在長房某所；某不識字，恐其有干預田產者，故不肯示人。數年前盧運使徵詩札至，僅得一首報之。』固問《十三代緯書》安在？曰：『三十二套，皆質於典家。』驚其太多，索其目視之，乃即漢魏以來諸書，而裒集之。蓋叢書之大者，非其所自著述。十三代者，周至隋也，共二百二十二種；而《周禮》、《儀禮》、《爾雅》、三《傳》皆在焉，殊不可解。其或以五經之外，國家不以取士者，皆得謂之緯書邪？豐氏偽《詩傳》等書亦收入。所收六朝人著述頗多，惟吳均《齊記》世間罕有，餘非甚難得者。謹將全目，抄寄台覽，儻鄴架盡有其書，則不必覓馬家所藏者。但首必有序例，惜未及見。白鬚云：原本籤帙，皆其伯父手題也。」今並李氏所鈔書目亦不見，成啟洸所得目錄十不及其八，《鄒平縣志》卷十七載成氏語曰：「嘉慶癸亥（案：八年，1803）秋，得《瑰書》目次於舉人李嶧家〔註23〕，亦僅存其半，不忍沒先生之學，故錄而存之，以見一斑；且使異日好古者代為表彰，剞劂傳世，亦有所攷證云。」茲據《鄒志》迻錄於后，以見其大要：

　　第一冊　　目次、序、(周)周禮、儀禮、爾雅
　　第二冊　　(周)左傳
　　第三冊　　(周)國語、公羊傳、穀梁傳
　　第四冊　　(周)黃帝素問、竹書紀年、三墳、山海經、汲冢周書、
　　　　　　　六韜、鬻子、穆天子傳
　　第五冊　　(周)老子、管子、鄧析子、子華子、關尹子、亢倉子、
　　　　　　　孫子
　　第六冊　　(周)孝經、詩傳、詩序、家語、晏子春秋、越絕書、文

文藻重葺之。」知文藻應聘修諸城《志》在壬午，即二十七年，與紀曉嵐此書亦作於是年。

〔註23〕李嶧生平不詳，據《鄒平縣志》卷十三所載，知其為嘉慶五年副貢，六年舉人，道光十六年《續志》會試榜嘉慶辛未科（十六年）載李鵠，下註「鄉榜名嶧」。又「由科貢得職人員」條稱鵠原任成安縣知縣。其兄李鵬，乾隆六十年進士，內閣中書協辦侍讀、文淵閣檢閱。

子、墨子、鬼谷子、慎子、尹文子、於陵子

第七冊　　　(周)列子、莊子、吳子、司馬法、尉繚子、楚辭、公孫
龍子、鶡冠子、星經

第八冊　　　(周)荀子、戰國策

第九冊　　　(秦)商子、韓非子、呂氏春秋、孔叢子

第十冊　　　(漢)陰符經、三略、素書、新語、賈長沙集、新書、韓
詩外傳、詩說、春秋繁露、董膠西集、司馬文園集

第十一冊　　(漢)淮南鴻列解、東方大中集、十洲記、神異經、洞冥
記、易林、參同契

第十二冊　　(漢)鹽鐵論、大戴禮記、小戴禮記、王諫議集、京氏易
傳、急就篇

第十三冊　　(漢)劉中壘集、說苑、新序、列女傳、列仙傳

第十四冊　　(漢)褚先生史補、楊侍郎集、太元（玄）經、劉子駿集、
法言、方言、西京雜記

第十五冊　　(漢)馮曲陽集、崔亭伯集、班蘭台集、漢武帝內傳、白
虎通、道德指歸、潛夫論

第十六冊　　(漢)論衡

第十七冊　　(漢)吳越春秋、說文

第十八冊　　(漢)周髀算經、數述記遺、張河間集、馬季常集、忠經、
秘辛、釋名、風俗通、荀侍中集、申鑒

第十九冊　　(漢)天祿閣外史、蔡中郎集、獨斷、孔少府集、中論、
心書、諸葛丞相集、三輔黃圖

第二十冊　　(魏)魏武帝集、魏文帝集、陳思王集、陳記室集、王侍
中集、英雄記、人物志、阮元瑜集、劉公幹集、應德璉
集、應何璉集（案：「何」當作「休」，應璩字休璉）、
阮步兵集、嵇中散集

第二十一冊　(晉)杜征南集、傅鶉觚集、陸平原集、陸清河集、摯
太常集、束廣微集、夏侯常侍集、高士傳、張茂先集、
博物志、古今注、易略例、傅中丞集

第二十二冊　(晉)潘太常集、成公子安集、張孟陽集、潘黃門集、
劉越石集、郭宏農集、王右軍集、抱朴子、神仙傳

第二十三冊　(晉)搜神記、孫廷尉集、王大令集、華陽國志、拾遺

　　　　　　記、南方草木狀、竹譜、荊楚歲時記、陶彭澤集、搜
　　　　　　神後記
　第二十四冊　(宋)何衡陽集、傅光祿集、顏光祿集、謝康樂集、佛
　　　　　　國記、異苑、鮑參軍集
　第二十五冊　(宋齊)世說新語、謝法曹集、謝光祿集、齊竟陵王集、
　　　　　　王文憲集、王寧朔集、謝宣城集、張長史集、孔詹事集

此目僅二十五冊，都一百七十五種，其中固不乏人所經見之書，然亦多久已
不傳者，如馮衍之《馮曲陽集》、崔駰之《崔亭伯集》、束皙之《束廣微集》
等，即《文獻通考》亦不載，蓋其流傳者或僅數篇，實不足以成集，推測馬
氏係由《文選》、《古文苑》等輯出者。

　　《瑰書》既已編輯分冊，可以版行，則其款式應已統一，是則非經鈔錄
不爲功，若然，以此書篇幅之巨，先生用力可謂勤矣。〔註24〕

第五節　馬驌著作餘論　詩附

　　馬驌著作，已具論如上。其《鄒平縣志》之體例論斷，有足爲後人參稽
者，而《十三代瑰書》亦可見其編纂輯佚之功；今《鄒志》已非舊觀，《瑰
書》復流落失所，二者固無論已，而於其《事緯》與《繹史》則猶有可說者
數事焉。

　　一、馬氏著作，頗見重於時，尤以《繹史》爲然。王士禛《池北偶談》
卷九謂其《繹史》「始〈開闢原始〉，迄〈古今人表〉，其書最爲精博，時人稱
爲『馬三代』。」張爾岐稱其博洽詳密，《蒿庵閒話》卷一云：「盱眙鄧元錫作
《函史》，上編八十二卷，載上古至元末君臣事蹟道術，下編二十一卷，載天
官、方域、人物、時令、曆術……，共一百三卷。鄒平馬驌作爲《繹史》，其體
制略與之同，但所載止於秦亡，而多至一百六十卷，視此爲加詳矣。」〔註25〕

〔註24〕成啓洸所稱「草稿二篋」，亦可支持此說。
〔註25〕案鄧元錫生於明嘉靖六年，卒於萬曆二十年（1527～1592），《函史》見《四
　　　　庫全書‧史部》。張爾岐生於明萬曆四十年，卒於清康熙十六年（1612～1677），
　　　　與馬驌同時齊名，《蒿庵閒話》有李文藻乾隆四十年十一月二十一日〈書後〉
　　　　云：「近日秀水盛秦川（百二）瑞金羅臺山（有高）又爲之傳，羅〈傳〉載其
　　　　〈天道論〉……數篇，且謂百餘年來山東大儒惟先生與馬宛斯驌云。」案：
　　　　羅有高（1733～1778）字臺山，瑞金人，少讀兵書，習擊技，後潛心理學，
　　　　晚年歸心淨土，卒之日盡焚其所著書，彭紹升輯其遺文爲《尊聞居士集》八

最能發揚其長處者當推李清，清曾費時兩月讀畢全書，非耳食者可比，所善其
獨勝古人者有四焉：「一曰體製之別創也。編年之例，肇自丘明，荀氏而下，莫
之能易，晉《乘》越《絕》楚《檮杌》無論已；馬侯舉例發凡，惟以事爲經，
而不襲夫系月系時之故，其獨勝者一也。一曰譜牒之咸具也。年月之表，起自
司馬，范曄而後，莫之能述，三國六朝五代無論已；馬侯鱗次眉列，兼以圖
佐表，而一洗夫有學無問之陋，其獨勝者二也。一曰紀述之靡舛也。《書》以
漢紀，而上述犧年；《志》緣宋名，而汎取鳥紀；顧名思義，究何居焉？《繹
史》則上遡太皞，下訖亡秦，紀事紀人，總以首尾爲疆畔，其獨勝者三也。一
曰論次之最覈也。中壘著書，僅有題署；承旨作史，并絕贅疣，知人論世，
不太略歟？《繹史》則文成踰萬，其旨盈千，或奪或予，遂以筆舌爲衮鉞，其
獨勝者四也。」清固以史學見長，且善於比勘中見新義，與馬驌殆有同趣，
此觀其著述名目可知，是以其推服馬氏尤爲難得也。李氏之言曰：「予夙有汲古
癖，於史尤甚，每有異同，輒形論著，然大抵史乘一家言耳。自讀《繹史》，然
後知天地之大，識宇宙之全，因嘆世之才人魁士，其神智意匠愈出而愈勝，迥
（當作迴）如江湖之走大地，而日月之耀終古，固非世代所能囿也。」

又黃叔琳（1672～1756）官山東時，特加推崇，以爲「宇宙不可少之
書」，盧文弨爲黃氏《硯北雜錄》作序云：「先生任山東提學時，於潛德績學
之士，亟亟表章之，唯恐不至。若安邱劉直齋（源淥）之《讀書日記》、濟南
張稷若（爾岐）之《儀禮句讀》、鄒平馬宛斯（驌）之《繹史》，皆宇宙不可
少之書，今皆盛行於世，而其源則自先生發之。」（〈硯北雜雜錄序〉，《抱經
堂文集》卷五，《四部叢刊》本）

二、朱彝尊謂馬驌未見胡宏《皇王大紀》，《四庫提要》亦承其說，實則
不然。朱氏〈胡氏皇王大紀跋〉云：「近鄒平馬驌撰《繹史》，疑其未見是編，
而體例頗相似，正可並存不廢云。」（《曝書亭集》卷四十五）《四庫提要》云：
「今考驌書多引《路史》，而不及《皇王大紀》一字，彝尊以爲未見，理或有
之。」（《皇王大紀》提要）言之鑿鑿，然考《繹史》引書斷自隋以前，隋以
後若有引述，均在案語中。《大紀》成於趙宋，例所不引，而案語中則數稱述
之（參《第四章附錄〈繹史引書表〉》），例如卷十四案語：「《大紀》云：桀疾

卷，見《清史列傳》。其〈張爾岐傳〉載《碑傳集》卷一三○，而全篇未見「百
餘年來」之語（同卷盛百二〈萬庵遺事〉、李煥章〈張蒿菴處士傳〉並無），
李文藻或誤記。然羅氏即或不言，文藻所稱者，要亦實情也。

其（湯）大得諸侯和也，召之，囚於重泉夏臺。」又同卷案語：「《大紀》云：伊尹言於王，發莊山之金鑄幣，通有無於四方，以賑救之，民是以不困。」又如卷二十案語：「《大紀》以〈君奭〉之作在元年，而不在定亂之後。」此蓋指《皇王大紀》卷十四之說：「（成王元年），淮夷奄君聞王室將內亂，為武庚謀復殷祚。……召公不懌，周公作書開喻勉勵焉，名曰〈君奭〉。」《提要》謂《繹史》不及《皇王大紀》一字，未免武斷。《提要》僅辨彝尊體例相似之說，並稱朱氏「偶未詳檢驢書」，亦五十步與百步之間耳。

三、舊說或誤以為《事緯》原為《繹史》之一部分。許元淮〈序〉謂「《左傳事緯》為濟南馬氏《繹史》中之一類，《繹史》書帙浩衍，版久不存，《事緯》另列成部，而孤行不廣。」潘爵〈敘〉云：「《事緯》舊彙《繹史》中，卷帙浩繁，流布未遍。」實則《事緯》先成，第未刊行耳。《繹史》乃在《事緯》之基礎上擴大之，《事緯》僅取《左傳》一書，而《繹史》單就春秋部分而言，所採用之史料無慮數倍；且《事緯》若原在《繹史》中，馬驌臨終不應以未刻為遺憾。二者分明各自成書，而《事緯》成之在前，應無散入《繹史》之理，蓋斷梓染絲，固器成綵定矣，且體例不同，庸事翻移？許潘二氏實失之。

此外，馬驌詩作絕少，李文藻訪書鄒平，述驌姪之言曰：「數年前盧運使徵詩札至，僅得一首報之。」（〈與紀曉嵐先生〉書）《鄒平縣志》卷十七引《山左詩鈔》云：「宛斯先生學問政蹟，為吾鄉聞人，而詩句流傳絕少。余友建陵朱君曉園觀察濟東，訪得〈池上作〉一篇郵寄。」其詩云：「板橋南去濕□（案：原闕其半，《濟南府志》卷六十九作『烟』）空，春水平池宛鏡中。新柳深含何限綠，小桃斜坼一枝紅。種魚有術尋漁父，斷酒無心學醉翁。鷗鷺閑情湖海興，年來宦跡付征蓬。」又《鄒平縣志》卷十〈古蹟考〉有明成嘉運魯泉山居，其門署曰「環山隱」，《志》引馬驌〈環山隱池上垂釣詩〉曰：「林邊曲曲路還通，步入幽深四顧中。雨洗空山前澗入，陰浮疏樹碧池融。不分花草隨佳境，獨把綸竿趁好風。睡起偶來臨水釣，游魚影帶夕霞紅。」通計僅得二首，《山左詩鈔》云：「昔陸德明孔穎達賈公彥精於經學，皇甫持正蘇明允陳同父雄於古文，而皆不能詩，先生乃兼二者之長，可傳固不在詩，然談藝者猶欲引先生為重云。」蓋謂馬驌長於經學古文，而不以詩名。然詩賦為朝廷課士所必考，先生應非不能詩；第因平生志業所之，不在是耳，是以雖不以詩名，要亦無憾焉。

書影一：原刊本《左傳事緯》扉頁

（史語所藏）

書影二：康熙九年原刊本《繹史》扉頁

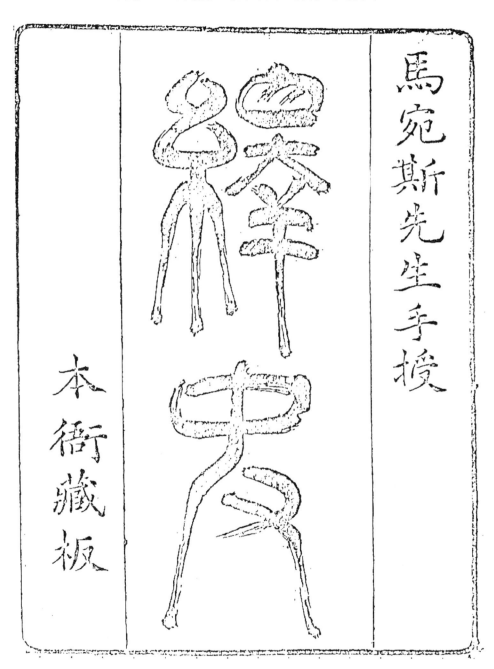

（中央圖書館藏）

書影三：道光五年李朝夔補刊《函海》本《左傳事緯》

左傳事緯卷一

鄒平　馬驌　撰

羅江　李調元　纂訂

天文分野

分野之說古人每詳言之周禮保章之職既難考論
而見於左氏內外傳者柤可類推此武王克商歲在
鶉火故伶州鳩曰歲之所在我周之分野也則鶉火
為周分矣晉文即位歲受實沈故董因曰晉人是居
則晉為晉分矣襄二十八年歲淫元枵鄭衛于鳥
尾周惡之則鶉尾為楚分矣昭十七年星見大辰
梓慎知宋鄭之災曰宋大辰之虛也則大火為宋分

（卷一第一葉，「李調元」下闕半字，疑原作「撰」）

書影四：康熙九年原刊本《繹史》

繹史卷一

開闢原始

列子｜昔者聖人因陰陽以統天地夫有形者生於無形天地

安從生故曰有太易有太初有太始有太素太易者未見氣也

太初者氣之始也太始者形之始也太素者質之始也氣形質

具而未相離故曰渾淪渾淪者言萬物相渾淪而未相離也視

之不見聽之不聞循之不得故曰易也易無形埒易變而為

一一變而為七七變而為九九變者究也乃復變而為一一者形

變之始也清輕者上為天濁重者下為地沖和氣者為人故天地含精萬物化

生

書影五：同治七年姑蘇亦西齋刊本《繹史》扉頁

（東海大學藏）

書影六之一：光緒十五年浦氏刊本《繹史》扉頁

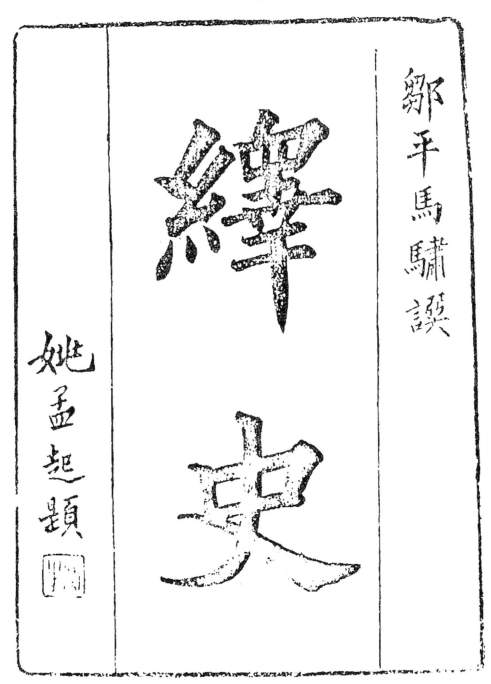

書影六之二：光緒十五年浦氏刊本《繹史》牌記

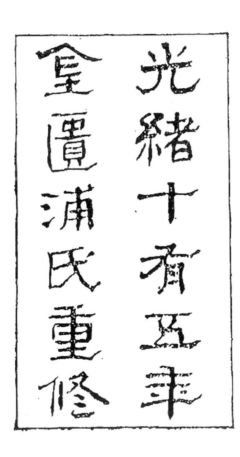

書影七之一：光緒二十三年尚友齋石印本《繹史》扉頁

（東海大學藏）

書影七之二：光緒二十三年尚友齋石印本《繹史》牌記

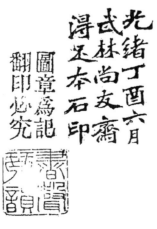

（得足本者應指得原刊本）

書影七之三：光緒二十三年尚友齋石印本《繹史》序第一葉

繹史百六十卷今靈陽令鄒

序

所謂計爲部有五首曰太古部卷十

次曰三代部卷二十又次曰春秋部

卷七十又次曰戰國部卷五十合其

末之十卷曰外錄部者共百六十卷

圖版四：《繹史・徵言》「臣有左傳癖」、「臧之名山傳之其人」印記

第三章　經　學

第一節　《詩》學

　　《詩》之爲經爲史，千載聚訟，自宋以下，又多有以爲民俗歌謠者。以今日觀之，其本質之爲歌謠固無疑矣，然歌謠亦未必無所爲而作，或贊頌或諷喻，或敘事或抒情，要亦多有助於考史者也。而以《詩》爲史，則不能完全摒〈序〉於不顧，蓋〈序〉雖多曲說附會，然如〈黃鳥〉之哀三良，〈株林〉之刺靈公，即非〈序〉最力若朱熹者亦不能不顧也。是以對〈序〉固不可拘墟自囿，亦毋須一體排斥，證其是而辨其非，斯爲得之。

　　馬驌之於《詩》，蓋以史料視之，《繹史》所錄，多從舊說分繫各篇之下，如〈載馳〉從《左傳》繫於衛懿公（卷四十三），〈盧令〉、〈甫田〉從毛〈序〉屬之齊襄公（卷四十四），〈魯頌〉集於魯僖公（卷四十六），〈斯干〉、〈無羊〉歸於周宣王（卷二十七）……等。其所以如此者，蓋爲附益史事，不輕刪棄也。卷十八〈周室始興〉錄〈生民〉，其案語曰：「詩作於後王之世，而所述者后稷之功德，故錄於此，以證其事，餘倣此。」可見一斑。

　　然馬驌對舊說並非盲目信從，其有疑義，多借朱熹以正之，茲舉數例：

　　《繹史》卷十九引《詩序》：「〈靈臺〉，民始附也。」馬氏案語云：「朱子曰：『民之歸周久矣，非至此時始附也。』」

　　卷三十引《詩序》：「〈雨無正〉，大夫刺幽王也。」馬氏案：「朱子曰：『〈序〉無義理，此饑饉之後，群臣離散，其不去者，作詩以責去者，故推本而言。』」

又同卷引《詩序》：「〈車舝〉，大夫刺幽王也。」馬氏案：「朱子云：『此燕樂新昏之詩。』」

又卷二十五引《詩序》：「〈昊天有成命〉，郊祀天地也。」案語：「朱子曰：『此康王以後祀成王之詩。』」案朱熹《詩序辨說》：「此詩詳考經文，而以《國語》證之，其爲康王以後祀成王之詩無疑。」馬氏蓋節取其文。

又同卷引《詩序》：「〈執競〉，祀武王也。」案云：「朱子曰：『此昭王以後之詩。』」案《詩序辨說・昊天有成命》自注：「〈執競〉曰：『不顯成康』『自彼成康』，所謂成康者，成王康王也，……然則〈執競〉當是昭王以後之詩。」馬氏蓋取《辨說》別條之說。

又卷二十八載〈賓之初筵〉，案云：「朱子曰：『當從《韓》義。』」因並引及《韓詩序》。

又卷二十五案語云：「朱子說，〈行葦〉疑祭畢而燕父兄耆老之詩，〈既醉〉父兄所以答〈行葦〉之詩，〈鳧鷖〉祭之明日，繹而賓尸之樂，〈假樂〉即公尸之所以答〈鳧鷖〉者也。〈序〉皆失之。」此則稱引《詩集傳》之意也。

以上可以概見馬氏引朱熹說以辨《詩序》之若干情況，又有辨舊說者亦然：

卷三十五引〈衛風・伯兮〉，案云：「朱子曰：『舊說以此爲《春秋》所書從王伐鄭之事，然又言「自伯之東」，則鄭在衛西，不得爲此行矣。』」

又卷二十案語：「舊說以〈魚麗〉以下屬武王，〈嘉魚〉以下屬成王，朱子辯其非是，詳見《集傳》。」

朱熹所不言者，馬氏方出己說，如：

卷三十引〈采綠〉，《詩序》謂「刺怨曠也。」馬氏案云：「此怨曠者所自作，非人刺之，亦非有所刺於上也。」

卷三十三引〈旄丘〉，《詩序》說云：「〈旄丘〉責衛伯也。狄人迫逐黎侯，黎侯寓于衛，衛不能修方伯連率之職，黎之臣子以責於衛也。」馬氏案云：「《左傳》宣公十六年，晉滅赤狄，數之以其奪黎氏地，與此脗合；但彼在衛穆公時，去宣公遠矣，或黎氏世受狄害，不得強合爲一事也。」

又同卷引〈匏有苦葉〉、〈谷風〉、〈氓〉，案云：「〈傳〉稱宣公上烝夷姜，下納伋妻，是其淫亂無禮義，故下皆化之，〈谷風〉、〈氓〉諸詩所由作也。但〈序〉所謂夫人者，不知何指，若夷姜，則公之庶母，似不得爲夫人；若宣姜，則諸詩不宜在〈新臺〉以前。」

又卷十九卷云：「〈魚麗〉之〈序〉云：『文武以〈天保〉以上治內，〈采薇〉以下治外』，說者因此以〈鹿鳴〉等九篇屬之文王，而〈魚麗〉屬之武王，其實未必然也。〈常棣〉之序，既言閔管蔡失道矣，何得又屬之文王？」蓋稱管蔡，則在成王以後，與文王不相及也。

馬驌在《詩》學上最重要之成就，為《詩譜》之復原。《詩譜》為鄭玄所作，其書闕佚已久，後世所見僅孔穎達《毛詩正義》所錄十五則，胡元儀《毛詩譜》輯十七條（見《續經解》），非原貌也。《文心雕龍・書記》云：「故謂譜者，普也。注序世統，事資周普，鄭氏《詩譜》，蓋取乎此。」鄭氏〈詩譜序〉稱：「夷厲已上，歲數不明，太史年表，自共和始，歷宣幽平王而得春秋次第，以立斯譜。欲知源流清濁之所處，則循其上下而省之；欲知風化芳臭氣澤之所及，則旁行而觀之。此《詩》之大綱也，舉一綱而萬目張，解一卷而眾篇明。」由此知《詩譜》除十五篇類似序之文字外，應有「注序世統」之表，其表則以年世為次，上下互稽，旁行相承。至北宋歐陽修得其殘卷，為作補亡。歐陽氏〈詩譜補亡後序〉云：「世言鄭氏《詩譜》最詳，求之久矣不可得，雖《崇文總目》秘書所藏亦無之。慶曆四年，奉使河東，至于絳州偶得焉。其文有注而不見名氏，然首尾殘缺，自周公致太平已上皆亡之；其國譜旁行，尤易為訛舛，悉皆顛倒錯亂，不可復序。凡詩雅頌兼列商魯，其正變之風十有四國，而其次比莫詳。……」因據以為圖，冀復鄭氏之舊。然今觀歐陽所補，實不能當鄭意。蓋歐陽氏所作，以周召為一譜，邶鄘衛為一譜，檜鄭為一譜，以下齊魏唐秦陳曹豳王與二雅各為一譜，各譜先列周王世次，繫以該譜諸侯相當之世次，而後序列其詩，數風合譜者亦並列之，茲舉邶鄘衛譜為例：

夷王	厲	共和	宣	幽	平	桓	莊	釐	惠	襄
頃　侯	釐　侯	釐　侯	釐　侯	武　公	武　公	州　吁	黔　牟	惠　公	惠　公	文　公
邶柏舟			武　公		莊　公	宣　公	惠　公		懿　公	鄘蝃蝀
			鄘柏舟		宣　公	惠　公			戴　公	相　鼠
			右武公		衛淇澳	邶燕燕			文　公	
					右武公	日　月			鄘載馳	
					邶綠衣	終　風			右戴公	
					衛考槃	擊　鼓				
					衛碩人	凱　風				

				右莊公	右州吁
					邶雄雉
					（中略）
					右宣公
					（下略）

　　譜中所見，以周王世次爲準，或一王當數公，或一公歷數王，各王世下先列所當各公，再分列各公時詩，再標明屬何公之世，不惟複沓無當，亦且無法予人以清晰之概念。況各譜獨立，有乖鄭氏「循其上下而省之」、「旁行而觀之」、綱舉目張之義。細繹鄭氏所敘，應爲一表，得以上下左右互相參稽；而歐陽修所補，去此甚遠，蓋其所得者已殘缺錯亂，次比莫詳，又不見名氏，是否即鄭氏之舊，亦莫可考，宜其不能成功也。

　　馬驌所作則異乎是，《鄭氏詩譜》載於《繹史》卷一五六，馬氏曰：「按鄭康成〈譜序〉云：上下循省，旁行而觀，蓋元有圖，而今亡矣。茲擬補於左方，雖未必合鄭氏之舊，抑以備考助云。」所舉「上下循省」、「旁行而觀」，則《詩譜》要義所在也。馬氏譜第一行橫列諸王世次，自商之成湯至周之定王，商詩五篇，依其內容所祀對象，分繫於成湯、太戊（中宗）、武丁（高宗）之下。周則起於文王，下繫〈小雅〉、〈大雅〉、〈召南〉、〈周南〉，諸詩所從，係因內容而定，且多依鄭玄之說，僅偶有改訂〔註1〕，馬氏云：「（〈文王〉、〈大明〉等詩）皆詠文王之詩，故鄭《譜》繫之文王，然諸篇稱諡稱王者，必非當時所作。」要以旨在復鄭《譜》舊觀，故不摻以己說也。茲錄一節，以見其例：

	（小雅）	（大雅）	（邶鄘衛）	（齊）	（魏）	（唐）	（秦）	（陳）	（檜）	（曹）	（魯頌）
平王		王降爲風 黍離 君子于役 君子陽陽 （下略）	（武公）淇澳 莊公 綠衣 考槃 碩人 桓公	僖公	魏詩在平桓之間 葛屨 汾沮洳 園有桃 （下略）	昭侯 山有樞 揚之水 椒聊 （下略）	襄公 駟驖 小戎 執駟 終南	文公	武公 緇衣 莊公 將仲子 叔于田 大叔于田	石甫 穆公 桓公	惠公

〔註1〕　與鄭說不同者，如〈十月之交〉、〈雨無正〉、〈小旻〉、〈小宛〉四篇從《詩序》繫之幽王，而於厲王下註「鄭云〈十月之交〉……此四篇當屬屬王。」

(中略)										
襄王			(文公) 河廣 成公	無虧 孝公 昭公	奚齊 卓子 惠公 懷公 文公 襄公	穆公 黃鳥 康公 晨風 無衣 渭陽 權輿	(宣公) 防有鵲巢 月出 穆公 共公		共公 候人 鳲鳩 下泉	僖公 駉 有駜 泮水 閟宮

其譜所長者有數端焉：

1. 涵蓋全部《詩經》。

2. 橫則以王世為準，縱則國繫於風，而各國君先後相次，詩繫於相關各國君下，眉目清晰，時序井然，有綱舉目張之效，無冗沓重疊之弊。

3. 鄭玄尊序者也，故馬氏原譜各詩下列《詩序》，則上下而省，可以考見一時流俗之美惡，旁行而觀，可以察知各代風氣之漫衍。

有此數長，與歐陽修之補亡，精麤立判，應極接近鄭玄原《譜》。其有功於鄭氏，固無庸多言，即《詩經》研究史上亦應有一席地也。

第二節　《書》學

閻若璩《尚書古文疏證》卷八第一一五條記其東歸過靈璧，與馬驌秉燭縱談，「因及《尚書》有今文古文之別，為具述先儒緒言。公不覺首肯，命隸急取《尚書》以來。既至，一白文，一蔡〈傳〉，置蔡〈傳〉于予前，曰：『子閱此，吾當為子射覆之。』自閱白文。首指〈堯典〉、〈舜典〉曰：『此必今文』，至〈大禹謨〉便眉蹙曰：『中多排語，不類今文體，恐是古文。』歷數以至卷終，孰為今文，孰為古文，無不立驗。因拊髀嘆息曰：『若非先儒絕識，疑論及此，我輩安能夢及；然猶幸有先儒之疑，而我輩尚能信及，恐世之不能信及者，又比比矣。』復再三慨歎。予曰：『公著《繹史》，引及《尚書》處，不可不分標出今文古文。』公曰：『然。』今《繹史》有今文古文之名者，自予之言始也。」由閻氏所敘，知馬氏初未嘗分今古文，然以文理氣味立可判別，是亦涵泳已久，或早有不愜於心者。閻氏之論考證也有實證，有虛會，《疏證》卷五第七十三條云：「予嘗謂事有實證，有虛會。虛會者可以曉上智，實證者雖中人以下可也。如東坡謂蔡琰二詩東京無此格，此虛

會也；謂琰流落在董卓既誅、父初禍之後，今詩乃云為董卓所驅掠入胡，尤知非真，此實證也。」若馬氏之辨《尚書》，其虛會者與？是以閻氏亟贊之曰：「如馬公之具隻眼者，殆亦不可多得哉！」今《繹史》僅卷十引「曰若稽古帝舜」云云下註「今文無此二十八字，合上〈堯典〉為一篇」外，並未分今古文。如卷十二引偽古文之〈大禹謨〉，卷十三引〈五子之歌〉、〈胤征〉，均未特別標明，與一般資料處理同。知馬氏對《尚書》之態度，亦僅作史料觀耳。《繹史》中別有言及古文者，均指真古文《尚書》，如卷十六案語引《史記索隱》云：「此（案：〈殷本紀〉）以盤庚崩、少辛立，百姓思之，乃作〈盤庚〉，由不見古文也。」卷二十二案語：「《史》敘風雷之變於此，由司馬遷不見古文《尚書》。」案此約《索隱》與《正義》意，辨《史記・周本紀》敘周公卒後之風雷偃禾，成王乃開金縢之書，係誤合武王事。《索隱》云：「據《尚書》，武王崩後有此雷風之異，今此言周公卒後更有暴風之變，始開金縢之書，當不然也。蓋由史遷不見古文《尚書》，故說乖誤。」又卷二十案語論〈周本紀〉云：「倉兕誓師，白鳥化烏，皆河內女子偽〈泰誓〉也，史遷信之，由其未見古文〈泰誓〉故耳。」同卷案語論〈周本紀〉之引〈泰誓〉云：「此偽〈泰誓〉之文，其辭旨亦與古文相出入。」故馬氏雖敏於區分今古，而實際反映於著作者並不明顯。

由於《繹史》以彙聚史料為主，故引《書》無分今古，而《書序》一併及之，然馬氏固不完全信之也。如卷二十一案語云：「〈康誥〉稱朕弟寡兄，其為武王命康叔之書無疑，前儒論之詳矣，儘篇首錯簡〈洛誥〉之文下，故作〈序〉者，誤以為成王之書耳。《書序》之不可信如此。」又卷十七引〈說命〉序，案云：「〈序〉意未盡。」於此可知馬氏對《書序》之態度。

馬驌對《尚書》有一創舉，即合〈召誥〉、〈洛誥〉、〈多士〉、〈梓材〉數篇重編成文，蓋綜合前人意見為之也。其說云：「〈召〉、〈洛〉二誥相為終始者，故宜合而紀之。」（卷二十二）〈梓材〉則取吳氏（棫）說謂自「王其效」以下似〈洛誥〉文，蔡沈《傳》謂自「今王」以下乃人臣告君之語，金履祥「斷其為〈召詔〉，所稱命侯甸男邦伯之辭，其敘錯簡在〈康誥〉之首，而衍『王曰封』三字，無不脗合。」關於〈康誥〉篇首錯簡，前人亦多有說：蘇軾疑為〈洛誥〉之脫簡，陳櫟（1252～1334）謂當在〈召誥〉「越七日甲子」之前，金履祥以為當在〈梓材〉篇首（參屈萬里《尚書釋義》）。其重新編訂之次第如下：

　　惟二月既望……牛一羊一豕一。（〈召誥〉）

　　周公拜手稽首曰……拜手稽首誨言。（〈洛誥〉）

　　越七日甲子周公乃朝，用書命殷侯甸男邦伯。（〈召誥〉）

　　惟三月周公初于新邑洛……時予乃或言，爾攸居。（〈多士〉）

　　厥既命殷庶，庶殷丕作。（〈召誥〉）

　　惟三月哉生魄……乃洪大誥治。（〈康詔〉首錯簡）

　　曰以厥庶民……惟王子子孫孫永保民。（〈梓材〉，刪「王曰封」三
　　字）

　　太保乃以庶邦冢君……能祈天永命。（〈召誥〉）

　　周公曰：王肇稱……周不若時。（〈洛誥〉，原案：周公歸周，迎王往
　　洛，對答之辭也）

　　王曰：公，予小子其退即辟于周……乃單文祖德。（〈洛誥〉，原案：
　　成王在洛留公而歸周之辭也）

　　伻來毖殷……萬年其永觀朕子懷德。（〈洛誥〉，原案：此成王在周命
　　寧公，而公復之之辭也）

　　戊辰王在新邑……惟七年。（〈洛誥〉，原案：此史臣記載之辭也）

此蓋類聚連綴，如紀事本末然，固馬氏之所優爲也；然則，若非以經爲史，
亦不能破其藩籬也。

第三節　《禮》學

　　馬驌《繹史》卷二十四「周禮之制」，輯錄古禮經傳之文，重爲釐析編次，
計冠禮、昏禮、相見禮、鄉飲酒禮、燕禮、鄉射禮、大射儀、投壺、聘禮、
公食大夫禮、覲禮、喪禮、虞禮、諡諱、奔喪、弔贈、喪服、郊社群祀、廟
制、祭義、特牲饋食禮、少牢饋食禮及禮通論、曲禮、內則、教學養老、王
制、樂記等二十八種。大約以《儀禮》爲經，而取《禮記》、《大戴禮》等爲
傳，分附於經，重爲編次：分章句、定節目，援引記、傳以補釋，使向稱難
讀之禮經，條理井然，轉易通曉，其體制略同朱熹之《儀禮經傳通解》。

　　《鄒平縣志》卷十七載：「閻若璩《古文尚書疏證》云：『近時馬公驌著
《繹史》，內《儀禮》十七篇，分章句、附傳記，又兼及大小戴諸書，眞是繭
絲牛毛，讀之每令人心氣俱盡。復叩問其家，公生長北方，實不見朱子《古
禮經傳通解》，但以其答應氏書二語，依義編次，凡五年而告竣，尤可嘉歎

云。』」〔註2〕由閻氏所敘，知馬驌未見朱子之書〔註3〕，但受其啟發，凡五年而成。案所謂應氏者應仁仲也，《朱文公文集》卷五十四載〈答應仁仲〉第四書云：「前賢常患《儀禮》難讀，以今觀之，只是經不分章，記不隨經，而注疏各為一書，故使讀者不能遽曉。今定此本，盡去此諸弊。恨不得令韓文公見之也。」閻氏所稱應即此。

茲比較朱子《通解》與《繹史》之分節以見其異同，先舉冠禮為例：

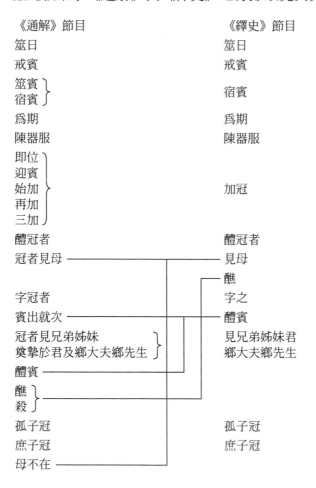

《通解》節目　　　　　　　《繹史》節目
筮日　　　　　　　　　　　筮日
戒賓　　　　　　　　　　　戒賓
筮賓 ⎫
宿賓 ⎭　　　　　　　　　　宿賓
為期　　　　　　　　　　　為期
陳器服　　　　　　　　　　陳器服
即位 ⎫
迎賓 ⎪
始加 ⎬　　　　　　　　　　加冠
再加 ⎪
三加 ⎭
醴冠者　　　　　　　　　　醴冠者
冠者見母 ────　　　　　　見母
　　　　　　　　　　　　──醮
字冠者　　　　　　　　　　字之
賓出就次 ──　　　　　　──醴賓
冠者見兄弟姊妹 ⎫　　　　　見兄弟姊妹君
奠摯於君及鄉大夫鄉先生 ⎭　鄉大夫鄉先生
醴賓 ───
醮 ⎫
殺 ⎭
孤子冠　　　　　　　　　　孤子冠
庶子冠　　　　　　　　　　庶子冠
母不在

〔註2〕《古文尚書疏證》原本八卷，閻氏沒後，傳寫佚其第三卷、第二卷二十八至三十條、第七卷一百二、一百八至一百一十條、第八卷一百二十二至一百二十七條，皆有錄無書，《鄒志》所引此條今本未見，或在闕佚之中。「牛」，原誤作「生」。

〔註3〕案前人得書每難，即如閻若璩之撰《古文尚書疏證》，於明代疑及古文《尚書》最有成者梅鷟之著作，亦僅見〈尚書譜〉，而未見〈尚書考異〉。（參戴君仁《閻毛古文尚書公案》，頁23）

女子笄

　　　　　　　　　　　　冠義
冠義　　　　　　　　　　公冠
　　　　　　　　　　　　冠義

　　由上表可以看出二者節目大致相同，惟朱《解》分析較細。就內容而觀，
所用資料大抵同，均以《儀禮》本文爲主。《通解》「女子笄」一節云：「女子
十有五年許嫁，笄而字；雖未許嫁，年二十而笄，禮之，婦人執其禮，燕則
鬈首。」自注：「〈雜記〉補」，實則分取《禮記》之〈內則〉、〈曲禮上〉、〈雜
記下〉之文，《繹史》僅引〈曲禮上〉入附載，〈雜記〉「女子未許嫁」一段則
載昏禮中。「冠義」節，朱子不用《儀禮》文，而另採《禮記・冠義》，馬氏
則以《儀禮》文作附載，另正書錄《禮記》文。「公冠」一節，朱子取《家語・
公冠篇》，馬氏則用《大戴禮・公符》文。篇後《通解》所引經史之文，《繹
史》則僅〈玉藻〉、〈檀弓〉等入附載，其餘史傳不錄。
　　茲再舉昏禮爲例：

《通解》節目	《繹史》節目
納采 〕 問名 〕	納采問名
醴賓	醴賓
納吉	納吉
納徵	納徵
請期	請期
陳器饌 〕 親迎 〕	親迎
婦至	〔 即席 〔 成禮
婦見	見舅姑
醴婦	贊醴婦
婦饋	饋舅姑
饗婦	饗婦
饗送者	饗送者
祭行	祭行
奠菜	廟見
壻見婦父母	不親迎壻見
昏義	昏義

就昏禮而言，差異較少，其中《通解》「婦至」，《繹史》分爲「即席」、「成禮」二節，「奠菜」爲舅姑既沒，新婦奠菜見於廟；「壻見婦父母」，爲壻不親迎，婦入三月後壻見婦之父母，凡此《繹史》似均較《通解》爲的。再者《通解》「奠菜」一節所引爲經文，而誤以爲《記》，亦其疏失。至於「昏義」，《通解》先引《禮記‧郊特牲》重昏禮一節，後引〈昏義〉之半，《繹史》則先〈昏義〉全文，後〈郊特牲〉，二者不同也。就其所引資料而言，《繹史》以《儀禮》本經爲主，以《記》爲副，並將《禮記》有關各文（分載〈曲禮〉、〈雜記〉中）附入各節之下，《通解》則以《禮記》與諸子史（如《列女傳》、《家語》、《國語》等）並列〈昏義〉後，《繹史》之引傳就經，固較便讀者也。

馬驌所編，雖有一二長於朱熹者，然注疏之細密與徵引之繁富則不能比併，於此蓋有說焉。注疏於《通解》爲當然，於《繹史》則非其例也，故不能以此病馬氏；至於《左》、《國》諸子則馬氏所用，固散見於《繹史》各篇，所不重引，其例然也。就《禮》學而言，以《儀禮》爲經，大小戴《記》爲傳，此一觀念極爲重要，自王安石廢罷《儀禮》，獨存《禮記》，至朱熹而糾其棄經任傳，遺本宗末（朱熹〈修三禮箚子〉語），馬驌所爲，蓋同朱子。且朱熹之編《通解》也，蓋藉多人之力，馬驌則獨任其事。朱熹〈答應仁仲〉第四書云：「《禮》書方了得聘禮已前，已送致道，令與四明一二朋友抄節疏義附入，計必轉呈。有未安者，幸早見教，尚及改也。觀禮以後，黃壻（案：門人黃榦）攜去盧陵，與江右一二朋友成之，尚未送來，計亦就草藁矣。」又〈與應仁仲〉第六書云：「熹目盲，不能親書所喻，編《禮》如此固佳，然卻太移動本文，恐亦未便耳。老病益侵，而友朋相望，皆在千百里外，恐此事不能成，爲終身之恨矣。向在長沙、臨安，皆嘗有意欲藉官司之力爲之，亦未及開口而罷。」所稱「欲藉官司之力者」，其〈乞修三禮箚子〉云：「臣頃在山林，嘗與一二學者考訂其說，……而私家無書檢閱，無人抄寫，久之未成。會蒙除用，學徒分散，遂不能就。……欲望聖明特詔有司，許臣就祕書省關借禮樂諸書，自行招致舊日學徒十餘人，踏逐空閑官屋數間與之居處，令其編類，……但乞逐月量支米錢，以給飲食紙札油燭之費，……」〔註4〕馬驌蓋不以禮學見長者，但憑朱熹數語之提示，重編禮書，雖未必五年盡萃於

〔註 4〕案此箚子後不果上，今亦附於《四庫全書》本卷前。又如張爾岐與馬驌同時，在 1642 年左右欲讀《儀禮》，仍不得見《儀禮經傳通解》，至 1670 年撰《儀禮鄭注句讀》，似仍未參考朱書。

斯，而其學植之深厚與夫用功之勤謹，亦足以式法也，閻百詩所謂「讀之每令人心氣俱盡」者，良有以夫。

　　同時濟陽張爾岐編撰《儀禮鄭注句讀》，依《儀禮》本文分章節，定句讀，附以鄭《注》，並節取賈《疏》。分節較朱熹、馬驌互有詳略，而記與諸辭則仍置篇末，除《注》、《疏》外不及其他資料，蓋僅有助於讀《經》而少益於禮學，非特遠遜朱子，並不如馬驌也；乃顧炎武盛稱之，江藩《漢學師承記》謂顧氏「讀其書而爲之序，手錄一本，藏山西祁縣所立書堂。」〔註5〕又顧氏〈廣師〉云：「獨精三《禮》，卓然經師，吾不如張稷若。」張氏始讀《儀禮》，未見朱子《通解》，其〈序〉云：「愚三十許時（案：爾岐生於萬曆四十年，三十許爲崇禎十五年左右），以其（案：指《儀禮》）周孔手澤，慕而欲讀之，讀莫能通，旁無師友可以質問。偶於眾中言及，或阻且笑之。聞有朱子《經傳通解》，無從得其傳本。……《註》文古質而《疏》說又漫衍，皆不易了，讀不數繙輒罷。」康熙九年始讀畢全書，而後著手撰《句讀》，〈序〉又云：「去至庚戌歲（案：1670），愚年五十九矣，勉讀六閱月，乃克卒業焉。於是取經與註章分之，定其句讀。……」是年《繹史》業已刊行，爾岐是否曾參用，已不得知。〔註6〕

　　道光間胡培翬撰《儀禮正義》，分節多从張氏《句讀》，胡氏《正義》卷一云：「今案舊本經不分章，朱子作《經傳通解》，始分節以便讀者。至張氏爾岐《句讀》本，分析尤詳。此書分節多依張本，而亦時有更易云。」其分節較馬氏爲細，然似未見《繹史》也。

　　此外，《繹史》之錄《周禮》也，亦略有創意。舊本《周禮》五官（天、地、春、夏、秋）各有總敘，而後列治官之屬編制員額，以下方敘列各官職掌。馬驌則重新調整，《繹史》卷二十三「周官之制」〔註7〕總分五官，各官之中則細爲釐析，其編制員額分繫各職掌之前，且人數雙行細書，如此則眉目清楚，易於知曉。一見各職官，即知其員額若干、職掌爲何，無庸前後翻檢，閱者稱便。其〈考工記〉一篇，則別錄於卷一五八，爲外錄之八，蓋此

〔註5〕江藩謂爾岐「成書之時，年五十有九矣」，誤，蓋是年始讀畢《儀禮》，參下文。

〔註6〕張氏《蒿庵閒話》曾提及《繹史》，參第二章第五節。

〔註7〕「周官之制」爲王朝之設官分職，材料以《周禮》爲主，卷二十四「周禮之制」則敘諸禮儀節，主要據《儀禮》及二戴《記》，雖以周爲名，馬氏未必信其實爲周制，蓋依於三《禮》故耳。

篇與《周禮》本不相侔，先儒亦僅取以充多官之數耳。

第四節　《春秋》學

　　孟子曰：「世衰道微，邪說暴行有作，臣弒其君者有之，子弒其父者有之。孔子懼，作《春秋》，《春秋》，天下之事也。是故孔子曰：『知我者，其惟《春秋》乎！罪我者，其惟《春秋》乎！』」（〈滕文公下〉）又曰：「王者之迹熄而《詩》亡，《詩》亡然後《春秋》作。晉之《乘》、楚之《檮杌》、魯之《春秋》，一也。其事則齊桓晉文，其文則史，孔子曰：『其義則丘竊取之矣。』」（〈離婁下〉）由是知孔子之所以作《春秋》者，蓋有所爲也。夫《春秋》魯史也，孔子輒加筆削，設非有大義存焉，固將不免於「斷爛朝報」之譏也〔註8〕。所謂大義者，司馬遷云：「據魯親周故殷，運之三代，約其文辭而指博。故吳楚之君自稱王，而《春秋》貶之曰子：踐土之會，實召周天子，而《春秋》諱之曰：『天王狩於河陽』。推此類以繩當世貶損之義。」（《史記・孔子世家》）是故夫子之作《春秋》也深其義，而自西漢以下諸儒之道《春秋》也求其例，蓋因例以見義也。《春秋》既因舊史成文，固不必字字寓褒貶，而言例者或深文周納，勉強牽合，則難免以辭害意耳。今試就義例二者以述馬驌《春秋》之學。

　　馬驌《左氏辨例》爲例三十，雖以《左氏》爲名，實則發明《左》例而駁《公》、《穀》者也。《辨例・總論》云：「左氏好惡與聖人同，故獨能窺其大義，彼公穀子夏弟子，紛紛臆說，大都耳食之學，其能合於聖經者，十不得一耳。故吾之爲《辨例》也，一以《左氏》爲主，竊附武庫之末。」案杜預《春秋釋例》以《左》爲主，故馬氏有此言。《春秋釋例》久佚，乾隆年間，方自《永樂大典》中輯出，馬氏所見，可能止於《左傳正義》所引者。「總論」又云：「凡例五十，周公之舊典，一經之通體也；書不書、稱不稱、言不言、先書、追書、故書、書曰之類，二百八十有五，仲尼之新意，一事之變例也。」凡例爲策書之成法，變例爲孔子之新意，馬氏以爲除此之外皆非例也。是以《辨例》首非《公》、《穀》之時月日例，「年月例」云：「《春秋》不以日月爲例。」其說曰：「史之所記，年時日月，皆應具文，而《春秋》文多不具，……其不可知者，或史策先闕，仲尼不改；其可知者，或仲尼備文，而後人脫誤。

至其有時無月，有月無日，史官立文，原有詳略，仲尼因史成文，不得不仍
其舊而書之。……憤疑因舊，不得不然，寧皆義例之所在耶？」又云：「《公》、
《穀》於日月多生異義，舉一經之文，悉以日月繩之，於公如則曰『往時至
月，危至也；往月至時，危往也；往月至月，惡之也。』於來朝則曰『時正
也，月惡之也。』……諸說違其例者，非曰謹之，則曰惡之，必曲說以求通；
而或此曰危之、彼曰美之，即二家亦若矛盾之不相入也。皆非聖人之本意也。」
所辨時月日例，除因史成文外，另有曆法之因素焉。〈覽左隨筆〉有論《經》
用周正而《傳》參夏時一則云：「《春秋》《經》用周正，而《傳》或參以夏時。
以《經》爲孔子所筆削，而《傳》則旁採傳記也。《周禮》悉以仲冬，而魯悉
以正月，時王之正月也；〈定之方中〉，夏之十月，周之十二月，而城楚丘乃
書於來年之正月，紀其成也。何以見《傳》之參以夏時也？四月取麥，秋取
禾，是夏時矣；穀鄧來朝，《經》書夏，《傳》記以春，亦用夏時也；而正月
朔日南至，《傳》顧以周正說，《傳》亦何常之有？若以孔子欲行夏時，而遂
謂《春秋》之《經》亦用夏正，則二月無冰、十月大雪，又何必以書異哉！
抑又考之：晉人城杞，師曠曰：『會于承匡之歲，於今七十三年。』然自文十
一年正月至襄三十年二月癸未，實七十四年，則與曠說違。以《長歷》計之，
文十一年之三月，乃甲子朔，實夏之正月，而合七十三年之數。晉固用夏正
矣。《左氏》或據晉史，不能盡革，故十二月申生縊，《經》書明年春；十一
月殺先克，《經》書明年正月；冬殺平鄭，《經》書明年春。《經》《傳》互異，
而杜氏每曰從赴，夫赴必稱日月，豈能更乎？諸儒紛紛，殊爲無稽。」〔註9〕
又「告朔例」云：「《春秋》編年之體，值朔書朔，值晦書晦，值閏書閏，原
無義例。事之所記，舊有詳略，或闕焉弗備，亦非褒譏之說也。……《穀梁》
曰：『言日不言朔，食晦日；朔日並不言，食晦夜；朔日並言，食正朔；言朔
不言日，食既朔。』此則未聞歷術而徒穿鑿其說。」「災異例」亦云：「日歲
一周天，月月一週天，每月一會，會常在朔。日被月掩，則日爲之食。……
日月動物，雖同行而不必同道，歷家所推，復有盈縮異。故有積歲不食者，
有頻月而食者，術存於星臺之官，非《經》所見。《經》唯據見諸天者書曰『日
有食之』而已。……桓十七年冬十月朔，日有食之，《傳》曰：『不書日，官

〔註9〕 閻若璩《潛邱箚記》亦云：「大抵《春秋》之《經》爲聖人所筆削，純用周正；
　　　　《傳》則旁采諸國史而爲之，故其間有雜以夏正而不能盡革者。」趙翼則以
　　　　爲春秋列國多用夏正，間有用殷正者（宋），參《陔餘叢考》卷二「春不書王」
　　　　條。

失之也。……」僖十五年夏五月，日有食之，《傳》曰：『不書朔與日，官失之也。』前止失日，後竝失朔，《傳》是以重發例。推此而言，諸朔日不備者皆日官之失矣。日食雖天變之大，然亦歷數之常。」至于今，《春秋》時月日例之不成立，已可確認。（參戴君仁《春秋辨例》）

馬驌立論所基，爲《左傳》所稱告赴與舊史成文，「告赴例」云：「《春秋》書列國之事，從告赴也。……內則告廟書策，外則告赴鄰國，必有告赴，史乃承而書之。告赴者，所以重大事、避怠慢，昭告鄰國，敬慎之意也。諸侯各有國史，大事書之于策，小事記之簡牘，簡牘所錄，詳記本末，雜采辭令，不必皆告；約文著義，乃登之于策。」是以常以告赴詳略與舊史成文以非《公》、《穀》之語語著義。如「滅取例」云：「文三年秦人伐晉，《傳》稱取王官及郊，襄二十三年齊侯伐衛，遂伐晉，《傳》稱取朝歌，竝書伐不書取；隱四年莒人伐杞取牟婁，伐取兩書者，彼告伐不告取，此伐取兩告，猶諸伐國圍邑者，或書或否，非例所加，悉從告辭爲詳略爾。」又「告廟例」云：「（書公至）以國至者二十有七，以侵伐圍救至者二十，以會至者二十有六，以地至者六，……事相類而至文異，諸如此類，事勢相接，或以始告，或以終告，無他義也。《公羊》曰：『得意致會，不得意致伐。』《穀梁》曰：『會夷狄不致，致存中國也。惡事不致，危之也。……』若然，則書至與否，盡存褒譏，推尋事實，殊不盡然。」又如莊十年《經》書「荊敗蔡師于莘。」《公羊傳》曰：「荊者何？州名也。州不若國，國不若氏……」《穀梁傳》曰：「荊者楚也，何爲謂之荊？狄之也。」又莊十四年荊入蔡，《穀梁傳》曰：「荊者楚也，其曰荊何也？州舉之也。州不如國……」（又莊二十八年同）二《傳》皆以荊爲貶辭，馬驌則以史實釋之，「侯爵例」曰：「荊者楚之初號也，後乃改稱爲楚，國有二名，猶小邾之初名郳者，非貶也。《公羊》曰：州名也，州不若國，《穀梁》曰外之也（案：當作『狄之也』，《春秋》無外荊之文），夫貶之有道，何乃於國名生異？且楚之爲狄久矣，猾夏日甚，何獨於初貶焉？」又於「臣稱例」云：「楚之始見也，略書國名而已，……吳之始通也，亦止書國名，後乃漸有君臣，皆其初禮文闕陋，告辭不能合禮，是以略之，非貶於其始也。《公羊》、《穀梁》之說，謂……楚無大夫，……吳無君無大夫，……此皆拘謬違經，不可爲訓。《公羊》曰：『州不若國，國不若氏，氏不若人，……』信斯言也，楚至於文宣，吳至於定哀，薦食日甚，何德而進焉？」

其從舊史成文者，蓋謂據事直書，史書之法所宜然也，舊史所載，孔子

不出新意，則因而不改；舊史所關，亦未必不書之意也。「滅取例」云：「夫國稱滅、邑稱取，常也。《春秋》實不論國邑，唯以事之難易爲辭，蓋典策之舊法焉。」又云：「文同義異，適乎立文之宜而已，諸田之書來歸歸我歸之于疆田，皆因史成文，詳錄內事，無義例也。」「臣稱例」云：「殺大夫不書族者二：得臣宜申，若以爲貶，則自有國討之例，且楚公子側成熊等六七人，皆稱氏族，何獨於二人貶也？……當時諸國以意來赴，辭有詳略。仲尼采文示義，義之所起，刊而正之，義無所關，則仍故策而已。」案：楚大夫自成二年以後，《春秋》始具列其氏族與名，非例也。又「師出例」云：「《春秋》有書次於事前者，次以成事也，僖元年次于聶北救邢之類是矣；有書次於事後者，事成而次也，襄二十三年叔孫豹帥師救晉，次于雍榆之類是矣。隨其事實，非義例也。《公羊》曰：『何爲先言次而後言救？君也。』『何爲先言救而後言次？通君命也。』此皆臆度，不得其實。次之爲例，但記師行，非寓褒貶。」又云：「遂者兩事之辭，《春秋》君臣之出，因彼及此皆書曰遂，記事之宜，非例所加。……但有兩事，即書爲遂，不別其本謀與否。《公羊》曰：『遂者何，生事也。』不盡然矣。」於「奔放例」亦云：「奔放之書，各從其實。」

《春秋》本據舊史筆削，孔子大義所寓，亦不過數事而已，乃《公》、《穀》尋摭餖飣，較及錙銖，以爲聖人所作，微言大義存焉，故立例以求通全經，實未免曲經以就例。故馬驌之說曰：「《春秋》燦然明備，大義數十而已，且因事而明例，豈因例而書事哉？左氏親見孔子，猶多闕疑不論；公穀乃於數百年之後，欲事事揣合聖人之意乎？每事而生異端，未免以子之矛刺子之盾矣。」（「災異例」）是說謂二《傳》於例有未安，往往強爲牽合，而至枘鑿不通也。於「歸入例」又云：「《春秋》立文以明得失，《左氏》發例以正褒貶，雖比事猶可知，猶必屬辭而後見之；若執曲說以目全經，吾知致遠之恐泥。」據《左》說以非《公》、《穀》，故《四庫提要》稱其「偏好之言」。

至於《春秋》之義，馬驌除褒貶外，所申明者有三焉：一曰痛王室之不競，二曰傷世道之衰亂，三曰惜攘夷之義闕。

孔子之作《春秋》也，本即懼「世衰道微，邪說暴行有作，臣弒其君者有之，子弒其父者有之」，而天子無以正之，故以筆削爲斧鉞，而行天子之事。馬驌之撰《繹史》也，論及春秋時事，亦往往發夫子之傷痛。如卷八十二論王子朝之亂云：「夫敬王之立也，一年而出，出四年而入，入五年而諸侯城成

周。流離數邑，龍戰五載，誰生戾階？則景王之寵爲之也。《春秋》痛而詳書，首曰王室亂，在天下爲京師，在國中爲王室，亂自內作，故不曰京師，而曰王室，直若一家之辭也。」蓋王非王矣，尊周之義何在？同卷又云：「自定簡以來，王室多故，《經》不勝書，故書一王札子殺召伯毛伯，而周之兩下相殺者不盡書；書一周公出奔楚，而周臣之奔亡者不盡書；書一天王居于翟泉，而敬王之出與居者，亦不盡書也。豈唯不勝書，誠亦不欲盡書哉！」是《春秋》之不盡書，有戚戚不忍者焉。卷六十三又論王室無政，致使春秋之世，亂靡有止，夫子之所傷閔也：「景王初立，殺其弟佞夫，儋括之欲爲亂也，佞夫弗知王之虐之也，亦甚恧矣。至於暮年，儲位不定，用生子朝之亂，日見兄弟之戕害，大臣之分爭也。終乎春秋之世，亂靡有止，周室尙可爲哉？然則周之衰也，不在諸侯之不睦，而在大臣之不和，而在骨肉之相殘也。春秋歷十有二王，而崩而不赴者三，大臣之顯者十餘族，而或奔或亡者九，自莊迄敬二百年，而王子之亂者六，總由王室之無政也。《春秋》之作，閔魯兼以閔周也，有以夫！」

君臣父子，人之大義存焉，馬驌以爲《春秋》之作，爲有感於君臣父子之義乖。《繹史》卷三十四論曰：「宋三世而兩弑其君，上無天子之誅，下無方伯之討，《春秋》所由發憤而作與？」卷三十一論曰：「羽父專命行師，素無臣禮，始以殺桓求媚，終以弑隱逞志，有弑一君之名，而有弑二君之心。桓公黨惡滅倫，據國而世守之，亂臣賊子，夫亦何憚而不爲哉？唯是隱公既長且賢，南面數載，不聞敗德，非鬼之祭，竟來篡逆。探先君之邪志，啓奸雄之戎心，君弑而賊不討，《春秋》於此有遺憾焉。」又卷七十九論亦致其恨焉：「簡公既弑，孔子沐浴而請討，使請而得也，《經》大書曰：『齊陳恒弑其君壬，公伐齊，殺陳恒，』春秋二百餘年一大快也。請而不得，《春秋》可以絕筆矣。《春秋》之作，以亂臣賊子之故，其不作，亦以亂臣賊子之故哉！」推原夫子之心，實得其情也。

又哀三年衛靈公逐太子蒯聵，公薨而立孫輒，後晉趙鞅納蒯聵於戚，衛石曼姑率師圍之。《公羊》以爲「伯討」也，謂石曼姑受命於靈公而立蒯聵子輒，從君命則可以子拒父。馬驌《繹史》卷九十二案云：「大義悖謬。」蓋有乖父子之義也。案《論語·述而篇》載其時弟子相疑：「冉有曰：『夫子爲衛君乎？』子貢曰：『諾，吾將問之。』入曰：『伯夷叔齊何人也？』曰：『古之賢人也。』曰：『怨乎？』曰：『求仁而得仁，又何怨？』出曰：『夫子不爲也。』」

夫子蓋不以爲然，因其既以伯夷叔齊之讓國爲仁，故知其不與乎蒯瞶父子之爭國也。馬氏承此意，故非《公羊》之不責衛輒而曲爲之說也。

又於桓十二年祭仲受宋人之要脅而盟立鄭厲公，《公羊》以爲賢：「何賢乎祭仲？以爲知權也。……古人之有權者，祭仲之權是也。權者何？權反於經，然後有善者也。」《繹史》卷三十八案云：「祭仲不能死難，黜君納賊，其權不可以爲訓。」同卷論又云：「祭仲反覆不臣，專行廢立，亂人之國，而不有弒君之名，謀作相濟，沒齒無惡。安得爲知權之說，以誣後世哉！」

此外，夷夏之防，素爲孔子所重，而春秋時代，所目爲蠻夷之楚吳，逐漸蠶食中國，終至猾役諸夏，躋身上國，馬驌以爲《春秋》於此有痛焉。《繹史》卷七十二論曰：「《春秋》痛諸姬之國皆服事於楚也，故既書公如楚，又書在楚，以宗國而北面荊蠻，自周公以來未之有也。」又云：「虢之會，楚仍先晉，其爲盟主也，若故有之。趙孟畏楚而兩爲之下，其何信之有焉？《春秋》至此，猶書晉國於前者，爲中國抑楚，爲天下扶晉，爲春秋二百四十餘年惜晉也。」至於《春秋》之承認楚國爲霸，馬氏尤其以爲不得已也，卷五十七論曰：「（楚）莊王初立，外有庸濮之憂，內有儀蠻之亂，方擁姬抱女，身坐鐘鼓之閒，晉不能於此時謀楚，坐而失時。暨乎三年之後，莊則奮發有爲，蒙故業，進賢人，修甲兵，築城郭。辰陵之役，諸侯俛首而請從焉，《經》無貶辭，說《春秋》者至此竟以霸目楚子矣。嗚呼，病霸者楚也，一旦而予楚以霸，聖人豈得已哉！」

王室不競，世衰道微，君臣父子之義闕，夷夏之防潰散無遺，此蓋《春秋》之所以不得不作，亦《春秋》之所以不得不絕筆也。

第五節　總論馬驌之經學

馬驌之於經也，有二特色，一曰以經爲史，一曰不主家法，茲分述之。

夫六經皆史之說，世多舉章學誠，其〈報孫淵如書〉云：「愚之所見，以爲盈天地間凡涉著作之林，皆是史學，六經特聖人取此六種之史以垂訓者耳。」（《章氏遺書》卷九）實則王應麟已發此說，《困學紀聞》卷八下云：「文中子言聖人述史三焉：《書》、《詩》、《春秋》三者，同出於一（〈王道篇〉），陸魯望謂六籍之中，有經有史，《禮》、《詩》、《易》爲經，《書》、《春秋》實史耳（〈復友生論文書〉）。」案王氏蓋約〈中說〉之意。遠者不言，王陽明《傳

習錄》卷一已暢論五經亦史之說〔註 10〕，是不能歸於實齋也。馬驌之以經爲史，常以爲史料，故不憚於離經斷章，爲我所用，要之，皆以經證史也。此其一。

馬驌師承，要亦難知，因爲以經爲史，故在學派上無今古文之分，凡有裨益其著作者，罔不稱引。故《繹史》所錄，有古文之《毛詩》、《周禮》、《左傳》，亦有今文之《韓詩》、《魯詩》、《儀禮》、《公》、《穀》（參第四章附錄），馬驌之不拘家法，從可知矣。因無師承，故不囿於師說；因無家法，故不限於故訓，非若兩漢與乾嘉以後學者之壁壘分明也。此其二。

抑余對馬驌之整理《左傳》，仍有未愜者：馬氏既以敘事易編年，應極易發現《傳》文有割裂處〔註 11〕，且又分別標出凡例書法，應不難覺出其竄亂之迹，徒以對《左傳》執持過深，始終未能提出，殊爲可惜，否則於《左傳》原本問題，當早開先河也。

〔註 10〕 參考錢鍾書《談藝錄》，頁 315～317。
〔註 11〕 《左傳》割裂之迹明顯者如桓五年篇末「冬，淳于公如曹，度其國危，遂不復。」接桓六年首「春，自曹來朝。」莊十八年「巴人因之以伐楚」接十九年「春，楚子御之。」二十三年「秋，丹桓公之楹」接二十四年「春，刻其桷，皆非禮也。」又莊二十九、三十年，僖十八、十九年，僖二十三、二十四年，昭六年、七年等均類此。馬驌之所爲，不能不注意此類問題，第因先肯定《左傳》義例，故不能破也。筆者曾撰〈辨左傳經後人竄亂之文字〉舉例以說明此事，刊《中華學苑》第二十期。

第四章　史料學

　　馬驌史著今存者惟《左傳事緯》與《繹史》，《事緯》取材於《左傳》，就史料而言，至爲單純，故本章所析論者，以《繹史》爲主。

第一節　史料之蒐集

　　朱彝尊以爲《繹史》體例與胡宏《皇王大紀》頗相似，《四庫提要》已辨其非是（參第二章第五節）；其實不止體例互異，即史料之蒐集去取，亦復不同，《繹史》實較《大紀》宏富嚴謹；准此以比較蘇轍《古史》、羅泌《路史》亦然。今人或有如顧頡剛者以《繹史》爲據僞書以作僞史，實不明《繹史》之性質，並未曾細讀《繹史》以體會馬驌對史料之態度也。〔註1〕

　　吾人略翻閱《繹史》，應知馬氏所從事者，志不在編成一部「上古史」，如《史記》或規橅《史記》之《古史》與夫《路史》、《皇王大紀》之所爲也。《繹史》蓋彙集故事中有關古史者，依其事之先後、史料早晚與信度排比，庶乎讀者之自得之也，是所謂著者不言，使史料自言之者；其體裁，宜稱之爲上古史長編。既爲長編，則史料之蒐集不能不廣博，皆在求全備、便考稽，竝不嫌其晚僞，故《繹史》所錄，徧及六經子史，其間眞者過半。是以其書既非「僞史」，所據亦非全爲「僞書」，顧氏所論，不免武斷。明乎此，方可以討論馬驌對史料之見解。

〔註1〕顧頡剛〈古史辨自序〉云：「有許多僞史是用僞書作基礎的，如《帝王世紀》，《通鑑外紀》，《路史》，《繹史》所錄。」（《古史辨》，第一冊〈自序〉，頁42）

　　馬氏對上古史料之看法，可約爲下列數點：

一、上古史料茫昧闕佚，後世傳述，未可盡信

　　《繹史》卷一論云：「陽子居之言曰：『太古之事滅矣，孰誌之哉？』屈原曰：『遂古之初，誰傳道之？』三復斯言，而知稽古之難信，考論者之無徵也。夫二子者生當周季，去古未遠，而已歎古初之莫紀，矧百世以下，遭秦燔滅之餘，而妄稱上世之遺事，豈不亦迂誕哉！」案陽子居之言見《列子‧楊朱篇》，屈原語載〈天問〉，是皆歎上古史料難稽，而後世之強求，未免於迂誕妄作〔註2〕。史料之缺乏，馬氏以爲上古「文字未興，史官未設，伊昔之政教約束，固甚簡略也。孰能默識傳述，俾歷世罔或失墜？」蓋簡削艱難，史蹟湮滅，莫可識記也。

　　夫上古史料之茫昧難徵，自孔子已然。《論語‧八佾》載子曰：「夏禮吾能言之，杞不足徵也；殷禮吾能言之，宋不足徵也。文獻不足故也。足，吾能徵之矣。」又《禮記‧中庸》稱子曰：「吾說夏禮，杞不足徵也。」其後《孟子‧萬章》載「北宮錡問曰：『周室班爵祿也，如之何？』孟子曰：『其詳不可得聞也，諸侯惡其害己也，而皆去其籍。』」而康有爲於此認爲成周之書亦不傳，《孔子改制考》卷一云：「北宮錡在周時能來問學，必是士大夫；本朝班爵祿最粗淺之事，無人不知，即無大周會典，亦有縉紳可考，且亦耳目傳習，何待問於孟子？孟子爲當時大賢巨儒，自應博聞強記，熟諳本朝掌故，乃亦不聞其詳，又著去籍之故出於諸侯惡其害己，可知成周之書籍亦不傳。」降至漢世，司馬遷撰述《史記》，於史料闕佚，亦頗致其憾焉：〈平準書〉云：「太史公曰：農工商交易之路通，而龜貝金錢刀幣興焉，所從來久遠，自高辛氏之前尚矣，靡得而記云。」〈三代世表〉云：「五帝三代之記尚矣，自殷以前諸侯不可得而譜，周以來乃頗可著。」〈五帝本紀〉云：「百家言黃帝，其文不雅馴，薦紳先生難言之。」

　　由於史料闕佚過甚，故每有好古者或上下鑽求，甚或造爲虛誕之說，要皆不可輕信。《繹史》卷一論云：「泰山梁父之形兆垠堮，仲尼不能盡識，與夫管莊之所稱道，戎夫之所訓戒，倚相之所能讀，或在書契以前，或經孔子

〔註2〕崔述有類似之說法，《補上古考信錄》云：「豈非其識愈下，則其稱引愈多；其世愈後，則其傳聞愈繁？」此說爲顧頡剛層累地造成古史說所本，殊不知馬驌早於崔述百年前已有此看法，顧氏極揚崔而抑馬，殆僅以《繹史》作史料之索引而未嘗細讀之也。關於此問題，併參第七章結論。

刪棄，是皆無裨於政治，罔資於問學者也。舍《詩》、《書》六藝之文，而妄信諸子讖緯之雜說，未能悉三代之世及，而遠求洪荒以上之氏號，斯好奇者之過也。」又同卷案語云：「盤古氏名起自雜書，恍惚之論、荒唐之說耳，作史者目爲三才之首君，何異說夢？」又云：「《莊子》稱冉相氏、渾沌氏、狶韋氏，《鶡冠子》稱成鳩氏，《命歷序》稱黃神氏、狟神氏、辰放氏、離光氏，《洛書》稱次民氏，及諸雜書所稱諸氏多矣，惟有巢燧人功德在民，似非烏有者流。」又卷二十六論云：「顧世所傳穆王事，多夸誕過實，《列子》之寓言，《穆傳》之附會，固不足信，《史》稱造父御王巡狩，見西王母，徐偃王反，日馳千里馬攻破之。豈王之貳車，遂足以制勝？抑六師之眾，咸有捷足哉？」於此可見其不輕信之態度。

二、上古史料互相牴牾，未可盡據

由於史料闕佚，傳述者各執一辭，無可定其是非，《繹史》卷二論曰：「今三皇之書泯闕，五帝僅存二《典》，《易》敘（當作敍）庖羲氏以來，略舉之而不悉，俾後世無所折衷，無怪乎人人異端，牴牾更僕，未可問也。」是以有名氏之淆亂：「伯夷之作秩宗，《虞書》載之，而以爲四岳姜氏之祖；庭堅高陽氏之才子也，而以爲咎繇之字；放勳重華文命，各言其德業也，而以爲堯舜禹之名；堯舜名也，而諡法載之。若此者，其皆信乎？」又有人事時地之混同牴牾：「共工氏與女媧爭，任知刑以霸九域，而《列子》云：共工與顓頊爭爲帝，是已有兩共工矣；其作亂於帝嚳之世，重黎誅之而不盡，與振滔洪水舜流幽洲者，又有兩共工也；燧人之前有有巢氏，昊英之後又有有巢氏，而皆教民居；禪通之帝爲倉頡，黃帝之史爲倉頡，而皆造書契；帝堯之時有羿，夏后太康之時有羿，而皆以善射名。若此者，其盡然乎？」是以試圖建立古史系統如《帝王世紀》、鄒衍等，皆難以自圓：「信如《世紀》所稱：女媧祝融皆襲庖羲之號而竝稱二皇，是一姓而再皇也。據《鄒子》五德之運，五行相生以承其位也，燧人祝融皆以火德王，而與炎帝竝稱皇，是以火濟火也。」

三、史料之疑信莫定，宜兼收並蓄以供讀者之別擇

上古史料既有闕漏，復相枘鑿，何信何從，無折衷之說以定其是非，強執其一，適畫地以自限也。《繹史》卷一論云：「然則盤古以上，謂無君乎？吾不得而知也，天皇以下之君，謂盡可指數乎？吾亦弗敢信也。」既不能確

指其是非，「聞疑傳疑，聞信傳信」斯爲最可取之態度也。文獻不足，欲尚論古事，未免非愚則誣，《韓非子・顯學篇》云：「孔子墨子俱道堯舜，而取舍不同，皆自謂眞堯舜，堯舜不復生，將誰使定儒墨之誠乎？殷周七百餘歲，虞夏二千餘歲，而不能定儒墨之眞，今乃欲審堯舜之道於三千歲之前，意其不可必乎！無參驗而必之者愚也，弗能必而據之者誣也。」後世之論古史者，往往無參驗而必之，弗能必而據之，而馬驌於此則備其事，毋意毋必也，卷五論釋其對黃帝有關之史料所以兼收並蓄之故：「黃帝既有天下……端冕垂裳而天下治矣，享國百年而崩，百姓謳思，歷世猶不輟焉。逮秦漢之際，方士者流，始託爲神仙之說，以蠱惑當世之人主。謂帝得祕文內訣，召致天神，徧歷名山，訪眞證道，長生度世，騎龍上升。舉一切迂怪之談，悉附會之黃帝，故備論其事，俾讀史者知所去取焉。」又卷六論曰：「《史》見玄囂之降處江水也，則以爲青陽不帝；《紀年》見少昊之以鳥名官也，則以爲帥鳥師居西方；《世紀》是（案疑作見）少昊爲金行之帝也，則以爲玄囂自江水登帝位，是皆悃（案當作悗）忽不得其實，故備論焉。」蓋史料儘管附會衍生，亦可以使後人考見古史發展演繹甚至神化致誤之由，此未嘗非僞造晚出史料之功用也。

　　於此吾人可以認知馬驌對史料所持之態度有二焉：一曰蒐集之全備也，二曰疑信之相參也。前者由於《繹史》長編之體例使然，後者因爲馬氏處理之持重有以致之。

　　據〈徵言〉所述，《繹史》所取材者分爲二大類，其一爲現存之書，二爲闕佚之書。現存者又分五種，依其可信程度決定取材之多寡：

（一）經傳子史，文獻攸存者，靡不畢載

　　此類有《周易》、《尚書》、《毛詩》、《周禮》、《儀禮》、《禮記》、《左傳》、《公羊傳》、《穀梁傳》、《爾雅》、《孝經》、《大戴禮記》、《國語》、《戰國策》、《鶡子》、《老子》、《列子》、《莊子》、《文子》、《管子》、《晏子》、《荀子》、《韓非子》、《商子》、《愼子》、《尹文子》、《公孫龍子》、《鄧析子》、《墨子》、《呂氏春秋》、《孫武子》、《吳子》、《三略》、《司馬法》等。〈徵言〉云：「以上全書具在，或取其事，或取其文；或全錄，或節鈔。」另有應屬此類而不收錄者《論》、《孟》、《學》、《庸》四種，蓋以其「列在學官」故。其所以盡錄五經獨遺四書者，馬驌有說焉：「《論語》、《大學》、《中庸》、《孟子》，士子丱角誦習，故一概不錄；若夫五經，竝麗陳常，士或偏治其一，不復旁通，抑且

考校得失，多所發明，今盡取之。」至於屈原宋玉諸騷賦，則取之於《楚辭》、《文選》等書。

（二）傳疑而文極高古者，亦復弗遺

此類有《神農本草》、《黃帝素問》、《陰符經》、《風后握機經》〔註3〕、《山海經》、《周髀算經》、《穆天子傳》、《逸周書》、《竹書紀年》、《越絕書》等，此類書可能爲後人附會作者主名，然亦可能出現甚早，〈徵言〉稱其「皆未必果出當年，要亦先秦遺書。」至於《莊子》、《列子》，馬氏亦歸此類，然稱之爲「寓言」，謂「事雖不信，文亦奇矣。」蓋取其文之詭奇多變而不以爲實事也。

（三）真贋錯雜者，取其強半

此類有《鬼谷子》、《尉繚子》、《鶡冠子》、《家語》、《孔叢子》等，多後人補竄或僞撰者，〈徵言〉稱「或原有其書，而後世增加，或其書脫遺，而後人補竄。又如《管》、《莊》之書，亦非盡出管莊之手。」

（四）附託全偽者，僅存要略而已

此類如《三墳》、《六韜》、《亢倉子》、《關尹子》、《子華子》、《於陵子》等。〈徵言〉稱其「皆近代之人依名附託，鑿空立論，膚淺不倫，姑存一二。」蓋取以備數耳。

（五）漢魏以還，稱述古事，兼爲采綴，以觀異同

此類非秦以前古籍，不在《繹史》所涵蓋之時代內，然去古未遠，其中稱述古事，或得自傳聞，或別有所據，均有可採，故取以備參稽、較異同。此類有《史記》、《漢書》、《後漢書》、《白虎通》、《風俗通》、《淮南子》、《新書》、《新語》、《說苑》、《新序》、《韓詩外傳》、《春秋繁露》、《論衡》、《新論》（桓譚）、《新論》（劉晝）、《潛夫論》、《中論》、《顏氏家訓》、《吳越春秋》、《華陽國志》、《拾遺記》、《搜神記》、《述異記》、《神異經》、《列女傳》、《博物志》、《古今注》、《法言》、《鹽鐵論》、《易林》、《抱朴子》、《說文》、《文心雕龍》、《刀劍錄》、《鼎錄》、《十洲記》、《高士傳》、《列仙傳》、《神仙傳》、《列異傳》、

〔註3〕　《繹史》卷五引稱《風后握奇經》，案云：「一曰《握機》，或言首十九字風后經，以下太公傳也。」《四庫全書》作《握奇經》，《提要》云：「一作《握機經》，一作《幄機》。」明曹允儒有《握機經》三卷，取風后古文十九字，與相傳太公望所增衍三百六十五字、宋阮逸所撰六十七字而成。

《錄異記》、《異苑》、《方言》、《釋名》、《文中子》等，而「自隋以後，例槩不收。」《文中子》爲隋王通撰，知「自隋以後」者，不含隋也。

以上前四類就今日而言，爲原始史料，第五類爲轉手史料，馬驌如此分類之用意當亦如是。

至於闕軼之書與讖緯雜說，則自後世箋注與類書中輯出。〈徵言〉云：「若乃全書闕軼，其名僅見，緯讖諸號，尤爲繁多，則取諸箋注之言、類萃之軼。雖非全璧，聊窺一斑。」闕軼之書如《黃帝內傳》、《師曠雜占》、《尚書大傳》、《太公金匱》、《汲冢瑣語》、《師春》、《列士傳》、《衝波傳》、《子思子》、《中子》、《尸子》、《金樓子》、《孝子傳》、《劉向別錄》、《琴清英》……等，或出先秦，或屬僞託，或載上古之言，或稱述其事，「或眞或僞，今皆亡矣」；而讖緯之書則多述古之言，如《易》之《乾鑿度》、《通卦驗》，《詩》之《含神霧》、《汜歷樞》，《書》之《璇璣鈐》、《考靈曜》，《春秋》之《元命苞》、《演孔圖》，《禮》之《含文嘉》、《稽命徵》，《樂》之《動聲儀》、《叶圖徵》，《孝經》之《援神契》、《鉤命訣》等，馬氏謂其「立命詭異，而託諸孔子，起自漢哀平之際，皆附會也。」凡此固聊備一格耳。其來源則輯自《十三經注疏》、《史記索隱》、《正義》、兩《漢書注》、《三國志注》、《水經注》、六臣《文選注》、《世說注》等，與後世類書如《通典》、《白孔六帖》、《初學記》、《藝文類聚》、《冊府元龜》、《太平御覽》、《太平廣記》、《文獻通考》、《通志》、《玉海》、《說郛》、《事類合璧》、《天中記》、《事文類聚》、《錦繡萬花谷》等，蓋箋注之言「旁證尚論，存古最多」，而類書則「引用古書名目，今多未見」，是皆有助於考史也。

綜上所述，知《繹史》史料之來源，一爲錄自現存載籍，一爲輯自箋注類書。前者固無庸贅論，蓋《繹史》原書所引大多爲此類，而自本章所附〈引書表〉亦可概見《繹史》徵引書籍之情況（主要就量而言）；其可再加說明者數事：（一）輯佚，（二）隋以後書，（三）四書，茲分述如次：

（一）《繹史》大量輯錄佚文，所引大多在案語中注明出處，如卷一四〇引《劉向別錄》鄒衍過趙論白馬非馬一節，案云：「《史》注引。」卷一四〇引《說苑》齊王起九重之臺一節，案云：「《藝文》引。」此類甚多，予後人輯佚上頗多便利〔註4〕。又或者僅云「今本無」，未注明出處，如卷九十六上

〔註4〕黃奭輯《黃氏逸書考》時，已將《繹史》作爲輯佚對象，其《孝子傳》「舜父夜臥，夢雞口」一條注云：「馬驌《繹史》卷十注」，即自馬書中輯出者，惟

引《吳越春秋》文種事，僅注「今本無」，實則出自《史記・勾踐世家》《正義》所引，卷七十七上引《晏子》佯問佯對一節，案語僅稱「此段今本無」，實則輯自《御覽》九六五與《類聚》八五。又有不注明輯佚，然今本實不見或其書不傳者，如卷十六引《帝王世紀》盤庚遷殷一節採自〈盤庚序〉疏引〔註5〕；卷十七引《帝王世紀》高宗夢傳說一節輯自《太平御覽》卷八十三；卷九十五之二引《孝子傳》閔子騫爲後母所苦一節輯自《御覽》四一三引師覺授《孝子傳》，卷九十五之三則輯自《御覽》四八二；又如卷九十五之二引《衝波傳》宰我三年之喪一節係輯自《御覽》五四五，九五之一所引孔子候子貢一事則輯自《藝文類聚》卷七十二；又有整節皆輯自類書者，如卷一正書引《始學篇》「天地立，有天皇」云云，附載引《遁甲開山圖》「天皇被蹟在桂州崑崙山下」及《三五曆記》「歲起攝提」云云，案語又引《洞冥記》「一姓十三人」之語，此則全出於《初學記》卷九，其正文錄顏峻《始學篇》「天地立」文，注引《洞冥記》、徐整《三五曆記》、《遁甲開山圖》各文，文字全同，此則特例也〔註6〕。所輯佚文知出處者，在〈引書表〉中均分別標列，可參看。

　　《繹史》自類書所輯者，往往校以今本，如卷五引《抱朴子》，案云：「類書引多訛字，今以原本校正。」又卷二十二引《周書》，案云：「《史》注引，與今本異。」其無今本可校之佚文，則或以各書所引互校，如卷五十四引《韓詩外傳》，案云：「《文選注》引，與《後漢注》異。」又卷一○六引《子思子》，案云：「《文獻通考》引，與《孔叢》小異。」於此可見馬驌蒐羅之富與態度之審愼也。

　　（二）後於隋之書，往往亦有足資補充考辨者，因例不收錄，故出之以案語，如宋劉恕之《通鑑外紀》、金履祥之《通鑑前編》、胡宏之《皇王大紀》、朱熹《詩序辨說》、《詩集傳》……等，均作如此處理，故《繹史》取材，實不止於隋以前也。

　　　以附載爲注，蓋未悉此書故耳。又《繹史》卷一一九自《意林》、《藝文類聚》、《太平御覽》諸書輯出《愼子》佚文，後錢熙祚校《愼子》，所輯逸文，亦以《繹史》參校。
〔註5〕此段《後漢書・郎顗傳》注亦引，然其中一句「民皆奢侈」後者作「奢淫不絕」，知非據此。
〔註6〕《御覽》七十八亦引「項峻」《始學篇》、《洞冥記》、《三五曆記》等文，然雖大抵相同而略異，故知馬氏實引自《初學記》。

　　（三）四書不錄，固因士子之熟習，然就全書之完整性而言，容有未當。其所引者除佚文外（參〈引書表〉），僅卷二十案語所述一條：「按《孟子》戮飛廉於海隅也。」至於孔子及其弟子言行，《論語》為最佳之依據，因不用四書，故卷八十六及九十五述孔子及其弟子事蹟，多用《史記》文，或因後者多襲《論語》故。

　　以《繹史》取材數量之豐富與範圍之廣大，可以推知馬驌在蒐集上所下工夫之既深且巨，其博極群書，應無可疑。至其書係家藏或假借鈔錄，則無可知。書中僅卷二十七言及家藏石鼓文舊本：「〈馬薦鼓〉余家舊本止『微』字存。」然以其數量之多與編輯時間之長，可能以家藏居多。又馬氏極重校勘，案語中往往記所校異說異文，是則非廣稽群籍莫辦。如卷二十六引《周書》案云：「用《前編》校本」，卷五引《文心雕龍・封禪》「綠圖曰……萬物盡化」，案云：「或作『與物俱化』」，卷十九引《琴操》「鳳凰之歌」案云：「一本末有二句云：『興我之業，望來羊兮。』」卷一〇四引同書「魯漆室女」案云：「一本作『次室女』」，又卷五案語云：「類書引多訛字，今以原本校正。」卷九十五之一案語謂《大戴禮》「其中多脫誤，無善本讎校。」卷一〇三上案語云：「《墨子》無善本，莫可讎正，讀者意會之可矣。」以無善本讎校為憾，亦可反證馬氏對版本校勘之重視。然則其所用各書或可能不止一本。〔註7〕

　　又除書籍外，馬氏亦及於親見器物，如在卷一五八「瑞玉圖」中對舊圖表示不滿，於是據所見者改繪，馬氏云：「圭、璋、璧、琮、琥、璜是謂六瑞，形制不同，其用亦異。舊有圖考，不分尺度短長，誤繆相沿，殊失古人制器尚象之意。茲依鄭《註》、賈《疏》又（及）三代遺器閒有存者，參稽考證，繪為新圖。大抵古者取象渾樸，所稱蒲穀龍首，必不如舊圖之穿鑿也。」同卷又云：「舊圖穀蒲繪為根株葉穗之形，無稽尤甚。往見吾邑張氏藏一璧，朱紺斑駁，其質瑩白有光，鏤點三百餘，如粟粒，此穀璧也。」蓋取諸實物也。又卷一五九「父辛卣」條云：「是器向得於青州，高可九寸，容可二升有餘，銘作『雙冊父辛』，其製最類《博古圖》所載『執爵父丁卣』，但銘不同耳。制作甚精，自然無蓋。」此亦其親見者。至於石鼓文之考訂亦然，《繹史》卷二十七以《古文苑》與潘迪所錄鄭樵、施宿、薛尚功諸家校訂石鼓文，並註

[註7] 〈徵言〉所列取材對象有《冊府元龜》，然該書所錄資料不註出處，馬驌或僅取供校勘用。

明現況，如〈吾車鼓〉云：「今全闕者五字，半闕者三字，餘皆可辨識。」〈田車鼓〉云：「今全闕者七字，半闕者六字，稍見者一字。『勒』既半闕，下頗不類馬旁（案：潘迪《音訓》謂勒下偏旁從馬，故馬氏云然），世訓為『止』，亦未必然也。」〈馬薦鼓〉云：「今此鼓磨滅無文。」〈吳文鼓〉曰：「今止一『又』字全，『大』字小而少低，疑非全文，半闕者六字而已。」蓋石鼓清初置於國子監，馬驌曾居京邸，故得見之；從《繹史》所載，亦可考見清初石鼓狀況。至如元潘迪《石鼓文音訓》，馬氏似亦在太學見之，蓋《音訓》刻碑立於鼓旁也。道光初李遇孫撰《金石學錄》稱「宋人釋石鼓，未有刊石垂諸久遠者，潘氏獨能萃諸儒之說，而鐫之太學，至今與石鼓並列，後人得以知其音義。」比檢得工崇簡《冬夜箋記》康熙四年所記一則云：「石鼓在太學，列廟門廡下，其文為章十，總六百五十七言，可摸索者僅三十餘字，鼓旁刻宋潘迪《音訓》一碑。」〔註8〕知《音訓》之有刻碑，馬驌所見應即此。

　　綜上所述，知《繹史》之取材以求全備為先，除典籍外，並參及實物；所採錄者不嫌其偽作晚出，然亦不輕信從，蓋臚列以供讀者之別擇焉。

第二節　史料之考辨

　　史料非經考信不能援用，此盡人皆知者。一般史著多先考訂史料而後引用，《繹史》則反乎是，蓋體例然也。因《繹史》屬長編性質，以博取為尚，故無論其信度高低，但稍涉乎古史者均不輕棄。然徒事蒐羅而無所別擇，則無異乎類書雜纂，亦不能與於著述之林。是以馬驌採兩全之法；博引古籍，依次臚列，有所考辨，則附註於下。其考辨之方式有三：

一、直指其非，不加辨說

　　此類大多信史具在，不煩徵引，或事理明白，毋須多言者。如：

1. 卷八十二引《史記・周本記》：「（敬王）十六年，子朝之徒復作亂，敬王奔於晉。」案云：「奔晉誤。」

　　案：《左傳》定公六年：「周儋翩王子朝之徒因鄭人將以作亂于周。……冬十二月，天王處于姑蕕，辟儋翩之亂也。」杜注：「姑蕕，周地。」馬驌據此，故云《史》誤。

〔註8〕王崇簡以潘迪為宋人，又稱鼓僅存三十餘字，皆誤。

2. 卷二十六引《後漢書》:「徐夷僭號,乃率九夷以伐宗周,西至河上。穆王畏其方熾,……乃使造父御以告楚,令伐徐,一日而至。於是楚文王大舉兵而滅之。」案云:「楚文王,誤。」

案:據《史記》,楚文王之立在莊王八年,去穆王已三百年,故直指其誤。

3. 卷八十九引《吳越春秋》:「申包胥亡在山中,……哭於秦庭七日七夜,口不絕聲,秦桓公素沈湎不恤國事,……」案云:「秦桓公當作哀公。」

4. 卷九十六下引《吳越春秋》:「越王使人如木客山取元常之喪,……秦桓公不如越王命,句踐乃選吳越將士西渡河以攻秦。」案云:「秦桓公當作厲共公。」

以上均因時世之不相當,以史實具在,毋須多辨。

5. 卷十引《史記·夏本紀》:「禹、伯夷、皋陶相與語帝前。」案云:「伯夷當作伯益。」

案:《史記》所載本於《尚書·皋陶謨》,而《書》無伯夷之語,伯益時亦在朝,故馬云然。〔註9〕

6. 卷十引《荀子》、《尸子》、《莊子》所載堯舜問答之語,案云:「諸子記堯舜問答之言,未足據信。」

案:後世所述堯舜之言,不過《尚書》數語,諸子所稱,誰見之哉?蓋多想像之辭,此事理之必不然也。

7. 卷九十九引《家語·辨物》:「孔子在陳,陳侯就之燕遊焉。行路之人云:『魯司鐸災及宗廟。』以告孔子,子曰:『所及者其桓僖之廟。』陳侯曰:『何以知之?』子曰……」案云:「此問答亦附益之語。」

案:《左傳》哀三年夏五月辛卯,司鐸火,火踰公宮,桓、僖災。「孔子在陳,聞火,曰:『其桓、僖乎?』」《傳》僅此數語,而《家語》敷衍出毀廟之言,知其附益也。〔註10〕

8. 卷九十五之一引《論衡·書虛篇》所載傳書或言「顏淵與孔子俱上魯太山,孔子東南望,吳閶門外,有繫白馬,引顏淵指以示之。……下

〔註9〕 司馬遷或別有所本,據《大戴禮·誥志》載孔子言曰:「丘聞周太史曰……虞史伯夷曰:『明孟也,幽幼也,……。』」是舜時可能亦有史官名伯夷也。

〔註10〕 《說苑·權謀篇》與《家語·六本篇》所載孔子在齊聞周廟燔亦同。

而顏淵髮白齒落，遂以病死。蓋以精神不能若孔子，強力自極，精華竭盡，故早夭死。」案云：「此等附會，不足辯。」

案：王充引傳書此說，稱「世俗聞之，皆以爲然。」故詳考其虛語，謂《論語》與經傳皆不載，人之目力有窮，絕不能明見千里外云云，馬氏則以爲附會之言，不必多辯也。

9. 卷八十六之四引《韓詩外傳》：「孔子南遊適楚，至於阿谷之隧，有處子佩瑱而浣者，孔子曰：『彼婦人其可與言矣乎？』……」案云：「好事者爲之也。」又卷九十五之三引《衝波傳》：「孔子嘗游於山，使子路取水，逢虎於水所，與同戰，攬尾得之。……」案云：「此等鄙俚殊甚。」又同卷引《孝子傳》仲子崔爲父仲由復讎事，案云：「小說家之鄙誤。」凡此，皆因其荒誕不經，不勞深辨，故一言而決也。

二、引前人說以辨之

　　先儒之考史者多矣，凡有先得之見，馬氏輒直引之以爲考辨，而不別作論斷。如：

1. 卷十八引《史記·周本紀》：「后稷之興，在陶唐虞夏之際，……不窋末年，夏后氏政衰，去稷不務，……」案云：「譙周按：『《國語》云：「世后稷以服事虞夏。」言世稷官，是失其世數也。若以不窋親棄之子，至文王千餘歲，惟十五代，實不合事情。』又歐陽公、洪容齋、羅長源皆辯其非。」

2. 卷十五引《紀年》太甲殺伊尹事，案云：「杜預曰：『此當時雜記，未足以取審也。』」
案：此取杜預《春秋經傳集解·後序》之言。

3. 卷二十引《詩·武》，〈序〉謂「〈武〉，奏〈大武〉也。」案云：「《春秋傳》以此爲〈大武〉首章，朱子謂篇內已有武王謚，非武王時作矣。」
案：此取朱熹《詩集傳》說。

4. 卷十五引《紀年》：「伊尹放太甲于桐，乃自立。」案云：「沈約曰：蓋誤以攝政爲眞耳。」
案：此引《竹書》沈約舊注：「伊尹自立，蓋誤以攝政爲眞爾。」

　　又有不稱引，然實採前人說者，如：

5. 卷七十四引《史記·循吏列傳》：「子產者，鄭之列大夫也。鄭昭君之

時，以所愛徐摯爲相。……」案云：「子產不事昭公，亦無徐摯爲相事，《史》異聞也。」

案：此蓋在《索隱》文：「子產不事昭君，亦無徐摯作相之事，蓋別有所出，太史記異耳。」

6. 卷一四九引〈嶧山銘〉案云：「《史》錄刻石諸銘，獨遺此篇，而文亦不逮，豈太史公故遺之邪？抑贋作邪？」

案：此疑出自《古文苑》章樵案語：「（秦刻石七，《史》載其辭者五）推二十八年嶧山并之罘二刻石不載，豈偶遺佚，抑有去取邪？」

三、以史實世次文辭等自爲考辨

此類最多，茲歸納其方法，舉例敘列如次：

（一）以史實辨之

1. 卷四十九引《史記·周本紀》：「十七年，襄王告急于晉，晉文公納王而誅叔帶，襄王乃賜晉文公珪鬯弓矢爲伯，以河內地與晉。」案云：「命晉爲侯伯，在城濮戰勝之後，《史本紀》誤載於此年。」

案：《左傳》僖二十八年（襄王二十一年）〔註11〕：「王命尹氏及王子虎、內史叔興父策命晉侯爲侯伯，賜之大輅之服、戎輅之服，彤弓一、彤矢百……」〈晉世家〉城濮之戰亦在此年，五月晉獻楚俘于周，「天子使王子虎命晉侯爲伯。」〈年表〉同。

2. 卷一三五引《戰國策》：「蘇秦死，其弟蘇代欲繼之，乃北見燕王噲曰……」案云：「此《策》言燕欲報齊，齊已舉宋，非王噲時語也，宜爲說燕昭王，《史》亦承《策》而誤。」

3. 卷一四四引《越絕書》：「春申君楚考烈王相也，烈王死，幽王立，封春申君於吳。……自使其子爲假君治吳。」案云：「春申君不相幽王，《史》亦無假君事。」

4. 卷十一引《遁甲開山圖》：「禹開委宛（按：或當作『宛委』）山，得赤

〔註11〕惠王之崩在二十四年（魯僖公七年，西元前653年），《春秋》書於僖八年，《史記·周本紀》從之，云：「二十五年，惠王崩。」案僖七年《左傳》云：「閏月，惠王崩。襄王惡大叔帶之難，懼不立，不發喪。」八年《傳》：「冬，王人來告喪，難故也，是以緩。」杜《注》：「實以前年（案：前一年）閏月崩，以今年十二月丁未告。」《史記·十二諸侯年表》乃益出惠王二十五年，而以襄王立在下年，故終襄王之世，〈年表〉均差一年，諸〈世家〉亦然。

珪如日……」案云：「宛委在會稽，一名玉笥山。按禹未嘗兩至會稽，其至越會計，非治水時也，蓋傳疑矣。」

5. 卷十九引《易緯》：「文王受命，改正朔，有王號於天下。」《帝王世紀》：「文王即位四十二年，歲在鶉火，文王更爲受命之元年，始稱王。」案云：「皆妄說。」

案：文王固未嘗稱王也。

6. 卷四十九引《韓非子·外儲說左上》：「晉文公攻原，裹十日糧。……孔子聞而記之日：『攻原得衛者，信也。』」案云：「得衛訛，後年乃侵曹伐衛。」

案：據《左傳》僖二十五年（晉文公二年）攻原，據〈年表〉伐衛在僖二十八年（晉文公五年）。

7. 卷四十四之二引《管子》：「楚伐莒，莒君使人求救於齊桓公。將救之，管仲日：『君勿救也，……』桓公果不救而莒亡。」案云：「此時莒不亡。」

8. 同卷引《管子》：「桓公日：『天下之國莫彊於越，今寡人欲北舉事孤竹離枝，恐越人之至，爲此有道乎？』」案云：「是時越一小國，何稱天下莫彊？且伐孤竹而備越，何其遠也；按經傳無敗越事。」

9. 卷二十八引《列女傳》：「孝公稱之保母，臧氏之寡也。……」案云：「孝公之子彄，是始爲臧氏，此輒云臧氏之寡，誤也。」

案：以魯之有臧氏在孝公後，孝公時不得有此稱。

10. 卷一二〇引《列女傳》：「魏哀王勤行自修，勞來國家，而齊楚強秦不敢加兵焉。」案云：「哀王之世，未見強鄰之不敢加兵也。」

11. 卷五十六引《說苑》：「楚莊王欲伐陳，使人視之，……其城郭高，溝壑深，畜積多，……遂取陳。楚莊王伐陳，吳救之，……左史倚相日……大敗吳師。」案云：「莊王時陳國道弗事廢，淫於夏南，此云城高積多，非其時也；至左史倚相，尤非莊王之臣，二事俱舛誤。」

12. 卷六論辨《周書》帝命少昊請司馬鳥師以正五帝之官及《紀年》少昊不居帝位，帥鳥師居西方之說云：「摯有盛德，嗣位爲帝，都于曲阜，曲阜非西方也明矣。《紀年》日：少昊不居帝位，帥鳥師居西方，以鳥紀官。是又不然。命官天子之事也，方少昊之宅西，所任者侯伯之職，所司者一方之治；及其立爲帝也，鳳鳥適至，始因之以紀官。使少昊

而終於西方，將已亦在雲師雲名之列，又何由鳩雉扈農，設官備物哉？《周書》所稱，亦未可盡據矣。」

（二）以制度辨之

1. 卷二十一引《史記·管蔡世家》：「蔡叔度既遷而死，其子曰胡，胡乃改行率德循善，周公聞之，而舉胡為魯卿士。」案云：「稱以為卿士，蓋仕周非仕魯也。《史》說疑誤。」

　　案：「卿士」一職始見於殷，至春秋晚期猶存，《尚書·微子》：「卿士師師非度。」〈牧誓〉：「乃四方之多罪逋逃，……是以為大夫卿士。」〈商頌·長發〉：「降予卿士，實維阿衡。」《春秋經傳集解·後序》引《竹書紀年》：「仲壬即位居亳，其卿士伊尹。」卿士為商王左右重臣。至於周之卿士，虢仲虢叔見僖五年《左傳》，鄭武公、莊公見隱三年、襄二十五年，虢公忌父見隱八年，單靖公見襄十年，祭公謀父見《國語·周語上》注，榮夷公見〈周語上〉，虢公林父見〈晉語二〉注……等，亦均輔佐周王，與天子政，並得專征伐、聘列國、錫諸侯命者，亦惟天子得以設置。而列國有卿士之記載者惟魯、晉與楚。《國語·周語中》載邵桓公述卻至分析楚所以敗於鄢陵者五，其一為「建立卿士，而不用其言。」《注》：「卿士子囊。」又《左傳》哀十六年述楚太子建之子勝謂石乞曰：「王與二卿士，皆五百人當之則可矣。」《注》：「二卿士子西子期。」子囊、子西為令尹，子期為司馬，楚或用以稱其最高軍事長官，且楚既僭號稱王，可能亦襲周王之制。至於晉則見於《呂覽·原亂》，晉獻公殺申生而大難隨之，「大臣卿士之死者以百數。」此「卿士」應係泛稱。魯則見於《左傳》定公元年：「若立君，則有卿士大夫在。」此亦泛稱耳。知諸侯之無卿士也，而《史記》此說，實本於《左傳》定公四年子魚之語：「管蔡啓商，惎間王室，王於是乎殺管叔而蔡蔡叔，……其子蔡仲改行帥德，周公舉之，以為己卿士，見諸王而命之以蔡。」杜《注》：「為周公臣。」然魯實不能有卿士，故馬氏有此說也。〔註12〕

〔註12〕若據《逸周書·明堂》「周公攝政，君天下，弭亂六年而天下大治」之說，周公曾踐天子之位，則可以有卿士，然此固懸而未決也。有關周公踐阼之討論，可參崔述《豐鎬考信錄》卷四〈周公相成王上〉，另參孫次舟〈周公事蹟之清理〉（《說文》第四期）、楊筠如〈周公事蹟的傳疑〉（《中大語史週刊》八卷九

2. 卷八十一之一引《家語》:「孔子初仕爲中都宰,……於是二年,定公以爲司空,……由司空爲魯大司寇,設法而不用,無姦民。」案云:「諸侯三卿,曰司徒、司馬、司空,魯則三桓世爲之,其司寇不在三卿之數,臧孫嘗爲之矣。且侯國司寇,亦不稱大,此云由司空爲司寇,是由卿而大夫矣,進退無據。《左傳》云,孔子之爲司寇也,溝而合諸墓(案:定元年七月),此云司空時事,亦誤也。疑孔子爲司空非實。」

3. 卷九十二引《戰國策・衛策》:「犀首伐黃,過衛,使人謂衛君曰……南文子止之……」案云:「南文子相悼公,知此犀首非公孫衍也,蓋晉國之官名。」
   案:高《注》:「南文子,衛大夫。」相悼公,相當於周元王時,而以犀首爲公孫衍者,《史記・張儀列傳》云:「犀首者,魏之陰晉人也,名衍,姓公孫氏。」蓋與張儀同時,約在顯王之世,二者相去約百年,故不可能爲同一人,而《集解》引司馬彪曰:「犀首,魏官名,若今虎牙將軍。」蓋犀首之稱,非止一人,故以爲官名。

4. 卷二十案語云:「韓非書云:伯夷以將軍葬於首陽山之下。按周初官秩無將軍之名,其言妄也。」

5. 卷八十八引《韓非子・外儲說左下》:「(陽虎)曰:『臣居魯,樹三人,皆爲令尹。……臣居齊,薦三人,一人得近王,……』」案云:「魯無令尹,齊不稱王,非當時之言也。」
   案:令尹爲楚官名。

6. 卷一四九引《獨異志》:「始皇二十八年登封太山,至半,忽大風雨雷電,路旁有五松樹,蔭翳數畝,乃封爲五松大夫。」案云:「五大夫秦爵,非謂有五株松也。」
   案:〈秦始皇本紀〉但云「風雨暴至,休於樹下,因封其樹爲五大夫。」撰《獨異志》者不知五大夫爲秦爵,遂附會爲五松大夫。

7. 卷四十四之二引《呂氏春秋》:「齊桓公伐魯,魯人不敢輕戰,去魯國五十里而封之。魯請比關內侯以聽,桓公許之。」案云:「關內侯秦爵

十一期)、陳夢家《西周銅器斷代(一)》、徐復觀〈與陳夢家屈萬里兩先生商討周公曾否踐阼稱王的問題〉(《東方雜誌》復刊六卷七期);關於卿士問題,請參看筆者《周士之性質及其歷史》第一章第一節。

也,《呂氏》誤。」

(三)以時間世次之先後辨之

1. 卷八十七下引《史記·趙世家》:「晉出公十一年,知伯伐鄭,趙簡子疾,使太子毋卹將而圍鄭。」案云:「晉出公十一年,即魯悼之四年也,按《左傳》哀公二十年,趙襄子稱先臣志父,是簡子之卒已久,何得於此簡子猶在?《史記》誤甚。」

2. 卷九十六下引〈趙世家〉:「定公三十七年卒,而簡子除三年之喪,期而已。」案云:「按《左傳》趙孟降于喪食,杜《注》云:『趙孟,襄子無卹,時有父簡子喪。』而《史記》云晉定公卒,趙簡子除三年之喪,為期,正在越圍吳之年,後又云出公十七年簡子卒,越圍吳,趙孟降喪食,重複訛舛,馬遷之疏也。」

3. 卷二十八引《史記·陳杞世家》:「(武王克殷紂)得媯滿,封之於陳,以奉帝舜祀,是為胡公。胡公卒,子申公犀侯立,申公卒,弟相公皋羊立,相公卒,立申公子突,是為孝公。孝公卒,子慎公圉戎立,慎公當周厲王時。」案云:「胡公傳四世即及周厲王,其誤可知。」

   案:此蓋傳五公四世(一為兄弟繼立),而武王克殷至厲王凡三百三十餘年,不可能僅傳四世,故知《史記》世次有誤。然無他佐證,故馬氏「年表」亦僅能分列於康王、穆王、懿王、夷王時,而不數其世次之接續,蓋亦無可如何也。

4. 同卷引〈陳杞世家〉:「東樓公生西樓公,西樓公生題公,題公生謀娶公,謀娶公當周厲王時。」案云:「東樓公傳三世即及厲王,尤誤。」

   案:梁玉繩《史記志疑》卷十九亦云:「周有天下至厲王流彘,二百八十餘年,而杞以四世當之,必無此理。……則杞之四君,每君在位百餘年,方能相及,其可信乎?是知杞之代系,必有脫誤也。」

5. 卷八十七下引《韓非子·難一》:「襄子圍於晉陽中,出圍,賞有功者五人,……仲尼聞之曰……」案云:「知伯之滅也,去孔子卒二十七年矣,何韓非果於非聖而不稽其時邪?」

   案:此《孔叢子·答問》有說:「昔我先君(案:指孔子)以春秋哀公十六年四月己丑卒,至二十七年荀瑤與韓趙魏伐鄭,遇東垣而還,是時夫子卒已十一年矣,而晉四卿皆在也。後悼公十四年,知氏乃亡,此先後遠甚,而韓非公稱之,曾無怍意,是則世多好事之徒,皆非之

罪也。」

6. 卷九十六下引《越絕書》：「句踐伐吳，霸關東，……孔子從弟子七十人，奉先王雅琴治禮往奏，……」案云：「此妄也，是時孔子卒久矣。」

7. 卷四十二引《說苑》：「楚成王贊諸屬諸侯，使魯君爲僕。魯君致大夫而謀曰，……公儀休曰：『不可不聽……』」案云：「公儀休相魯穆公，與楚成王異時人也，此疑有誤。」

8. 卷九十三引《新序》：「秦欲伐楚，使使者往觀楚之寶器。楚王聞之，召令尹子西而問焉。……召昭奚恤而問焉。……」案云：「子反、昭奚恤，前後異時人也，此篇所載，不可據以爲信。」

9. 卷一○一引《說苑》：「韓武子田，獸已聚矣，田車合矣，傳來告曰：『晉公薨。』武子謂欒懷子曰：『子亦知君好田獵也，……』」案云：「欒盈之死，前此百三十年矣。」

案：懷子盈也，在襄公之世，見《左傳》。

10. 卷九十六下引《越絕書》：「故曰：子貢一出，存魯亂齊破吳彊晉霸越是也。」案云：「子貢歷說一案，本出策士附會之談，《史記》信之而爲列傳，《家語》又信之，而益以孔子吳亡越霸之言。夫越之滅吳，孔子卒已八年矣，斯之不實，居然可知。」

（四）以事理辨之

1. 卷一○二引《史記·田敬仲完世家》：「明年，魯伐（案：當作『敗』）齊平陸，三年，太公與魏文侯會濁澤，求爲諸侯，魏文侯乃使使言周天子及諸侯，請立齊相田和爲諸侯，周天子許之。」案云：「徐廣曰：『康公十六年』，《索隱》曰：『廣蓋依〈年表〉爲說，而不省此上文貸立十四年，又云明年，又三年，是十八年，〈年表〉及此註並誤。』按田和急於篡齊，既爲天子所許，復遲至三年始稱侯，不合於事理，《索隱》說是也。」

2. 卷二十引《禮記·文王世子》：「文王問武王曰：『女何夢矣？』武王對曰：『夢帝與我九齡。』……文王九十七乃終，武王九十三而終。」案云：「夢齡之妄，說見下。」卷二十二辨其事云：「據《禮記》夢齡之說，則文王十五生武王，前此已有伯邑考；武王八十一生成王，後此復有唐叔虞矣。未可憑信。」

案：此事實上之不可能。

3. 卷八十七下引《古文瑣語》:「知伯爲趙襄子所敗,將出走,夢火見於西方,乃出奔秦;又夢見於南方,遂奔楚也。」案云:「諸書皆言智伯見殺,何得出奔秦楚?」

4. 卷七十五引《荀子·非相》:「昔者衛靈公有臣曰公孫呂,身長七尺,面長三尺,焉廣三寸,鼻目耳具而名動天下。」案云:「恐無此形貌。」

5. 卷五論辨黃帝馴擾猛獸云:「世之言黃帝,多怪誕不經,謂馴擾猛獸以戰炎帝,夫猛獸可馴邪?《書》曰:『如虎如貔,如熊如羆』,意或軍帥武勇之號,如後世之虎牙驍騎者,而《列子》以爲猛獸有人心,是妄也。」

案:《史記·五帝本紀》:「教熊羆貔貅貙虎,以與炎帝戰於阪泉之野。」似以爲用猛獸矣。《正義》謂「教士卒習戰,以猛獸之名名之,用威敵也。」此說得之,馬氏蓋發揮此意。

6. 同卷論又云:「言蚩尤者,則曰銅頭鐵額,八肱八趾,興雲吐霧,以迷軍士。天遣玄女與魃,始克制伏之。彼蚩尤姜姓之諸侯,非異類也。亦惟恃其彊暴,乘炎帝之衰,阻兵稱亂,如後世之竊據僭號者;抑或詭異其名,以愚百姓,如後世之黃巾赤眉,執左道以惑眾者。黃帝修德撫民,以仁易暴,湯武之事,足以徵矣,奚必徵召鬼神,而後克濟哉?」

案:此辨神怪之說,並舉後世左道惑眾之例,蓋頗合實情也。

(五)以語言文辭辨之

1. 卷八十七上引《史記·晉世家》:「厲公多外嬖姬,歸欲盡去群大夫而立諸姬兄弟。……」案云:「《傳》言外嬖謂嬖臣,非嬖姬也,且妾之稱姬,非當時語,《史記》之誤多有如此者。」

案《左傳》成公十七年云:「晉厲公侈,多外嬖。」不言姬也。梁玉繩《史記志疑》卷二十一說同:「案外嬖者,即胥童、陽夷五之屬,非婦人也。童爲胥克之子,不聞其妹在公宮。且妾之稱姬,非當時語,豈因《左傳》厲公與婦人飲酒之言而誤歟?」

2. 卷十九引《周書》:「文王告武王以序德之行,……有十年之積者王,有五年之積者霸,無一年之積者亡。……兵強勝人,人強勝天。……」案云:「典贍奇古,至兵強王霸等語,則列國人之露肘也。」

3. 同卷引《六韜》:「文王將田,史編布卜曰」一節,案云:「辭理俱淺。」

4. 同卷又引「文王問太公曰：『王人者何上何下何取何去何禁何止？』太公曰……」案云：「非當時語。」

5. 卷二十引《六韜》：「武王問太公曰：『立將之道奈何？』……」案云：「出師命將，興王戡亂之規模，豈不亦似哉？然文不類西周，『正殿將軍』之語，僞作自露其肘耳。」

6. 卷一一二下引《莊子‧說劍篇》案云：「語近《國策》，非莊生本書也。」

7. 卷五引《內經素問》四氣調神大論、五常政大論、天元紀大論，案云：「上古文字簡略，而世傳《素問》一書，灝煩數萬言，知非軒后之舊矣。」

8. 卷二十引〈太公陰謀〉筆銘曰云云，案云：「〈金匱〉、〈陰謀〉諸銘，淺膚纖巧，不及《大戴》所載遠矣，此眞贗之別。」

9. 卷四十四之一引〈甯戚飯牛歌〉，案云：「此歌不類春秋人語，必後人所擬也。《後漢書注》引《說苑》云：『甯戚飯牛於庸衢，擊牛角而歌〈碩鼠〉。』高誘注《呂覽》亦云：『歌〈碩鼠〉也。』」
案：此以文辭辨，並引他說以證甯戚所歌爲〈碩鼠〉也。

10. 卷六引《拾遺記》：「少昊以金德王，母曰皇娥。……皇娥倚瑟而清歌曰：『天清地曠浩茫茫，……』白帝子答歌：『四維八延眇難極，……』」案云：「帝子聖母，而有桑中之戲，清歌七言，乃見軒皇之世乎？子年之妄極矣。」
案：此謂七言詩不早出也。

11. 卷五引《三墳》地皇軒轅氏政典，案云：「文理淺謬，不必辯。如士農工商衍爲八字，即備極庸陋矣。乃其所命五官，既非《史記》所稱，復與《管子》錯謬。」

（六）以本書前後之牴牾辨之

1. 卷二十引《史記‧宋世家》：「王子比干……見箕子諫不聽而爲奴……」案云：「據此，比干之死，在箕子爲奴之後。」同卷又引〈殷本紀〉：「（紂）剖比干觀其心，箕子懼，乃詳狂爲奴……」案云：「據此，箕子爲奴在比干死後，《史》又何自相牴牾邪？」

2. 卷一三一引《史記‧秦本紀》：「（秦昭王）九年，奐攻楚，取八城，殺其將景快。」案云：「〈年表〉昭王七年取楚襄城，殺景缺。八年取楚

八城，楚王來，因留之，與〈楚世家〉合。此〈紀〉作九年，誤。」
案：景快，〈六國表〉、〈秦世家〉均作景缺。

3. 卷二十八引〈封禪書〉：「秦襄公作西畤祠白帝，其牲用駵駒、黃牛、
牴羊各一云。」案云：「〈本紀〉云：『各三。』」

4. 卷八十七下引《新序》：「佛肸以中牟叛，置鼎於庭，致士大夫曰：『與
我者受邑，不吾與者烹。』大夫皆從之，至於田卑，田卑中牟之邑人
也，……」又引《說苑》：「佛肸用中牟之縣畔，設祿邑炊鼎曰：『與我
者受邑，不與我者其烹。』中牟之士皆與之，城北餘子田基獨後至，
曰……」案云：「田卑、田基一事也，……二書俱出中壘之手，而所載
駁異如此。」

5. 卷四十四之二引《管子‧大匡》、〈霸形〉、〈戒〉各篇，案云：「敘事重
複駁異處，當是諸家各記所聞，《管子》書知不出一手矣。」

（七）據較早較可信之史料辨之

1. 卷三十九引《史記‧晉世家》：「士蒍說公曰：『故晉之群公子多不誅，
亂且起。』乃使盡殺諸公子，而城聚都之，命曰絳，始都絳。」案云：
「《左氏》云桓莊之族，而《史》曰故晉之公子，又城聚與城絳，皆馬
遷之疏。」

2. 卷八十二引《史記‧周本紀》：「四年，晉率諸侯入敬王于周，子朝為
臣。」案云：「按《春秋》子朝奔楚，不為臣也。」

3. 卷八十七下引《世本》：「自荀偃將中軍，晉改中軍曰中行，因氏焉。」
案云：「《左傳》僖公二十八年，晉侯作三行以禦狄，荀林父將中行，
此命氏由，中行非中軍所改也，《世本》說非是。杜氏云：『三行無佐，
疑大夫帥。』」

4. 卷四十七引《說苑》：「桓公有後妻子，曰公子目夷。」案云：「《傳》
言目夷長，知非後妻子矣。」
案《左傳》僖八年云：「宋公疾，太子茲父固請曰：『目夷長且仁。』」

5. 卷五十一上引《說苑》：「狐突乃復事獻公，三年，獻公卒，狐突辭於
諸大夫曰……乃歸自殺。」案云：「據《左傳》，懷公立，乃殺狐突。」
案：《左傳》僖二十三年：「九月，晉惠公卒，懷公立，命無從亡人（重
耳）……冬，懷公執狐突……乃殺之。」

6. 卷五引《帝王世紀》：「元妃西陵氏女曰螺祖，生昌意；次妃方雷氏女

曰女節，生青陽；次妃肜魚氏女，生夷鼓，一名蒼林；次妃嫫母，班在三人之下。」案云：「《國語》夷鼓、蒼林是二人，《漢書·古今人表》肜魚氏生夷鼓，嫫母生蒼林，不得如謐所說。」

7. 卷一三一引《戰國策》：「楚王死，太子在齊質。」案云：「據此，則懷王死，楚立新王，太子卒不得立，而頃襄王非太子也。《史》不謂然，此蓋策士虛設之辭，不足深辯。」

案：此以《史記》辨《戰國策》，亦可見馬驌對《國策》之看法，以爲策士虛設，未必爲實事也。

（八）比較人事之異同而辨之

1. 卷二十一引《尚書大傳》：「微子朝周，過殷故虛，見麥秀之蘄蘄分，禾黍之繩繩也，曰……」案云：「《史》云其（箕）子也，事同人異，必有一誤。」

案：《史記·宋微子世家》：「其後箕子朝周，過故殷虛，感宮室毀壞，生禾黍，箕子傷之，……」

2. 卷一〇一引《史記·趙世家》：「（趙）敬侯元年，武公子朝作亂，不克，出奔魏，趙始都邯鄲。」又〈魏世家〉：「魏武侯元年，趙敬侯初立，公子朔爲亂，不勝，奔魏，與魏襲邯鄲，魏敗而去。」案云：「朝、朔，必有一誤。」

3. 卷五十一下引《說苑》：「晉文公問於咎犯曰，誰可使爲西河守者，……顧吾射子也。」案云：「此事諸書屢見，而姓名不同，尤多附會。」

案：《呂覽·去私》作祁黃羊，《韓非子·外儲說左下》載趙武、叔向、解狐三則，均類似。

4. 卷四十五引《新書》：「昔者虢君驕恣自伐，諂諛親貴，諫臣誅逐。……」案云：「牽合陳轅頗、齊閔王、楚靈王之事而一之，非實可知。」

5. 卷一〇一引《琴操》：「〈聶政刺韓王〉者，聶政之所作也。……」案云：「牽合聶政、豫讓、高漸離等事爲一，附會明矣。」

（九）以實物辨之

1. 卷一五八「瑞玉圖」云：「圭、璋、璧、琮、琥、璜，是謂六瑞。……舊有圖考，不分尺度短長，誤繆相沿，殊失古人制器尙象之意。茲依鄭《註》賈《疏》又（及）三代遺器閒有存者，參稽考證，繪爲新圖。大抵古者取象渾樸，所稱蒲龍穀首，必不如舊圖之穿鑿也。」

案：據馬氏此言，知其不僅參考文獻資料，且更及於實物也。

2. 同卷云：「舊圖穀蒲繪為根株葉穗之形，無稽尤甚。往見吾邑張氏藏一璧，朱紺斑駁，其質瑩白有光，鏤點三百餘，如粟粒，此穀璧也。」

3. 同卷一五九「禮器圖」載〈父辛卣〉，云：「是器向得於青州，高可九寸，容可二升有餘，銘作『雙冊父辛』。其製最類《博古圖》所載『執爵父丁卣』，但銘不同耳。制作甚精，自然無蓋，然則卣固不盡有蓋，《博古圖》以為闕蓋，殆非也。」

案：此以實物考證卣之不必有蓋。

（十）無所別擇者，則駢列異說，不加評斷

1. 卷八十二引《左傳》、《韓非子》、《說苑》、《淮南子》、《史記》、《拾遺記》所載殺萇弘事，案云：「諸言殺萇弘不同，並載之以備考。」

2. 卷九十五之四引《家語》：「巫馬期，陳人，字子期，孔子將近行，命從者皆持蓋，……」案云：「此事《論衡》以為子路，《史記》但云弟子，而《家語》又云巫馬期，各不同也。」

3. 卷一五九下引《物理論》：「化狐作舟。」案云：「化狐當是貨狄之訛。又按《山海經》云：番禺始作舟。《墨子》云：巧倕作舟。《呂覽》云：虞姁作舟。束晳《發蒙記》云：伯益作舟。各不同也。」

（十一）無可考者，則付諸闕疑

1. 卷九十六上引《國語·吳語》：「吳王夫差乃告諸大夫曰，孤將有大志於齊，……吳王乃許之，荒成不盟。」案云：「此語似句踐反國以後事，不當在哀元年也。如云無庸戰，則非戰敗而棲會稽矣；如云口血未乾，則指會稽之盟矣；且會稽行成者種也，非郢也，吳王曰：『將有大志於齊』，必是將伐齊時事，宜在哀八、九年，《注》謂在元年，姑仍其舊，以俟後之君子。」

案：據《吳語》，似乎會稽之盟後，吳又曾伐越，以他書不載，故馬氏自《國語》發此事。〔註13〕

〔註13〕據《左傳》，哀公十年，魯會吳子、邾子、郯子伐齊南鄙，悼公被弒，吳徐承自海入齊，齊師敗之，乃還。十一年五月，魯會吳伐齊，敗之于艾陵。又據《史記·吳世家》，夫差七年（哀六年）伐齊，敗齊於艾陵（梁玉繩辨其非是），十年（哀九年）因伐齊而歸（〈伍子胥列傳〉在同年），十一年復北伐齊。二者所載不同，而哀元年、八年均無伐齊事。

2. 卷三十引《史記・周本紀》：「三年，幽王嬖愛襃姒。」案云：「幽王在位十一年，《國語》之文可據也。《史記》三年王愛襃姒，因終言廢申后、易太子，以至於亡，而皆無年，不知申后之廢果在何年也？《前編》在五年，《綱目》在九年，皆無據，今竝不取。」

案：晚出之說別無所據則不取，多聞闕疑之義也。

3. 卷一〇一引《史記・河渠書》：「西門豹引漳水漑鄴，以富魏之河內。」又引《漢書・溝洫志》：「魏襄王以史起爲鄴令，遂引漳水漑鄴，以富魏之河內。」案云：「此說不同，決漳水者，豹邪起邪？」

案：《呂氏春秋・樂成》以爲史起，《後漢書・安帝紀》則云初元二年脩理西門豹所分漳水爲支渠以漑民田，皆有所據，至左思撰〈魏都賦〉則折衷之曰：「西門漑其前，史起灌其後。」《水經注》亦以魏文侯時西門豹爲鄴令，魏襄王時史起爲鄴令，均以漳水漑田也。

此外，《繹史》中常見校異文異說者，亦馬驌之勤於比勘，故往往得間。以上述各條已可概見馬氏考辨之學，故校勘部分不具論焉。

第三節　史料之評價

《繹史》引書浩繁，然主要爲求全備、徵異說，未必全信之也，於案語中往往見此意；又諸書所載，常有相承襲或略變易者，馬氏多爲指出；而案語中間有評論文字者，本節特輯述之。至於《史記》，馬氏引用甚多，然亦常致不滿，故別立一項焉。

一、史料之眞僞與價值

馬驌蒐採史料，基本上以六經爲先，其有不足，方擴及傳記子史，《繹史》卷一論云：「舍《詩》、《書》六藝之文，而妄信諸子讖緯之雜說，未能悉三代之世及，而遠求洪荒以上之氏號，斯好奇者之過也。」是以六經所不載，寧存闕疑。此一態度，崔述亦持之甚力，《考信錄提要》卷上「釋例」云：「至明以三場取士，久之而二三場皆爲具文，止重《四書》文三篇，因而學者多束書不讀，自舉業外茫無所知。於是一二才智之士務搜覽新異，無論雜家小說，近世膺書，凡昔人所鄙夷而不屑道者，咸居之爲奇貨，以傲當世不讀書之人。曰：吾誦得《陰符》、《山海經》矣！曰：吾誦得《呂氏春秋》、《韓詩

外傳》矣！曰：吾誦得《六韜》、《三略》、《說苑》、《新序》矣！曰：吾誦得《管》、《晏》、《申》、《韓》、《莊》、《列》、《淮南》、《鶡冠》矣！公然自詫於人，人亦公然說之以爲淵博，若六經爲藜藿，而此書爲熊掌雉膏者然，良可慨也。」〔註 14〕

傳記之類，馬驌最重視者爲《左傳》，而對《左氏》之議論，仍有以爲未愜者，如隱十一年鄭入許，奉許叔以居許東偏，《傳》云：「君子謂鄭莊公於是乎有禮。禮，經國家、定社稷，序人民、利後嗣者也。許無刑而伐之，服而舍之，度德而處之，量力而行之，相時而動，無累後人，可謂知禮矣。」馬驌《左傳事緯》卷一「鄭莊入許」論云：「甚哉左氏之輕予也，入春秋初，鄭莊彊暴，實曰首惡，而《傳》中稱之不置，抑過矣。」《繹史》卷三十二論云：「彼實利其土壤，而援諸侯以爲助。……其計已成，謂直取之，則任滅國之名，置之復無自利之實，故外爲甘言以欺兩國（魯齊），而內則攘之；不然，奚爲處之東偏，又使獲佐之也？齊魯遠處東海，即裂許而分之，亦未能踰曹衛而有其土，則入許誠鄭利也。」以故不諟《左傳》有禮之言。又桓十六年衛亂，左公子洩右公子職立公子黔牟，惠公奔齊。莊六年王人救衛，衛侯入，放公子黔牟，殺公子洩與職，《傳》云：「君子以二公子之立黔牟爲不度矣。夫能固位者，必度於本末而後立衷焉。」《事緯》卷一「衛惠竊立」論云：「王師不競，竟使佩韘（觿）之童子，賊守正之大臣，豈其天未厭亂，抑將有以大滅衛乎？二子不幸無功，而左氏乃譏其不度，抑過矣！」《繹史》卷三十三論云：「王人不競，竟使佩觿之童子，賊守正之親臣，二子不幸無功，非其立君之不度也。」又《繹史》卷四十三論云：「（齊桓公遷邢復衛）奈何桓公既沒，而邢衛交惡，衛且昧弘恩而伐齊，邢乃助翟人以攻衛，邢固不道，衛亦不仁，讓國眾從，興師雨降，史氏之辭，不無溢美。」此史氏蓋謂《左傳》也，讓國眾從見僖十八年《傳》：「冬，邢人狄人伐衛，圍菟圃，衛侯以國讓父兄子弟及朝眾曰：『苟能治之，燬請從焉。』眾不可，而後師于訾婁，狄師還。」師興而雨載十九年《傳》：「秋，衛人伐邢，以報菟圃之役。於是衛大旱，卜有事於山川，不吉。甯莊子曰：『昔周饑，克殷而年豐，今邢方無道，

〔註 14〕或以爲如馬驌之博取，應屬崔述所非議者，實則不然。崔述在「釋例」中又云：「孟子曰：『博學而詳說之，將以反說約也。』然則欲多聞者，非以逞博也，欲參互考訂而歸於一是耳。若徒逞其博而不知所擇，則雖盡讀五車，徧閱四庫，反不如孤陋寡聞者之尚無大失也。」斯蓋重別擇者，而馬驌雖蒐採務博，然非盲目信從，彼亦有所批判也。

諸侯無伯，天豈或者欲使衛討邢乎？』從之，師興而雨。」此蓋疑《左傳》紀事之非實也。以上或議《左傳》評論之未當〔註15〕，或疑記載之非實，要之馬氏對《左傳》固未盡信從也。

申培《詩說》、子貢《詩傳》姚際恆、朱彝尊均謂明鄞人豐坊所僞撰，馬驌亦稱其僞，然不廢其說之可採者，《繹史》卷三十二案云：「申培《詩說》雖近世僞作，亦有可採。」卷十九案云：「《詩傳》近世僞作，然采集舊說多有合者。」

讖緯雜說，馬驌以爲「託諸孔子，起自漢哀平之際，皆附會也。」（〈徵言〉），書中又一再斥之，如卷十案云：「緯讖雜說河洛之書，複穢厭觀。」卷八十六之二案云：「緯書僞妄」，卷八十六之三案云：「緯書安誕。」是皆不信從也。

《竹書紀年》一書，太康元年（280）發現於汲郡汲縣（《晉書・武帝本紀》先一年——咸寧五年，此從杜預〈春秋經傳集解後序〉），爲時人所重，多用以校訂古書，然以其所載如「益干啓位，啓殺之」、「伊尹放太甲于桐」等大悖傳統之說，故漸湮沒，北魏酈道元《水經注》、唐司馬貞《史記索隱》、張守節《正義》猶引及之，至宋則陳振孫《直齋書錄解題》、元馬端臨《文獻通考》均不載此書，後代所見，可能出於明世。而後人考今本《紀年》之僞者，往往託始於姚際恆、紀昀、崔述、錢大昕等人〔註16〕，姚際恆《古今僞書考》稱「予於《紀年》，以爲後人增改，非汲冢本書。」紀昀《四庫提要》辨之詳矣，謂「豈亦明人鈔合諸書以爲之？」崔述說見《考古續說》卷二「竹書紀年辨僞」，文長不具錄，錢大昕說見《十駕齋養新錄》卷十三，以爲「今之《竹書》，乃宋以後人僞託，非晉時所得之本也。」然前此馬驌固已斷其爲近人僞作矣，《繹史》卷十六案語云：「按《紀年》近代人僞作，固非汲冢原本，而所載殷王之名及年數，不知何據也？」所稱「近代人」者，應指明人，馬氏此說，或亦比較杜預〈後序〉所載年世體例之不合，與諸書引用之異同

〔註15〕前人多有疑《左傳》「君子曰」爲後人竄入者，亦有持反對意見者，參劉逢祿《左氏春秋考證》、楊向奎〈論左傳君子曰〉（《文瀾學報》二卷一期）、張以仁〈關於左傳君子曰的一些問題〉（《孔孟月刊》三卷三期）、鄭良樹〈論左傳君子曰非後人所附益〉與〈再論〉（《竹簡帛書論文集》，頁342～363）。

〔註16〕如范祥雍《竹書紀年輯校訂補・例言》云：「僞本《紀年》自明代以來，流行很廣，一向被當作汲冢原本，直到清朝錢大昕、紀昀、洪頤煊、郝懿行等始懷疑其僞。」又如張心澂《僞書通考》舉姚際恆、《四庫提要》、崔述等說。

而得之。杜氏〈後序〉固馬氏所極熟者，《繹史》卷三十九案語復云：「《水經注》引《紀年》，與坊本多異。」所謂坊本者今本也。故推斷其致疑之由如此。此應為馬驌之特識，後人對姚際恆、錢大昕、崔述多所表彰，而何吝於舉驌之先見哉！〔註17〕

《國語》馬氏以為辭繁不若《左傳》之簡潔，卷五十一上案云：「《左傳》其辭簡，《國語》其辭繁，是《左》、《國》優劣之分也。」又疑《國語》不出一手，卷九十六下引〈越語下〉吳師自潰文案云：「考《左傳》與〈吳語〉，蓋自哀公十七年越敗吳于笠澤，自此三戰三北，於哀公二十年遂圖吳，至二十二年滅之，無不戰而潰之事，此〈越語〉末篇獨云然，似《國語》一書，亦不出一人之手。」

《繹史》所引及之子書頗多，然多以備異說耳，未盡信也。茲輯其案語所論及者如下：（依「引書表」為序）

《孝子傳》：卷九十五之三引仲子崔為仲由復讎云：「小說家之鄙談。」

《衝波傳》：卷八十六之一引孔子去衛適陳，塗見二女採桑，案云：「尤俚而謬。」又卷九十五之三引子路取水逢虎，案云：「此等鄙俚殊甚。」

《孔叢子》：卷一〇六云：「《孔叢》所記，無甚深義，故朱子謂其書之偽作。」

《文子》：卷八十三云：「《文子》一書，為《淮南鴻烈解》擷取殆盡，彼浩森，此精微。」

《新書》述粥子見周成王事，卷二十五云：「《新書》所載，當在《鬻子》書，而今本無之，蓋闕已矣。賈傳去古猶近，應及見全書也。」案此肯定《新書》稱述古事之價值。

《六韜》：卷十九云：「《六韜》偽書，故不多錄。」

《孫子》：卷八十九云：「《孫武》十三篇，兵法之鼻祖也，獨其機謀權詐，有異乎天子之征討、司馬之禮讓矣。」卷八十九引《孫子·虛實》，案云：「行文千變，即此可悟兵機。」蓋重其內容也。

《管子》：卷四十四之二引〈大匡〉，案云：「篇內所記，國異事異年異，與經傳多不合，而敘法簡古。」卷四十四之四引〈地員〉，案云：「臚列清晰，

〔註17〕姚際恆約生於順治四年（1647），卒年大約在康熙五十四年（1715）前後。（據顧頡剛《古今偽書考》序依《尚書古文疏證》所考與所引柳詒徵說）紀昀生於雍正二年，卒於嘉慶十年；錢大昕生於雍正六年，卒於嘉慶九年；崔述生於乾隆五年，卒於嘉慶二十一年，均較馬驌為晚。

堪作圖經，〈職方氏〉無其詳悉，〈貨殖傳〉遜其古奧。」同卷引〈內業〉案云：「精言奧義，可與《廣成》、《陰符》相參。」於此可見馬氏對《管子》評價頗高。

《商子》：卷一一五云：「篇內多言鞅以後事，非《商子》本書也。」

《韓非子》：卷八十七上引晉諸卿作難，殺厲公而分其地，案云：「《韓非》記事多舛，云分地尤謬。」卷十四引湯以天下讓務光又使人說之自殺，案云：「肆言誣聖，非可謂無忌憚者矣。」卷一四七下引〈存韓〉云：「非既入秦，李斯忌而閒之，并載斯語，然不宜在韓非書中。」此蓋不以《韓非》所言為然，且疑其有偽作者。

《伯樂相馬經》：卷一五九下云：「此後人為之，丞相將軍非當時語也。」

《琴操》：卷八十六之一引〈猗蘭操〉案云：「此等皆後人擬作。」卷十引〈南風操〉云：「《琴操》淺鄙，斯為下矣。」

《禽經》：卷一五九下云：「世傳此經師曠作，偽託也。或以為張華所作，《埤雅》、《爾雅翼》多引《禽經》語，與此不同。」

《鶡子》：卷十九云：「今《鶡子》書篇名次第殘缺，非全書也。子書莫先於此。」

《子華子》：卷七十七下云：「《子華》偽託，其書最近出世。」

《淮南子》：卷十九引散宜生因費仲通紂事，案云：「小說家之妄談。」

《於陵子》：卷一三一云：「雖近世擬託，亦小品之佳者。」

《山海經》：卷十一云：「《山海經》所有怪物，太史公以為不經，不敢言之。然其書奇古，上世遺文，略存數則，以備一家。」

《拾遺記》：卷十九引樂人師延精述陰陽、明曉象緯，歷軒轅殷紂至周武王而逝，案云：「荒誕之說。」卷八十六之一引孔子生于魯襄公之世云：「附會多誣。」

《搜神記》：卷八十六之一引孔子厄於陳，絃歌於館中之事，云：「迂誕不經之甚。」

《燕丹子》：卷一四八云：「書偽作也，尤多訛脫。」

《真隱傳》、《錄異記》：卷一一四引鬼谷先生事，案云：「此皆擬作耳。」

《關尹子》：卷八十三云：「此書雖偽託，而名理殊有可采，存其數則。」

《列子》：卷二十七云：「《列子》大抵寓言耳。」

《莊子》：馬驌以為《莊子》多寓言，見卷十九、八十六之一、八十七下、

九十五之一、一〇〇、一〇三上等。然文有可取，卷八十六之一引〈天運〉師金論孔子西遊衛云：「莊生文絕無方幅痕迹，入手便佳。寓言以暢其旨，非故爲訾毀也。」又卷八十六之四引〈盜跖〉孔子與柳下季爲友，往說其弟盜跖，案云：「柳下惠不與孔子同時，或謂莊生設此以詆當世之僞儒耳。蘇子瞻云：『太史公言莊子作〈漁父〉、〈盜跖〉、〈胠篋〉，以詆訾孔子之徒，明老子之術，此知莊子之麤者。予以爲莊子蓋助孔子者，要不可以爲法耳。莊子之言，皆文予而實不予，陽擠而陰助之，其正言也蓋無幾。』」（案：蘇說見《文集》卷二十二〈莊子祠堂記〉）韓非與莊子同誣聖詆儒，而馬氏每薄韓非而獨與莊子，殆有所偏好邪？

《亢倉子》：卷八十三云：「《史記》謂《莊子》稱畏壘亢桑之屬，皆空語，無實事。《漢志》亦無亢桑子書，今世傳《亢倉子》二卷，乃王士元鑿空爲之，最爲膚淺，多勦說。」

《靈寶要略》：卷八十六之四引闔閭問孔子素書事，案云：「妄誕附託。」

由上所引，知馬驌對所引史料，每多批駁，其態度顯然可見，非如後人所非議者。〔註18〕

二、史料之因襲

《論衡・語增篇》云：「天下之事，不可增損，考察前後，效驗自列。」鄭玄曰：「天下之事，以前驗後，何可悉信？是故悉信亦非，不信亦非。」（《詩・生民》疏引）謂比較記載先後異同，以定其信否也。自層累說出，學者多注意及此〔註19〕，而馬驌在《繹史》中已屢屢指出矣。於《繹史》案語中，或求其傳說本源，或明其轉相附託，或記其雷同駁異，茲舉數例如下：

1. 卷一引《白虎通》、《博雅》說天地生，先有太初，後有太始，後有太素，案云：「二書本《列子》之說。」蓋《列子・天瑞篇》先有之矣：「曰有太易，有太初，有太始，有太素。」

〔註18〕 孫星衍〈古史考序〉云：「《路史》、《通鑑外紀》諸書皆濫觴于蜀人譙周，周書久之與《世本》俱亡，蘇氏轍、金氏履祥之書反行于世，蓋無足觀矣。余嘗惜《繹史》、《尚史》蒐羅古事之不精不備，欲爲《尚書》翼傳，以紀唐虞三代之事，載明出典，……」似以《繹史》爲高出《古史》、《外紀》者，而謂其不精不備則容有未當，《尚史》承襲《繹史》而作，固無論已，《繹史》蒐集史料以完備爲能事，又多爲考辨，何得謂之不精不備？且所引均載明出處，每事並匯聚諸說，豈不亦合於孫氏之理想哉？

〔註19〕 參楊寬〈中國上古史導論〉第一篇・三。

2. 卷二引《說文》：「古之造文者，三畫而連其中謂之王。三者天地人也，而參通之者王也。」案云：「本董子說。」案：董子說者，《春秋繁露·王道通三》云：「古之造文者，三畫而連其中謂之王，三畫者天地與人也，而連其中者通其道也。取天地與人之中以爲貫而參通之，非王者孰能當是。」

3. 卷九引揚雄《法言·問明篇》：「或問堯將讓天下於許由，由恥，有諸？曰：好大者爲之也，顧由無求於世而已矣。」云云，案曰：「堯讓由辭，其人其事，俱在有無之間。譙周以爲有其人無其事，本揚子也。」案：譙周說見《文選》陸績〈演連珠〉李善注引《古史考》：「許由堯時人也，隱箕山，恬泊養性，無欲於世。堯禮待之，終不肯就。時人高其無欲，遂崇大之，曰堯將以天下讓許由，由恥聞之，乃洗其耳。」此說堯讓許由以天下爲後人誇大之說也。

4. 卷一○一引《說苑》：「魏文侯使舍人毋擇獻鵠於齊侯……」案云：「褚少孫補《史記》云：淳于髡獻鵠於楚，又《韓詩》云：齊使獻鴻於楚，事俱相似，殆相涉亂也。」

5. 卷五引《新書》：「炎帝者，黃帝同母異父兄弟也。」案云：「《國語》云：『少典生炎帝、黃帝，成而異德，用師以相濟也。』賈誼書蓋本此。」

6. 卷八十六之四引《家語·五帝篇》季康子問孔子五帝之事，案云：「似采《戴記》、《左氏》之言而益之以問答，《家語》如此者甚多。」

7. 卷一○六引《孔叢子·抗志篇》子思說寄臣服所寄之君，於舊君無服，案云：「本《禮》經而附會之。」

8. 卷九十五之二引《新序》（《後漢書》注引，今本無）臧孫行猛政而子貢非之，案云：「此前事而記載駁異也。」前事者《韓詩外傳》所載季孫子治魯，子貢謂其暴也。

9. 卷四十四之四引《管子·九守》案云：「此篇語見《韓非子》、《六韜》、《鬼谷子》，皆大同小異，轉相附託，不知孰眞孰贗。」

10. 卷六十四引《呂覽·去私》祁黃羊薦解狐爲南陽令事，案云：「此前事之訛。」前事者，《國語·晉語七》祁奚薦子午代己爲軍尉也。又於卷一○一引《韓詩外傳》解狐薦荊伯柳爲西河守，案云：「此等語屢見，轉相附會耳。」蓋類似之事，始見於《左傳》襄公三年祁奚請老，晉

悼公問嗣，稱其讎解狐，將立而卒，故薦其子午。《韓非子・外儲說左下》謂解狐薦其讎邢伯柳于趙簡主爲上黨守，《韓詩外傳》則云薦於魏文侯爲西河守，《說苑》作晉文公問咎犯。薦者、所薦者、所薦對象與職務各有不同，故馬氏云然。

11. 卷八十六之一引《呂覽・任數》：「孔子窮乎陳蔡之閒，藜羹不斟，七日不嘗粒。晝寢，顏回索米得而爨之，幾熟，孔子望見顏回攫其甑中而食之。選閒食熟，謁孔子而進食，孔子佯爲不見之。孔子起曰：『今者夢見先君食潔而後饋。』顏回對曰：『不可。嚮者煤室入甑中，棄食不祥，回攫而飯之。』孔子歎曰：『所信者目也，而目猶不可信；所恃者心也，而心猶不足恃。』」而《孔子家語・在厄》則改爲子貢自井望見顏回取食，不說，以爲竊食而入問孔子。馬驌云：「此亦回護前說，未必有其事。」蓋《呂覽》稱孔子疑顏回偷食，以詐試之，而《家語》以孔子不應如是，故改爲子貢也。於此可見舊說之被有意修改也。

傳說之因襲淆亂與臆改，馬驌固早見及之矣。

三、史料之文辭

史筆向有文質之議，雖則敘事以眞爲貴，然若僅求其質直，不加潤色，則何異乎朝報公牘，宜閱者之索然欲寐也。設非敘事靈動，聲聞如見，則《左傳》何以令人成癡成癖？設非敷色用工，新聲絡繹，則《漢書》何能取以下酒？是故如劉知幾之極詆儷詞（《史通・覈才》），卒亦自爲俳體，自鄶以下，更無論已。

馬驌對所引史料，除辨其眞僞異同外，亦往往有一二評及文辭之語，茲約舉如下：

1. 《繹史》卷五十七引《左傳》文十七年鄭子家與趙宣子書，案云：「婉切激揚，辭令入妙。」

2. 卷六十八引昭三十一年君子曰名之不可不愼，案云：「其辭深湛，大義炳然。」

3. 《左傳事緯》卷三眉批云：「《左氏》敘韓原城濮鄢陵鞌邲諸大戰，節次詳明，兵法嫺妙，而文氣亦復鬱勃，故文士良將，皆莫不好之。」

4. 卷四十五引僖二年《公羊傳》假虞伐虢案云：「敘事有原委，有姿態。」

5. 卷五十五引宣六年《公羊傳》論趙盾之弒君，案云：「敘事生動，與《左氏》爭長。」

6. 卷六十八引昭三十一年《公羊傳》論黑肱以濫來奔，不書邾婁事，案云：「爲文游戲三昧，令人解頤，可謂滑稽之雄。」

7. 卷四十七引僖二十二年《穀梁傳》論泓之戰，案云：「似嘲之，似惜之，旨溢言外。」

8. 卷九十九引昭八年《穀梁傳》因蒐狩以習用武事，案云：「古宕風雅，隷括〈子虛〉千言，而歸本仁義，曲終奏雅。」

9. 同卷引莊七年《穀梁傳》釋恆星不見、星隕如雨，案云：「義明透而語秀逸。」

10. 卷九十六上引《越絕書》句踐與吳戰於浙江之上，案云：「忽敘忽論，其文奇古。」

11. 卷一四四引《越絕書》述春申君之遺蹟，案云：「記載瑣瑣有佳致。」

12. 卷五十七引《史記・滑稽列傳》優孟事，案云：「敷辭艷美，描寫優孟衣冠，如畫工之肖物。」

13. 卷十一引《山海經・西山經》峚山條案云：「韻語奇古。」案此則以湯、饗、清、馨、榮、陽、良、光、剛、饗、祥爲韻。

14. 同卷引《西山經》槐江之山，案云：「雜敘山川鬼神，事物迫湊，曲折生動。」

15. 卷一〇三上引《墨子・兼愛》案云：「兼愛爲墨氏本學，言之紆曲委折，故愈煩而愈不厭。」

16. 卷四十四之二引《管子・霸形》案云：「疏散歷落，如不關應而關應，文境妙絕。」

17. 同卷引《管子・小問》桓公問廄吏廄何事最難、問隰朋何物可比於君子之德，案云：「小言瑣瑣，雋而有致。」

18. 卷七十七上引《晏子》景公飲酒，田桓子欲浮晏子，案云：「敘事有色態。」

19. 同卷引《晏子》弦章諫景公飲酒，案云：「談言解紛，滑稽之所以爲雄也。」

20. 卷五引《莊子》黃帝問廣成子之言，案云：「理臻無上，而行文復如神龍，其卷舒變化，莫測端倪。」

21. 卷一四七下引《韓非子・內外儲說》案云：「〈儲說〉經文比物連類，後世連珠之託始也；傳錯出生姿，意味雋永，如出龏、圃池、共御、共琴一段（〈外儲說右下〉），倏分倏合，疊見側出，變幻迴環，莫可端倪，誠所謂巧極天工錯者。」

22. 卷一四七上引《韓非子・楊權》案云：「如箴如銘，美言盈簡。」

23. 卷一四七下引《韓非子・顯學》案云：「摛辭亹亹，由其持論定，故暢言之而不竭。」

24. 卷八十三引《文子・上德篇》案云：「美言如錯玉飛屑，可解人頤。」

25. 卷一三二引宋玉〈高唐賦〉案云：「汪洋弘麗，遂開〈上林〉、〈羽獵〉一派，後人踵事增華，不能出其範圍。」

26. 卷一四六下引《呂氏春秋・察今》案云：「通篇快利。」

27. 同卷引《審分》案云：「意旨雋永，行文有組舞之勢。」

　　以上所舉，概其要略而已，然馬氏之論文，可見一斑矣。

四、論《史記》

　　《史記》為中國上古史最早且最重要之著作，其價值素獲肯定，然自問世以來，得失之議不止。《後漢書・班彪傳》曰：「彪乃繼採前史遺事，旁貫異聞，作後傳數十篇。因斟酌前史，而譏正得失。其〈略論〉曰：『……孝武之世，太史令司馬遷採《左氏》、《國語》，刪《世本》《戰國策》，據楚漢列國時事，上自黃帝，下訖獲麟，作本紀世家列傳書表，凡百三十篇，……至於採經摭傳，分散百家之事，甚多疏略，不如其本，務欲以多聞廣載為功，論議淺而不篤。』」班固承此意，其《漢書・司馬遷傳贊》云：「至於採經摭傳，分散數家之事，甚多疏略，或有抵梧，亦其涉獵者廣博，貫穿經傳，馳騁古今，上下數千載間，斯以勤矣。」班氏父子對《史記》有所不滿，故有《漢書》之作，是以後人每多比較之論，如范曄云：「遷文直而事覈，固文贍而事詳。」（《後漢書・班固傳論》）劉知幾每抑《史記》而揚《漢書》（《史通・六家篇》），鄭樵則譏班固而推司馬遷（〈通志序〉），降及清代，錢大昕、趙翼、梁玉繩、崔適等均有所述作，或考或補，蔚為大焉。馬驌《繹史》多徵引《史記》，有發明處，亦有所批駁，要之，所論固多否而少可也。

　　茲先舉其發明《史》說處：

1. 卷二十六引《後漢書》周穆王使楚文王伐徐偃王，又引《說苑》王孫厲說楚文王伐徐。案云：「《說苑》、《後漢書》作楚文王，《淮南子》又作楚莊王，皆在春秋時，去周穆王遠矣。《史記》伐徐事，不載於〈周本紀〉，而見於秦趙之篇，豈亦闕疑之義與？」案：《史記·三代世表》稱孔子次《春秋》、序《尙書》，「疑則傳疑，蓋其愼也。」司馬遷應亦如此，故司馬貞稱「太史公聞疑傳疑，聞信傳信。」（〈刺客列傳〉索隱）馬氏蓋亦發明太史公處理資料之方法。

2. 同卷論云：「顧世所傳穆王事，多夸誕過實，《列子》之寓言，《穆傳》之附會，固不足信；《史》稱造父御王巡狩，見西王母；徐偃王反，日馳千里馬攻破之。豈王之貳車，遂足以制勝？抑六師之眾，咸有此捷足哉？《史》不錄於〈周本紀〉，亦不過雜采異說以傳疑。」案此義與上同，造父御王巡狩，日馳千里馬見〈趙世家〉而不載於〈周本紀〉。錢穆云：「此說發明《史》例，極為有見。余辨《史》載蘇張縱橫傳說之妄，亦用此例。」（《先秦諸子繫年考辨》卷三，頁 319）

3. 卷一〇一敘韓趙魏列為諸侯，比較〈本紀〉、〈世家〉之記載，〈周本紀〉云：「威烈王二十三年，九鼎震，命韓趙魏為諸侯。」〈趙世家〉云：「〔烈侯〕六年，魏韓趙皆相立為諸侯，追尊獻子為獻侯。」〈韓世家〉云：「〔景侯〕六年，與趙魏俱得列為諸侯。」〈魏世家〉云：「〔文侯〕二十二年，魏趙韓列為諸侯。」〈晉世家〉云：「烈公十九年，周威烈王賜趙韓魏皆命為諸侯。」或稱命或稱賜，或直云相立列為，馬氏云：「《史》於周晉之書曰命曰賜，於三晉之篇曰相立曰列為，似不予以王命者。此太史公微筆也。」此說應得史遷之意。

4. 卷八十六之四引《史記·孔子世家》綴輯《論語》以述孔子言行一節，案云：「須閱其綜會關合處，非苟作者。」此則對司馬遷編纂史料頗為傾許也。

5. 同卷又引〈孔子世家〉太史公曰一段，案云：「司馬遷之贊孔子也，感慕流連，情溢言表，而斷為至聖，誰謂其先黃老而後六經與？」案此為司馬遷翻案，先黃老云者，《漢書·司馬遷傳贊》曰：「其是非頗謬於聖人，論大道，則先黃老而後六經。」班固此說，則本其父彪，《後漢書·班彪傳》曰：「其論術學，則崇黃老而薄五經。」蓋以《史記·太史公自序》述司馬談論六家之要指，先稱「道家使人精神專一，動

合無形，贍足萬物。其爲術也，因陰陽之大順，采儒墨之善，撮名法之要，與時遷移，應物變化，立俗施事，無所不宜。指約而易操，事少而功多。」後論「儒者以六藝爲法：六藝經傳以千萬數，累世不能通其學，當年不能究其禮。故曰：博而寡要，勞而少功。」是以班彪父子有崇黃老而貶孔氏之說，故馬驌據〈世家〉語以正之。

6. 卷一五七評《史記・貨殖列傳》云：「太史公有激而爲文，直欲俳優管商，形貌莊列，登峰造極，蔑以復加。」此論史筆也。

至於馬氏匡正《史》之疏誤，亦舉數例於後：

1. 卷二論《史記》五帝無少昊之失云：「太史公作〈五帝本紀〉，首黃帝而無少昊氏，說者曰：少昊不居帝位，率鳥師以理西方。信然，則〈月令〉何以列少昊爲金行之帝？郯子自述其祖，何得言繼黃帝而立也？自遷之書出，遂令言三皇者欲備其數而不得，則紛然聚訟，或曰燧人，或曰女媧，或曰祝融矣。夫遷之所本者，《帝繫》與《世本》也，然而《帝繫》、《世本》或出於周末，采錄固有不可依據者。舜祖虞幕見於《左氏》、《國語》者明甚，而脫漏失紀，是豈可盡信乎？」

2. 同卷論又云：「遷之所記，往往乖刺疑誤，合重黎而爲一，是楚有二祖也；齊爲四岳之裔，又爲伯翳之後，是齊亦有二祖也。以伯翳爲皋陶之子，秦趙方興，何臧孫有不祀之歎？伯翳佐禹治水，以馴服鳥獸，即《書》所謂益作朕虞，《孟子》所謂使益掌火者矣。《史》於〈本紀〉既兩岐其名，於〈世家〉又分爲二人，何其謬邪？」

3. 卷十論《史記・五帝本紀》敘黃帝至三王皆同族異號，而年世疏舛云：「《史記》之誤，由於輕信《世本》。果如《世本》所言，黃帝至堯五世，至舜則九世；顓頊至禹三世，至舜則七世，何舜獨年代之數，而堯禹年代之曠邪？蓋《世本》一書，出於周末，采記前代之世次，必多遺脫，《史記》用之，而不知察也。周歷千餘年，而十五世，論者皆知其疏矣，堯禹之祖，能必其不疏乎？少昊之爲帝，《史》且遺之矣，諸世代之微者，能必其不遺乎？」

4. 卷二十案語說〈伯夷列傳〉因取材致誤云：「太史公雜取傳記，以爲〈伯夷列傳〉，謂夷齊至周而文王死，武王伐紂，以遷就父死不葬之說，其實不然。武王立九年而觀兵，十三年而滅殷，意夷齊歸文王久矣；其後武王伐殷，諫不聽，乃去周而餓死爾。載籍缺亡，不可得而考矣。

彼《莊子》、《呂覽》之言，何足爲信？」卷十九論亦云：「《史記・周本紀》云：『武王即位九年，祭文王之墓於畢，然後觀兵盟津』，而〈伯夷列傳〉復有父死不葬之說，進退無據，俾後世俗儒不本經而信傳記，以厚誣聖人，紛紛異端之說所由來矣。」

5. 卷八十七上引《史記・趙世家》載趙氏孤兒事，馬氏不以爲然，云：「按《左傳》，趙氏之難，起自莊姬，無屠岸賈其人者，事在魯成公八年，即晉景公之十七年，於是年已有趙武，無遺腹匿孤之說也。史遷好奇，每存異說，而事與年，推尋皆無據。」案趙氏孤兒之說流傳已久，至孔穎達《左傳正義》始云：「於是晉君明、諸臣彊，無容有屠岸賈輒廁其間，得如此專恣。」劉知幾《史通・申左篇》云：「當晉景行霸，公室方強，而云屠岸攻趙，有程嬰杵臼之事。」皆以事理說，而馬驌則據史實以正之，其論點爲後來辨說者所本：趙翼《陔餘叢考》卷五「趙氏孤之妄」大要謂《左傳》、《國語》均謂莊姬譖殺同、括，並無屠岸賈其人，〈晉世家〉亦僅云景公十七年誅趙同趙括，韓厥言趙衰趙盾之功，乃復令趙庶子武爲後，無屠岸賈也。趙朔被難時，武從姬氏畜於公宮，非遺腹子，「可見屠岸賈之事出於無稽，而遷之採摭，荒誕不足憑也。《史記》諸世家多取《左傳》、《國語》以爲文，獨此一事全不用二書，而獨取異說，而不自知其牴牾，信乎好奇之過也。」梁玉繩《史記志疑》卷二十三略同，且云：「匿孤報德，視死如歸，乃戰國俠士刺客所爲，春秋之世，無此風俗。」則更具見地，所謂譬如積薪也。

6. 卷五十二引〈衛康叔世家〉晉文公入衛誅元咺，衛君瑕出犇，案云：「《史》載事莽莽多舛，《經》云殺元咺及公子瑕，此言奔，非矣。」

7. 卷八十六之一引〈孔子世家〉案云：「孔子在陳思歸，一見《論語》，一見《孟子》，止是一時之言，而兩書各記耳。《史》世家前後再引，蓋失之矣。」

8. 卷五引〈封禪書〉齊人公孫卿言黃帝事，案云：「《史》載方士說多妄。」

又有論《史記》失載者數事：

1. 卷十三案語云：「羿、浞之亂，帝相被弒，夏統中絶四十年，而後少康興。《史》直云相崩少康立，疏略之甚。」又論云：「羿、浞之亂，

《史》不具載,故少康之中興,〈夏紀〉泯闕,猶幸傳記所稱,可得而述焉。」

2. 卷十一引〈秦本紀〉秦之先世,案云:「嬴姓宜祖少昊氏,帝顓頊其母家耳。《史》但舉其母氏,而遺其祖,疏矣。」

3. 卷二十一案語云:「《左傳》虞閼父爲周武王陶正,其子胡公,武王配以元女大姬而封之陳,以備三恪,《史》失不載。」

4. 卷二十八論〈年表〉不列杞之非是云:「《史記・十二諸侯年表》始於共和,由共和以前,不能譜其年也。杞有世家,言不列於〈表〉,非以其小,微不足稱述邪?然杞神明之胄,於周爲三恪,〈年表〉削之,非也;《通鑑目錄》增之,是也。」

綜上所述,馬驌之論史料,雖往往寥寥數語,然實多有見地,殆所謂別具隻眼者哉!

附錄:《繹史》引書表

說明:

(1) 本表彙集《繹史》所引述之書,以明瞭其引書之類別、數量,與各書在《繹史》中出現之多寡。

(2) 分類與次序大致依據《四庫提要》,以其通行也;《提要》所無,則依其性質歸類,無法歸類則依其性質歸部,無法歸部者別列爲存疑。

(3) 書名均依《繹史》所稱,一書數名者則異稱低一格。轉引者亦頂格書寫,馬氏自注引者則直書某某引;不注引者則引字側寫。篇名附原書後,低二格書寫。

(4) 有單稱人名者,則爲補記書名,並加〔 〕號;或有其人著述多而未及核查者,則暫闕焉。

(5) 序、注、疏低一格,附原書後。

(6) 上欄標「。」號者表《四庫提要》有收。

(7) 案語卷次旁加「*」號者表其爲述非引。

(8) 卷次加框者表圖版所引,如 151 爲卷一五一圖版引。

(9) 諸彝銘由於各書著錄多重複,無法斷其出處,故不爲標明,可參看王國維《宋代金文著錄表》。

經部

書　　名	作　者	繹史卷次			備　註
		正　書	附　載	案　語	
◦ 易		3, 19, 22, 86 二			
◦ 易正義	唐·孔穎達			19	
◦ 子夏易傳	題周·卜子夏		95 三		
◦ 易乾鑿度		3	14, 17, 19, 86 二, 151, 155		
◦ 易稽覽圖			3		
◦ 易辯終備			151		
◦ 易通卦驗		1	1, 3, 19, 151, 152, 153		
◦ 易是類謀			5, 151		
◦ 易坤靈圖			3, 153, 159 上		
◦ 三墳		1, 3, 4, 5	1, 3		
僞三墳				3*	
歸藏		5, 14	3, 5, 11, 12, 14, 26		
易緯			19		
易讖			151		
河圖			6, 151, 155	5	
河圖玉版			5		
龍魚河圖（藝文引）		5			
河圖括地象			1, 11, 151		
河圖挺輔佐			3, 5		
河圖握拒記			12		
河圖握記			5		
河圖始開圖			14, 151		
洛書			14, 151	1*	
洛書甄曜度			151		
洛書靈准聽			10		
雒書靈準聽			19		

書 類

書 名		作 者	繹史卷次			備 註
			正 書	附 載	案 語	
。	書		9, 10, 11, 12, 13, 14, 15, 16, 17, 20, 21, 22, 23 上, 25, 26, 54			
	虞書				158	
	禹貢				155*	
	書無逸				17*	
	武成文				20	
	書序			10, 11, 12, 13, 14, 15, 16, 17, 20, 21, 22, 23 上, 25, 26, 54, 159 上		或稱尙書序
	尙書逸篇			10		
。	尙書注			151		
。	孔傳	題漢・孔安國			22	
	鄭康成	漢・鄭玄			16	案：尙書正義盤庚引鄭注
。	程氏〔禹貢山川地理圖〕	宋・程大昌			155	
。	蔡氏〔書集傳〕	宋・蔡沈			22, 155	
。	尙書大傳	題漢・伏勝	2, 10, 17, 20, 22, 86 四, 95 一, 95 二	3, 9, 10, 11, 14, 17, 19, 21, 22, 151, 153, 155	95 三*	
	尙書大傳（玉海引）		12			
	尙書大傳注	漢・鄭玄			19	
	尙書緯			86 二		
	尙書考靈耀			151, 155		
	尙書考靈曜			149, 151, 153		
	尙書帝命驗			10, 14, 19		
	尙書璇璣鈐			1, 8, 10, 14, 20		
	尙書刑德考			2, 9, 11		案：各家著錄多作尙書刑德放
	尙書帝命期			11		
	尙書中候		9, 44 二	5, 10, 11, 12, 14, 19, 20, 25, 26, 54		

詩　類					
書　　名	作　者	繹史卷次			備　註
		正　書	附　載	案　語	
。 詩		14, 17, 18, 19, 20, 21, 22, 25, 27, 28, 29, 30, 32, 33, 35, 36, 38, 39, 41, 43, 44 一, 45, 46, 47, 51 上, 51 下, 54, 55, 56, 79, 87 上, 98		159	
。 詩序			14, 17, 18, 19, 20, 21, 22, 25, 27, 28, 29, 30, 32, 33, 35, 36, 38, 39, 41, 43, 44 一, 45, 46, 47, 51 上, 51 下, 54, 55, 56, 79, 87 上, 98		
。 毛詩傳	漢·毛亨		53, 152	30, 33, 55*	或婧稱毛傳、詩傳、傳
。 箋	漢·鄭玄			30	
鄭	漢·鄭玄			30	案：詩小宛箋
。 正義	唐·孔穎達			30, 95 一	案：95 一稱詩疏
。 歐陽〔詩本義〕	宋·歐陽修			30, 30*	
。 朱子〔詩集傳〕	宋·朱熹			17*, 19*, 19, 20, 20*, 25, 28, 28*, 30, 30*, 33, 46	
。 輔氏〔詩童子問〕	宋·輔廣			87 上	
。 韓詩外傳	漢·韓嬰	5, 10, 12, 14, 19, 20, 42, 44 二, 51 下, 57, 62, 65, 77 上, 77 下, 78, 79, 83, 86 一, 86 四, 87 下, 89, 91, 93, 94, 95 一, 95 二, 95 三, 95 四, 96 下, 100, 101, 106, 109, 119, 133, 145, 148, 157, 159 上	9, 18, 21, 22, 25, 53, 57, 70, 75, 77 上, 77 下, 86 一, 87 下, 89, 95 一, 95 二, 101, 104, 106, 119, 145, 155	44 二*, 78*, 87 下*, 95 二*, 95 三*, 101*, 132*	
韓詩外傳（後漢書注引）		54			
韓詩外傳（緯略引）			86 四		
韓詩外傳（初學記引）			44 一		

書　　名	作　者	正書	附載	案語	備註
韓詩外傳（文選注引）				54	
° 詩傳	題周·子貢		19, 22, 26, 29, 33, 35, 38, 44 一, 54		明·豐坊偽撰
° 詩說	題漢·申培		19, 25, 32, 47, 77上, 92, 98		明·豐坊偽撰
詩譜	漢·鄭玄	156		19, 19*, 25, 27*, 28*, 29*, 30*, 30, 33, 33*, 55*, 87上	或稱鄭譜、譜
鄭康成譜序	漢·鄭玄			156	
魯詩			30	25	
魯詩傳	漢·申培		19		
齊詩章句	漢·后蒼、轅固		19		
韓詩	漢·韓嬰			14*, 25*, 30*, 78*, 95 二*, 95 三*, 101*, 108*, 113*	
韓詩序			25, 28, 30	25	
韓詩內傳	漢·韓嬰		19, 30		
韓詩內傳（補史記引）		86 四			
韓詩說	漢·韓嬰		159下	159	
韓詩說（儀禮疏引）			159下		
韓詩說（文選注引）			22		
韓詩薛君章句	漢·薛漢		19, 20, 22, 25, 27, 30, 151		或稱韓詩薛君傳、韓詩章句、薛君章句、韓詩傳
朱子〔詩序辨說〕	宋·朱熹			14, 19, 19*, 20*, 22, 25, 30, 33, 35, 39, 46, 55	
詩緯			151		
詩含神霧			3, 7, 12, 86 四		
詩紀歷樞			151, 153		

禮　類

書　　名	作　者	繹史卷次			備　註
		正　書	附　載	案　語	
° 周禮		23上, 23下, 158		14*, 159	

	小宰職			159	
	小宗伯			159	
	典瑞			158	
	周職方氏			155*	案：周禮・職方氏
	大行人篇			158*	
	考工記			158, 159 下*	
○	周禮注	漢・鄭玄	151, 152	155, 158, 158*	
○	疏	唐・賈公彥		152, 158	
○	儀禮		24 一, 24 二, 24 三, 24 四, 24 五		
	士虞禮			159	
	記			24 一, 24 二, 24 三, 24 四, 24 五	
○	儀禮注	漢・鄭玄	19	159	
○	儀禮疏	唐・賈公彥		86 一	
○	禮記	漢・戴聖	10, 17, 19, 20, 22, 23 下, 24 一, 24 二, 24 三, 24 四, 24 五, 24 六, 28, 34, 36, 40, 43, 44 二, 47, 51 上, 62, 65, 67, 68, 72, 75, 76, 78, 79, 80, 86 一, 86 三, 86 四, 91, 92, 93, 95 一, 95 二, 95 三, 95 四, 98, 99, 100, 101, 102, 104, 106, 153	24 一, 24 二, 24 三, 24 四, 24 五	21*, 22*, 27, 159
	檀弓			95 二*	
	郊特牲			24 一*	
	明堂位			159	
	坊記			159	
	中庸			86 一*	
	鄉飲酒記			159	
	逸禮		153, 159 上		
○	禮記鄭注	漢・鄭玄	10, 150	24 四, 67*, 152, 159	
○	禮記疏	唐・孔穎達		10, 19, 24 四	
	月令章句	漢・蔡邕	151		
	禮外篇		24 四		

	書　名	作　者	正書	附載	案語	備註
	王居明堂禮			153		
	王居明堂禮（鄭氏注引）			153		
	喪服要記	魏・王肅	86 一			
。	大戴禮記	漢・戴德	7, 8, 9, 11, 20, 24 一, 24 三, 24 五, 86 四, 95 一, 95 二, 95 四	10, 22, 24 二, 24 三, 24 四, 24 六, 28, 86 一, 95 一, 95 三	8*, 10*, 12*, 24 四, 86 一*, 86 四*, 95 二*	或媿稱大戴禮、大戴記、戴記
	夏小正		153			案：大戴禮逸篇
	三朝記		86 一			案：大戴禮逸篇孔子三朝記
	王度記	周・淳于髡等		157		案：大戴禮逸篇 原案：禮記注引劉向別錄：王度記似齊宣王時淳于髡等所說也。
	注				24 一	
	禮稽命徵			19, 95 三		
	注				19	
	禮斗威儀			2, 14, 151, 159 上		
	逸中霤禮（月令注引）			24 四		
	霤禮				24 四	
	鄭氏目錄	漢・鄭玄			153	案：三禮目錄
	王肅註〈？〉	魏・王肅			159*	

春秋類

	書　名	作　者	繹史卷次			備　註
			正　書	附　載	案　語	
。	春秋		86 三		57*	
	續經			86 三		
。	左傳	題周・左丘明	31, 32, 33, 34, 35, 36, 37, 38, 39, 40, 41, 42, 43, 44 一, 44 二, 45, 46, 47, 48, 49, 50, 51 上, 51 下, 52, 53, 54, 55, 56, 57, 58, 59, 60, 61, 62, 63, 64, 65, 66, 67, 68, 69, 70, 71,		20*, 21, 21*, 25, 33*, 42*, 44 一*, 51 上*, 57*, 69*, 74*, 77 下*, 78*, 79*, 86 一, 86 一*, 87 上*, 89*, 95 四*, 96 下, 96 下*, 97*, 118*	或稱春秋經傳、春秋傳、內傳（87 上）

			72, 73, 74, 75, 76, 77 上, 77 下, 78, 79, 80, 81, 82, 84, 85, 86 一, 86 三, 86 四, 87 上, 87 下, 88, 89, 90, 92, 93, 94, 96 上, 96 下, 97, 98, 99		
	左氏				33, 56*, 74*, 86 四*
。	左氏左傳注	晉‧杜預			5, 6, 10, 15, 57*, 58, 59, 68*, 87 下, 96 下
	杜氏左傳序			86 三	
。	公羊傳	漢‧公羊壽	31, 33, 34, 36, 37, 38, 40, 42, 44 二, 45, 47, 51 上, 52, 54, 55, 57, 58, 59, 62, 67, 68, 73, 74, 76, 79, 80, 84, 86 一, 86 三, 88, 89, 97, 98, 99	31, 32, 33, 34, 35, 36, 37, 38, 40, 41, 42, 43, 44 一, 44 二, 45, 46, 47, 48, 49, 51 上, 51 下, 52, 54, 55, 56, 57, 58, 59, 60, 61, 62, 63, 64, 65, 67, 68, 70, 71, 72, 73, 74, 75, 76, 77 上, 78, 79, 80, 81, 82, 85, 86 一, 87 上, 87 下, 88, 89, 90, 92, 96 上, 96 下, 97, 98, 99	
	公羊				86 一*, 86 三*
。	公羊注	漢‧何休			86 一
。	公羊疏	唐‧徐彥			6
	公羊傳序				95 一*
。	穀梁傳		31, 32, 34, 36, 37, 38, 40, 42, 44 一, 44 二, 45, 47, 51 上, 51 下, 54, 55, 56, 57, 58, 59, 62, 64, 68, 70, 72, 73, 76, 79, 80, 84, 86 三, 87 上, 89, 96 下, 97, 98, 99	31, 32, 33, 34, 35, 36, 37, 38, 40, 41, 42, 43, 44 一, 44 二, 45, 46, 47, 48, 49, 51 上, 51 下, 52, 54, 55, 56, 57, 58, 59, 60, 61, 62, 63, 64, 65, 67, 68, 70, 71, 72, 73, 74, 75, 76, 77 上, 78, 79, 80, 81, 82, 84, 85, 86 一, 87 上, 87 下, 88, 89, 92, 97, 98, 99	
	穀梁				86 一*, 86 三*
。	穀梁注	晉‧范甯		24 四	
	汲冢師春	冏師春		26	
。	春秋繁露	漢‧董仲舒	2, 20, 21, 53, 76, 83 三, 99, 151, 159 上, 159 下	10, 37, 51 上, 54, 76, 80, 85, 86 一, 99, 153	

書　名	作　者	正書	附載	案語	備　註
春秋少陽篇 （論語疏引）			20		
春秋緯			5, 24 四, 151		
春秋握誠圖			86 三		
春秋說題辭		159 下	86 三, 151, 155		
春秋潛潭巴			151		
春秋漢含茲			151		
春秋佐助期			151		案：徵言作春秋助佐期
春秋感精符			24 四, 86 三, 99, 151, 153, 159 上		
春秋運斗樞		2	10, 151		
春秋合誠圖			3, 5, 9, 10, 19, 151		
春秋演孔圖			5, 10, 12, 14, 86 一, 86 三, 86 四, 151, 159 上		
宋均注	魏·宋均			86 三	
春秋文耀鉤		44 二	3, 151		
春秋文曜鉤			9		
春秋內事			3, 5, 151		
春秋考異郵			5, 99, 151, 153, 155		
春秋保乾圖		1	44 二		
春秋命歷序		1, 3, 4	1, 4, 5, 6, 7, 8, 25		
命歷序				1*	
春秋元命苞		1, 4, 151	4, 5, 8, 9, 10, 12, 14, 18, 19, 20, 151, 155		
元命苞				1, 10*	
春秋考文耀			2		
春秋說題靈			155		

孝經類

書　名	作　者	繹史卷次			備　註
		正　書	附　載	案　語	
。孝經		95 一			
孝經緯			159 上		
孝經右契			86 三		

書　名	作　者				備　註
孝經內事			151		
孝經鉤命訣		3, 4	2, 3, 5, 86 一, 86 三, 151, 152, 153		
孝經鉤命訣（孝經序引）		95 一			
孝經鉤命訣（公羊疏引）		95 一			
孝經援神契		151	3, 4, 5, 10, 14, 86 一, 86 四, 95 一, 99, 151, 153, 155, 159 上		
宋均注	魏・宋均			5, 14, 151	

五經總義類

書　名	作　者	繹史卷次			備　註
		正　書	附　載	案　語	
。釋文	唐・陸德明		11	67, 153	案：經典釋文
五經通論	晉・束晳		151		

四書類

書　名	作　者	繹史卷次			備　註
		正　書	附　載	案　語	
。論語				21, 83*, 86 一*, 100*	
逸論語（初學記引）			86 四		
論語隱義			86 四, 95 三		
。孟子				20, 86 一*, 106*	
萬章				10*	
。孟子註	漢・趙岐		95 四	27	
。孟子疏	題宋・孫奭			48	
孟子（坊記注引）		106			案：以下各書引孟子
孟子（戰國策引）		106			
孟子（後漢書注引）		106			
孟子（三國志注引）		106			
孟子（梁書引）		106			

書　名	作　者	106			案：拾遺記卷三引
孟子（拾遺記・錄引）		106			案：拾遺記卷三引
孟子（馬總意林引）		106			
孟子（藝文類聚引）		106			
孟子（北堂書鈔引）		106			
孟子（白孔六帖引）		106			
孟子（世說注引）		106			
孟子（文選注引）		106			
孟子（廣文選引）		106			
論語讖			5, 20, 86 二, 95 一, 95 三, 151, 159 上		
宋均注	魏・宋均			151, 159 上	
論語摘輔象		1, 3, 5	95 一		
論語撰考讖			5, 86 四, 95 三		
宋均注	魏・宋均			95 三	
論語比考讖			10, 19		
宋均注	魏・宋均			19	
論語陰嬉讖			14		
注	魏・宋均			14	

樂　類

書　名	作　者	繹史卷次			備　註
		正　書	附　載	案　語	
琴清英	題漢・揚雄	10, 27, 145	4, 55		
樂緯			8		
宋均注樂緯				28	
樂稽耀嘉			2, 20		
樂動聲儀		86 四	21		
樂叶圖徵			159 上		
樂汁圖			151		

	書　名	作　者				備　註
。	宋均注	魏・宋均			151	
。	蔡氏律呂新書	宋・蔡元定			152	

小學類

	書　　名	作　者	繹史卷次			備　註
			正　書	附　載	案　語	
。	爾雅		2, 24 四, 151, 152, 155, 157, 159 上, 159 下	24 四, 151, 159 上, 159 下	158, 159	
	爾雅郭注	晉・郭璞			151, 152, 155, 155	
	爾雅疏				115*	
。	方言	題漢・揚雄	159 上, 159 下	151, 152, 159 上, 159 下		
。	釋名	漢・劉熙	159 上	19, 78, 127, 151, 152, 155, 157, 159 上, 159 下		
。	說文	漢・許慎	2, 4, 5, 9, 11, 12, 25, 86 四, 157, 159 上, 159 下	1, 4, 11, 24 四, 145, 151, 152, 153, 159 上, 159 下	158	
。	小爾雅	漢・孔鮒	159 上, 159 下	152, 155, 157, 159 下		
	博雅	魏・張揖	151, 159 下	1, 151, 152, 153, 155, 157, 159 上, 159 下	159	
	束皙發蒙記	晉・束皙			159 下	
	始學篇	吳・顏竣	1			案：初學記卷九引
	石鼓文		27			
	潘迪音訓	元・潘迪			27	案：石鼓文音訓
	章氏				27	案：潘氏引
	施宿				27	案：潘氏引
	鄭樵				27	案：潘氏引
	舊〔本〕				27	
	薛尚功〔歷代鐘鼎彝器款識法帖〕	宋・薛尚功			27	
	蘇氏〔？〕	？			27	
	字源				159 上	
	夏禹書		159 上			

倉頡書		159 上			
史籀書		159 上			
孔子書		159 上			
李斯書		159 上			
程邈書		159 上			
周蛟篆鐘銘		152			
周遲父鐘銘		152			
周聘鐘銘		152			
周寶龢鐘銘		152			
齊侯鎛鐘銘		152			
秦昭和鐘銘		152			
楚卭仲嬭鐘銘		152			
鄨子鐘銘		152			
遽磬銘		152			
商父丁彝銘		159 下			
兄癸彝銘		159 下			
兄癸卣銘		159 下			
母乙卣銘		159 下			
周召公尊銘		159 下			
師艅尊銘		159 下			
太師望驫彝銘		159 下			
太公缶銘		159 下			
召仲丁壺銘		159 下			
尹卣蓋銘		159 下			
淮父卣銘		159 下			
樂司徒卣銘		159 下			
高克尊銘		159 下			
齊豆銘		159 下			
商父乙鼎銘		159 下			
周彶鼎銘		159 下			
仲山甫鼎銘		159 下			
南宮中鼎銘		159 下			
仲偁父鼎銘		159 下			

齲公誠鼎銘		159 下		
叔液鼎銘		159 下		
王子吳盁甒銘		159 下		
季娟鼎銘		159 下		
碩父鼎銘		159 下		
史頵鼎銘		159 下		
晉姜鼎銘		159 下		
垂鼎銘		159 下		
父巳鼎銘		159 下		
言肇鼎銘		159 下		
孔文父飲鼎銘		159 下		
孔父鬲銘		159 下		
京姜鬲銘		159 下		
張仲簠銘		159 下		
叔邦父簠銘		159 下		
寅簠銘		159 下		
京叔簋銘		159 下		
叔高父簋銘		159 下		
劉公鋪銘		159 下		
史信父甋銘		159 下		
伯玉盃銘		159 下		
嘉仲盃銘		159 下		
鄭敦銘		159 下		
毀敦銘		159 下		
敔敦銘		159 下		
宰辟父敦銘		159 下		
散季敦銘		159 下		
奰敦銘		159 下		
周姜敦銘		159 下		
虢姜敦銘		159 下		
剌公敦銘		159 下		
伯戔饋盨銘		159 下		
文姬匜銘		159 下		

書　名		繹史卷次		備　註
司寇匜銘		159 下		
季札碑			62	
孫叔敖碑		57		
帝堯碑			9	
呂梁碑				10
岣嶁碑文		11		
百蟲將軍顯靈碑				11
秦鐵權銘			149	
嶧山銘			149	
詛楚文		120		案：見古文苑
李氏錄	?			159
阮氏〔？〕	?			159

存　疑

書　名	作　者	繹史卷次			備　註
		正　書	附　載	案　語	
孔疏				155	
鄭玄				95 四	
鄭氏				12	

史部

正史類

書　名		繹史卷次	備　註			繹史卷次
			正　書	附　載	案　語	
○	史記	漢・司馬遷撰、褚少孫補	3, 5, 7, 8, 9, 10, 11, 12, 13, 14, 15, 16, 17, 18, 19, 20, 21, 22, 23 上, 25, 26, 27, 28, 29, 30, 33, 38, 39, 42, 43, 44 一, 44 二, 47, 48, 50, 51 上, 51 下, 54, 56, 57, 59, 62, 64, 74, 76, 77 上, 77 下, 79, 80, 81, 83, 86 一, 86 二, 86 三, 86 四, 87 上, 87 下, 89, 90, 93, 95 一, 95 二, 95 三, 95 四, 96 上,	7, 11, 19, 20, 22, 27, 31, 33, 34, 38, 39, 45, 47, 48, 49, 50, 51 上, 51 下, 52, 54, 55, 57, 59, 64, 70, 74, 77 下, 79, 80, 81, 82, 86 一, 86 四, 87 上, 87 下, 88, 89, 96 上, 96 下, 116, 117, 119, 120, 123, 135, 146 下, 148, 152	14*, 19, 20, 25, 26*, 27*, 29*, 30*, 33*, 83*, 86*, 86 一*, 86 四, 86 四*, 89*, 95 四, 135*, 157	

		96 下, 100, 101, 102, 103 上, 104, 105, 106, 108, 109, 111, 112 上, 112 下, 113, 115, 116, 117, 118, 119, 120, 121, 122, 123, 124, 125, 126, 127, 129, 130, 131, 132, 133, 134, 135, 136, 137, 138, 139, 140, 141, 143 上, 144, 146 上, 146 下, 147 上, 147 下, 148, 149, 150, 151, 152, 157, 159 上			
史				5, 5*, 11*, 22*, 26*, 39, 83*, 86 一, 116*, 117*, 118*, 122*, 131*, 136*	
史周本紀				136*	
秦本紀				118, 155 *	
世表				16	案：三代世表
年表				28*	案：十二諸侯年表
六國表				119*, 120, 124*, 150	案：六國年表
史封禪書				3*	
史世家				77 下*, 119*, 135*	
史趙世家				139*	
史魏世家				136*	
史記匈奴列傳				27*	
史注				5, 5*, 95 四, 109*, 148	
徐廣				101, 102, 115, 126	
索隱	唐・司馬貞			14, 16, 20, 95 四, 101, 102, 117, 119, 121*, 126	
索隱（史記注引）				115	
正義	唐・張守節			3, 10, 19, 25, 86 一, 87 下, 95 四, 126	
褚少孫補史記	漢・褚少孫			101	

史記附論	疑褚少孫		150		案：附於秦始皇本紀之末
史記（孟子注疏引）			96 上		案：離婁下正義
史記（後漢書注引）			87 下		
史記（藝文引）				150	
漢書	漢・班固	3, 4, 5, 6, 7, 8, 10, 11, 27, 101, 106, 151, 152, 154 上, 154 下, 155, 157, 159 上, 160	4, 5, 9, 11, 12, 14, 18, 22, 25, 27, 28, 44 四, 54, 74, 77 下, 78, 82, 83, 86 一, 86 四, 89, 90, 95 一, 95 四, 96 上, 101, 103 上, 103 下, 105, 106, 109, 111, 112 上, 113, 114, 115, 116, 119, 122, 128, 132, 135, 139, 140, 141, 143 上, 143 下, 146 上, 147 上, 148, 151, 158	5*, 11*, 21, 25, 44 二, 44 四, 151*	
漢書古今人表				3*, 5*, 17*	
漢書地理志				22, 155*	
漢書賈山傳				149	
孟康				151	案：馬氏用史記集解引孟康漢書音義（天文志）
音義				21	
應劭注漢書				54	
注				5, 5*	
師古				3*, 12, 86 四, 158, 160	
臣瓚				25	
如淳				151	
張晏				160	
後漢書	劉宋・范曄	13, 18, 21, 26, 123, 159 下	13, 16, 27, 30, 151	26, 95 一	
後漢書注				54*, 151*	

	書 名	作 者	正書	附載	案語	備 註
	劉昭				159下	案：續志注
。	晉書	唐・房玄齡等			26	
	晉書束晳傳				22	
	晉書傳異				20	
。	宋書	梁・沈約			95四	
	宋書符瑞志		159上	3, 4, 5, 6, 7, 8, 9, 10, 11, 12, 14, 19, 20, 22, 25, 27, 78, 151, 159上	12	或婼稱宋符瑞志、宋志

編年類

	書 名	作 者	繹史卷次			備 註
			正 書	附 載	案 語	
。	紀年			5, 6, 12, 13, 14, 15, 16, 17, 18, 19, 20, 25, 26, 27, 28, 29, 30, 31, 39, 43, 44二, 45, 50, 51上, 55, 59, 81, 82, 87下, 96下, 99, 101, 102, 108, 109, 115, 116, 117, 118, 121, 122, 124, 125, 126, 127, 131, 136	14*, 101*, 109*, 120*	案：竹書紀年
	紀年（史注引）			120		
	紀年（水經注引）			41, 54		
	竹書（〈史記〉正義引）				10	
。	通鑑	宋・司馬光			87下*, 135*, 148*, 150*	案：資治通鑑
。	外紀	宋・劉恕			3, 4*, 5, 6	案：通鑑外紀
。	大紀	宋・胡宏			14, 19, 21, 22*, 26*, 27, 27*	案：皇王大紀
。	通鑑前編	宋・金履祥			4*, 10, 10*, 11, 12*, 13, 13*, 14*, 15, 16, 17, 17*, 19, 19*, 20, 21*, 22, 22*, 26, 27, 27*, 30, 30*	
	綱目前編				8, 22	案：通鑑前編之別稱
	綱目	宋・朱熹			30, 30*	案：資治通鑑綱目

別史類

書　名	作　者	繹史卷次 正　書	附　載	案　語	備　註
｡周書		5, 14, 19, 20, 22, 24 三, 25, 26, 82, 153	4, 20, 22, 143 下		
汲冢書		20			
周書（史注引）			22		
古文周書（文選注引）			26		
｡蘇子古史	宋·蘇轍			10, 28	
｡路史	宋·羅泌			3*, 13	
羅長源				18*	案：羅泌
帝王世紀	晉·皇甫謐	3, 4, 5, 6, 7, 8, 9, 10, 11, 13, 14, 15, 16, 17, 20, 26, 155	2, 3, 5, 6, 7, 8, 9, 10, 11, 12, 13, 14, 17, 18, 19, 20, 22, 26, 27, 28, 122, 130, 151	8*17*	
皇甫謐				5	
帝王世紀（孟子疏引）			136		
世本		3, 8, 100	3, 4, 5, 9, 10, 11, 12, 13, 14, 18, 19, 21, 28, 29, 30, 52, 62, 75, 80, 87 上, 87 下, 101, 102, 122, 127, 159 下		
宋衷注	漢·宋衷			18, 21	
世本（論語疏引）			7		
古文瑣語			30, 78, 80, 81, 87 下		
古文瑣語（太平御覽引）			78		

雜史類

書　名	作　者	繹史卷次 正　書	附　載	案　語	備　註
｡國語		26, 28, 29, 30, 39, 40, 44 一, 44 二, 45, 46, 49, 51 上, 51 下, 52, 53, 55, 56, 57, 59, 60, 61, 63, 64, 68, 69, 72, 76, 78, 79, 80, 81, 82, 85,	41, 45, 51 上, 51 下, 54, 55, 59, 60, 61, 64, 78, 80, 82, 85, 87 上, 87 下, 89, 96 上, 96 下, 99	5, 5*, 14, 17, 25*, 87 上*, 87 上, 87 下*	或稱外傳（87上）

		86 四, 87 上, 87 下, 89, 91, 93, 94, 96 上, 96 下, 99			
韋昭注	吳・韋昭			25, 27	
∘ 戰國策	漢・劉向	75, 83, 87 下, 92, 101, 103 下, 105, 107, 108, 109, 111, 112 上, 113, 115, 116, 117, 118, 119, 120, 121, 122, 123, 124, 125, 126, 127, 129, 130, 131, 133, 134, 135, 136, 137, 138, 139, 140, 141, 142, 143 下, 144, 145, 146 上, 146 下, 147 下, 148	81, 101, 109, 118, 120, 133, 135, 136, 138, 139, 148	87 下*, 95 四*, 116*, 118*, 124*	
國策				95 三*, 109*, 112 下 *, 126*, 134*, 135*	
鮑彪注	宋・鮑彪			121*, 135*	
戰國策（史記索隱引）				87 下	

傳記類

書　名	作　者	繹史卷次			備　註
		正　書	附　載	案　語	
∘ 列女傳	漢・劉向	12, 14, 19, 27, 30, 32, 44 一, 53, 56, 57, 67, 73, 75, 78, 87 下, 89, 91, 93, 94, 95 一, 100, 104, 106, 107, 108, 110, 119, 135, 145	10, 14, 18, 19, 21, 28, 33, 43, 51 上, 57, 70, 77 下, 79, 87 上, 87 下, 120, 136, 148	14*, 25, 77 下 *, 119*	
列女傳（後漢書注引）		83			
列女傳（藝文引）			5		
∘ 高士傳	晉・皇甫謐	9, 10, 78, 83, 101, 119	54	83*	
∘ 闕里志	明・陳鎬			86*	
劉向孝子傳	漢・劉向		10		
孝子傳	劉宋・師覺授		95 二, 95 三		案：95 二，御覽四一三引，文略異；95 三，御覽四八二引

書名	作者	正書	附載	案語	備註
孝子傳	?	95 一	95 一		
列士傳		100	20, 119, 133, 141, 148	89	
衝波傳		86 四, 95 二	86 一, 95 一, 95 三		案：95 一，類聚七十二引，95 二，御覽五四五引
素王事紀				86*	

載記類

書名	作者	繹史卷次			備註
		正書	附載	案語	
° 吳越春秋	漢·趙曄	11, 12, 13, 18, 62, 86 四, 89, 96 上, 96 下	12, 18, 21, 57, 62, 79, 86 四, 89, 96 上, 96 下		
吳越春秋（藝文引）			96 上		
吳越春秋（修文御覽引）			96 下		
° 越絕書	漢·袁康	10, 11, 12, 14, 22, 89, 96 下, 117, 114	19, 20, 62, 89, 96 下, 144		
越絕書（北堂書鈔引）			89		
° 華陽國志	晉·常璩	123	20, 21, 117		

地理類

書名	作者	繹史卷次			備註
		正書	附載	案語	
° 三輔黃圖	漢·？		148, 149		
° 水經注	北魏·酈道元	86 一	4, 9, 10, 12, 17, 19, 20, 21, 32, 77 下, 87 下, 95 一, 96 下, 100, 123, 127, 132, 148, 149	39*	案：卷九誤爲木經注
關中記	晉·潘岳			149	
三齊記			149		
三秦記			149		
風土記	晉·周處	145			案：初學記卷十八引，文略異，御覽四〇六引，差異多
括地志（正義引）	唐·李泰等		122		

衡山記	南齊·宗測			11	
古岳瀆經		11			
荊州記	劉宋·盛弘之	11			
湘中記	晉·羅含	11			
海錄		95 四			

政書類

書　名	作　者	繹史卷次			備　註
		正　書	附　載	案　語	
蔡質漢儀	漢·蔡質		149		案：漢官典儀

目錄類

書　名	作　者	繹史卷次			備　註
		正　書	附　載	案　語	
◦ 集古錄	宋·歐陽修			120, 159	
				159 下*	
劉向別錄	漢·劉向	112 上	5, 14, 19, 86 一, 135		
劉向別錄（禮記注引）				157	
劉向別錄（史注引）			140		
七略	漢·劉歆		5		
七錄	梁·阮孝緒			20	

史評類

書　名	作　者	繹史卷次			備　註
		正　書	附　載	案　語	
古史考	蜀·譙周	1, 3, 5, 6, 7	3, 4, 5, 9, 10, 14, 19, 20, 22, 28, 30, 86 四		
譙周				9*, 18	
三五歷記	吳·徐整		1		

存　疑

書　名	作　者	繹史卷次			備　註
		正　書	附　載	案　語	
通史			10		
帝王紀				8	

軒轅本紀			5		
周春秋（國語注引）			27		
帝系譜			3		
嚴氏春秋			86 三		
班氏世經				3*	
茅君內傳			149		
嚴尤三將敘			139		案：世說新語・言語第二引，疑即徵言所稱之三將錄

子部

儒家類					
書　　名	作　者	繹史卷次			備　註
		正　書	附　載	案　語	
◦ 家語	魏・王肅	22, 53, 56, 74, 86 一, 86 二, 86 三, 86 四, 87 下, 88, 95 一, 95 二, 95 三, 95 四	19, 68, 70, 75, 86 一, 86 四, 88, 95 一, 95 二, 95 三, 95 四, 96 下, 99	40*, 77 下*, 78*, 86*, 86 一, 86 一*, 86 四*, 87 下*, 95 一*, 95 二*, 95 三*, 95 四*, 145*	案：孔子家語
◦ 荀子	題周・荀況	10, 12, 20, 21, 22, 57, 86 一, 86 四, 95 一, 95 二, 95 三, 105, 106, 110, 143 上, 143 下	9, 10, 14, 17, 19, 20, 21, 22, 26, 44 二, 57, 75, 86 一, 86 四, 94, 95 一, 95 三, 100, 148	86 四*, 95 二*, 95 四*, 106	
◦ 孔叢子	題漢・孔鮒	79, 86 一, 86 二, 86 三, 86 四, 88, 92, 95 一, 95 二, 95 三, 95 四, 104, 106, 140, 141	14, 18, 67, 77 下, 79, 83, 86 一, 91, 94, 95 四, 96 下, 135, 139, 140, 148, 150	86 一	
◦ 新語	題漢・陸賈	3, 4, 5, 9, 14, 89, 95 一, 113	10, 25, 49, 67, 103 下, 136, 149, 150		
◦ 新書	漢・賈誼	5, 7, 8, 9, 10, 11, 12, 14, 19, 20, 22, 25, 43, 45, 57, 59, 76, 87 下, 89, 100, 104, 131, 145, 150, 159 上	14, 19, 22, 43, 54, 56, 86 四, 89, 95 三, 96 上, 96 下, 115	14, 93*, 96 下*	
◦ 鹽鐵論	漢・桓寬	5, 11, 86 二, 86 四, 106	19, 21, 22, 80, 86 一, 95 一, 95 二, 106, 135, 150, 151, 157		

。	新序	漢·劉向	14, 44 二, 51 下, 57, 62, 75, 77 上, 78, 79, 80, 86 一, 87 下, 89, 93, 94, 95 一, 95 二, 95 三, 95 四, 96 下, 100, 101, 106, 108, 115, 119, 132, 133, 135, 145	19, 28, 33, 44 二, 51 下, 57, 65, 70, 78, 96 下, 101, 132, 135, 148	20*, 51 下*, 87 下*, 100*, 101*, 105*, 119*, 133*, 135*, 145*	
	新序（後漢書注引）			95 二		
	新序（三國志注引）		86 一			
	新序（藝文類聚引）		145			
。	說苑	漢·劉向	9, 12, 14, 17, 19, 20, 21, 22, 25, 26, 27, 29, 31, 40, 42, 44 一, 44 二, 51 下, 53, 54, 55, 56, 57, 62, 65, 69, 70, 75, 76, 77 上, 77 下, 78, 79, 80, 83, 86 一, 86 二, 86 三, 86 四, 87 下, 89, 94, 95 一, 95 二, 95 三, 95 四, 96 下, 99, 100, 101, 103 上, 103 下, 104, 105, 106, 108, 109, 110, 111, 113, 114, 116, 117, 119, 122, 123, 136, 145, 146 下, 149, 159 上, 159 下	19, 20, 21, 27, 44 一, 45, 47, 51 上, 51 下, 54, 57, 59, 64, 74, 75, 76, 77 上, 77 下, 78, 79, 80, 82, 83, 86 一, 86 四, 87 下, 89, 93, 95 一, 95 二, 96 下, 97, 101, 105, 112 下, 119, 135, 136, 138, 148, 155	14*, 21*, 29*, 44 二*, 70*, 78*, 80*, 86 一*, 87 下, 87 下*, 94*, 95 一*, 95 二*, 95 三*, 101*, 102*, 103 下*, 119*, 122*, 135*, 140*, 145*, 148*	
	說苑（史記注引）		100	19		
	說苑（後漢書注引）				44 一*	
	說苑（白帖引）			55		
	說苑（藝文類聚引）		95 二	101, 145		
。	法言	漢·揚雄	95 一, 106, 150	9, 11, 113, 119, 130, 132, 140, 147 下, 150		
	楊子				25	案：法言·孝至
。	潛夫論	漢·王符	2, 3, 4, 19, 42, 86 四	3, 4, 7, 8, 13, 82, 95 四		
。	中論	漢·徐幹	86 四, 95 一, 95 三, 95 四, 106	20		

	書名	作者	正書	附載	案語	備註
。	文中子	題隋‧王通		10		案：中說
。	子思子	題周‧孔伋		1		
	子思子（文獻通考引）		106			
	子思子（意林引）		106			
	子思子（文選注引）		106			
。	先聖大訓	宋‧楊簡			86*	
	新論		2, 95 一	4, 10, 19, 20, 76, 80, 86 一, 89, 95 一, 95 四, 96 下, 101, 106, 112 下, 119, 140	7*, 8*	案：馬氏所引新論有二本：(1)桓譚‧新論及(2)劉晝‧新論，容後續考
	桓譚				86 一*	
	典略	魏‧曹丕		114, 118	54*	
	公孫尼子	題周‧公孫尼	86 四	10		
	魯連子	題周‧魯仲連	27	10, 14, 76, 79		
	魯連子（史注引）			119		
	魯連子（藝文引）			119		
。	晏子春秋	題周‧晏嬰			44 二*	案：四庫提要入史部‧傳記類
	晏子		70, 77 上, 77 下, 79, 95 一	70, 77 上, 77 下, 80, 86 一, 95 一	77 上*, 87 下*	
	晏子（初學記引）		77 下			
	正孫子	題周‧王孫	57, 75, 87 下			
	正部			86 二		案：疑漢‧王逸‧正部論
	袁准正書				95 一*	案：疑晉‧袁準‧袁子正書

兵家類

	書　名	作　者	繹史卷次			備　註
			正　書	附　載	案　語	
。	風后握奇經	題風后	5			
。	六韜	題周‧呂望	19, 20	9, 19, 20	44 四*	

	書　名	作　者	正　書	附　載	案　語	備　註
	六韜（御覽引）			20		
○	孫子	題周‧孫武	89			
○	吳子	題周‧吳起	105		105*	
○	司馬法	題周‧司馬穰苴	108			
○	尉繚子	題周‧尉繚	105, 109			
○	三略	題漢‧黃石公	20			
	太公金匱	題周‧呂望	14, 20	20		
	太公金匱（後漢書注引）			20		
	太公金匱（意林引）			20		
	太公金匱（太平御覽引）			20		
	太公金匱（文選注引）			20		
	玄女兵法			5		
	太公陰謀（後漢書注引）			20		
	太公陰謀（御覽引）			20		

法家類

	書　名	作　者	繹史卷次			備　註
			正　書	附　載	案　語	
○	管子	題周‧管仲	2, 3, 4, 5, 9, 10, 14, 20, 36, 44 一, 44 二, 44 三, 44 四, 48, 153	44 二	157*, 159 下*	
○	鄧析子	題周‧鄧析	74			
○	商子	題周‧商鞅	115			
○	韓非子	題周‧韓非	14, 19, 20, 21, 29, 38, 44 一, 44 二, 48, 51 下, 54, 57, 59, 61, 74, 77 下, 78, 80, 86 一, 86 四, 87 下, 88, 94, 95 一, 95 二, 95 三, 95 四, 96 下, 100, 101, 102, 103 下, 104, 105, 109, 111, 115, 117, 119, 120, 121, 124, 125, 127, 129, 133, 134, 147 上, 147 下	9, 10, 14, 17, 19, 28, 33, 43, 44 一, 45, 47, 49, 51 上, 51 下, 57, 64, 65, 68, 69, 70, 74, 75, 76, 77 上, 78, 79, 82, 83, 86 四, 87 上, 87 下, 89, 93, 94, 95 一, 95 三, 95 四, 96 上, 96 下, 99, 101, 103 下, 104, 107, 109, 115, 119, 120, 122, 126, 127, 129, 135, 136, 138, 140, 144	20, 44 四*, 77 上*, 77 下*, 87 下*, 95 二 *, 101*, 121*, 131*, 134*	

申子	題周・申不害	86 四, 111			

農家類

書　名	作　者	繹史卷次			備　註
		正　書	附　載	案　語	
范子計然			96 上, 151		
養魚經	題周・范蠡		96 下		
相鶴經	?浮丘公	159 下			
伯樂相馬經	題宋・徐咸		159 下		案：初學記卷二九引
相牛經	題周・甯戚	159 下			
神農求雨書			4		
神農書			153		
相貝經	漢・朱仲	157			
氾勝之書	漢・氾勝之	14	153		

醫家類

書　名	作　者	繹史卷次			備　註
		正　書	附　載	案　語	
本草經	魏・吳晉等	4			
內經素問		5			
黃帝內經			5		

天文算法類

書　名	作　者	繹史卷次			備　註
		正　書	附　載	案　語	
◦ 數術記遺	漢・徐岳		27		
◦ 周髀算經		151			
◦ 星經	題周・甘公、石申		151		
張衡靈憲	漢・張衡		13, 151, 155		

術數類

書　名	作　者	繹史卷次			備　註
		正　書	附　載	案　語	
◦ 太玄經	漢・揚雄		4		
◦ 邵子經世	宋・邵雍			12*, 13, 15*	案：皇極經世書

	書　名	作　者	正書	附載	案語	備註
。	易林	漢·焦延壽		5, 7, 11, 19		
。	京房易傳	漢·京房		14, 151		
。	禮含文嘉		2, 3	4, 11		
	京房占	漢·京房		151		
	易飛候	漢·京房		151, 153		
	遁甲開山圖			1, 3, 5, 11		
	泰階六符經			151		
	師曠占			151		
	荊州占			151		
	天官占			151		

藝術類

書　名	作　者	繹史卷次			備　註
		正　書	附　載	案　語	
古今樂錄	陳·釋智匠		9, 11, 19, 20, 112下, 149		
琴操	漢·蔡邕	86一, 95一, 145	10, 19, 25, 27, 51下, 57, 70, 86一, 86三, 95二, 100, 104, 119	28	
琴操（藝文引）			86四		
琴操（太平御覽引）			101		
古琴疏	宋·虞汝明		13		
琴錄	明·項元汴	145	27		
琴苑要錄			18, 73, 145, 149		
衛恒書勢	晉·衛恒		5		案：初學記卷二十一引

譜錄類

	書　名	作　者	繹史卷次			備　註
			正　書	附　載	案　語	
。	刀劍錄	梁·陶弘景		12, 14, 15, 26, 138, 148		
。	鼎錄	題梁·虞荔		5, 19, 123, 126, 143下, 150		
。	考古圖	宋·呂大臨			149*, 158*, 159, 159下*	
。	嘯堂集古錄	宋·王俅			20	

	書　名	作　者	正書	附載	案語	備　註
。	博古圖	宋・王黼等			159, 159 下*	案：宣和博古圖
。	竹譜	題晉・戴凱之		19, 159 下		
。	禽經	題周・師曠	159 下			
	古禽經（埤雅引）			159 下		
	古禽經（爾雅翼引）			159 下		

雜家類

	書　名	作　者	繹史卷次			備　註
			正　書	附　載	案　語	
。	鬻子	題周・鬻熊	5, 7, 8, 12, 14, 19, 22	21, 20		20 原案：今本無
	鬻子（意林引）			19		
。	墨子	題周・墨翟	9, 10, 11, 12, 14, 19, 20, 27, 87 下, 96 下, 100, 102, 103 上, 103 下	10, 11, 12, 14, 17, 19, 20, 50, 76, 86 一	96 下	
。	子華子	題周・程本		77 下		
。	尹文子	題周・尹文	119		76*	
。	慎子	題周・慎到	86 四, 119	40	76*	
	慎子（意林引）		119			
	慎子（藝文引）		119			
	慎子（御覽引）		119			
。	鶡冠子		113, 127, 128	14, 44 一	1*	
。	公孫龍子	題周・公孫龍	140			
。	鬼谷子		114	114	44 四*	
。	呂氏春秋	秦・呂不韋	2, 3, 5, 7, 8, 9, 10, 11, 12, 14, 19, 20, 22, 25, 40, 43, 44 一, 44 二, 48, 51 上, 51 下, 53, 54, 57, 65, 67, 69, 74, 77 下, 78, 86 一, 86 四, 87 下, 89, 90, 93, 95 一, 95 二, 95 三, 96 上, 96 下, 100, 101, 102, 103 下, 105, 109, 111, 113, 115, 117, 119, 122, 125, 131, 133, 134, 135, 137, 140, 145, 146 上, 146 下	4, 9, 10, 11, 12, 14, 19, 20, 21, 26, 27, 30, 42, 44 一, 51 下, 55, 57, 64, 70, 74, 79, 81, 86 一, 86 四, 87 上, 87 下, 89, 95 三, 95 四, 96 下, 101, 103 下, 104, 15, 115, 116, 117, 119, 122, 126, 127, 134, 135, 136, 138, 152	87 下, 119*, 133*, 157	

	呂覽				14, 14*, 19*, 42, 51 下*, 87 下*, 89*, 101*, 105*, 131*, 134*, 159 下	
	高誘注呂覽	漢・高誘			44 一*, 117	
○	淮南子	漢・劉安	1, 2, 3, 4, 5, 7, 9, 10, 11, 12, 14, 20, 22, 42, 44 二, 44 四, 51 下, 57, 70, 75, 77 下, 79, 80, 86 四, 87 下, 89, 93, 94, 95 一, 96 下, 100, 101, 103 下, 105, 110, 111, 114, 119, 140, 149, 150, 151, 152, 153	9, 10, 11, 12, 14, 19, 20, 22, 48, 51 下, 53, 54, 57, 61, 77 下, 78, 80, 82, 83, 85, 86 一, 86 三, 86 四, 87 下, 88, 89, 93, 94, 95 一, 95 二, 95 四, 96 下, 101, 112 上, 115, 119, 127, 135, 136, 148, 151, 152, 153, 155, 159 上, 159 下	140*	
	注				77 下, 94	
	許慎注淮南	漢・許慎			116	
○	金樓子	梁・蕭繹		10, 14, 44 二, 149		
○	顏氏家訓	題北齊・顏之推	86 四	95 一	95 一*, 103 下, 149*	
○	白虎通	漢・班固	2, 3, 4, 95 一, 151, 159 上, 159 下	1, 3, 5, 7, 8, 9, 10, 14, 19, 20, 22, 86 一, 86 四, 95 二, 152, 153	158	案：白虎通義
○	獨斷	漢・蔡邕	2	2, 24 四		
○	古今注	題晉・崔豹	5, 9, 25	5, 10, 12, 17, 20, 70, 148, 149, 159 下	119*	
○	兼明書	五代・丘光庭			95 一	
○	緯略	宋・高似孫			157	
○	論衡	漢・王充	5, 25, 44 二, 54, 86 四, 95 一, 95 二, 95 三, 100, 103 下, 111, 114, 5, 9, 10, 11, 14, 18, 19, 20, 21, 27, 54, 86 一, 86 三, 86 四, 95 一, 95 二, 95 三, 95 四, 96 下, 118, 120, 136, 148, 149, 151	95 四*, 100*		
○	風俗通	漢・應劭	2, 3, 86 四, 100	2, 3, 7, 10, 20, 53, 54, 95 二, 106, 114, 148, 151, 152, 155		案：風俗通義
○	於陵子	題周・陳仲子		131		
○	讀史訂疑	明・王世懋			95 四*	
○	留青日札	明・田藝蘅			95 四	

書　　名	作　者	正書	附　載	案　語	備　註
尸子	周・尸佼	1, 3, 4, 5, 6, 10, 11, 20, 22, 57, 86 二, 86 四, 87 上, 95 一, 95 三, 100, 115	4, 5, 9, 10, 14, 20, 44 一, 74, 82, 83, 95 二, 103 下, 151, 155		
尸子（山海經注引）			26		
符子			5, 9, 12, 14, 19, 21, 51 下, 53, 77 下, 86 一, 96 下, 101, 109		
隨巢子	題周・隨巢子		11, 12, 13, 14, 22, 103 下		
纏子	題周・纏子		14, 19, 103 下		
胡非子	題周・胡非子		103 下		
闕子	題周・闕氏	100			
物理論	晉・楊泉		151, 159 下		
鄒陽書	漢・鄒陽		101, 108	103 下, 118	

類書類

書　　名	作　者	繹史卷次			備　註
		正　書	附　載	案　語	
皇覽	魏・劉劭、王象		5, 7, 8, 9, 10, 14, 86 一, 86 四, 106, 149		

小說家類

	書　　名	作　者	繹史卷次			備　註
			正　書	附　載	案　語	
◦	世說注	梁・劉孝標			83	
◦	山海經		5, 11	3, 4, 5, 6, 7, 8, 9, 10, 11, 12, 14, 18	159 下	
	山海經注	晉・郭璞		9		
	山海經圖讚	晉・郭璞		11, 159 下		
◦	穆天子傳		26		26	
◦	十洲記	題漢・東方朔		11, 26, 149		案：海內十洲記
◦	洞冥記	題漢・郭憲			1	案：初學記卷九引
◦	拾遺記	前秦・王嘉	3, 5, 6, 86 四, 114	1, 3, 4, 5, 7, 8, 9, 10, 11, 14, 17, 19, 20, 25, 26, 51 下, 75, 78, 82, 83, 86 一, 90, 96 上, 132, 149, 150		

	書　名	作　者	正書	附載	案語	備　註
◦	搜神記	題晉・干寶		4, 7, 8, 10, 14, 19, 28, 59, 82, 86 一, 89, 95 一, 96 上, 134, 149	28*	
◦	異苑	劉宋・劉敬叔		132, 149		
◦	顏之推冤魂志	北齊・顏之推			27*	案：還冤志
◦	博物志	題晉・張華	9, 14, 26, 95 一, 155	4, 5, 7, 9, 10, 11, 12, 14, 19, 24 四, 26, 75, 83, 89, 95 四, 148, 155		
	博物志（御覽引）			44 二		
◦	述異記	題梁・任昉	9, 25, 100	1, 4, 10, 11, 12, 14, 20, 22, 26, 30, 57, 76, 89, 95 一, 96 上, 96 下, 112 上, 135, 149		
◦	燕丹子			148		
◦	獨異志	唐・李宂		149		案：一作李亢
◦	錄異記	前蜀・杜光庭		30	114	
	玄中記		8	151, 155		
	殷芸小說	梁・殷芸		95 一		
	列異傳	題魏・魏文帝		28		一說晉・張華撰

道家類

	書　名	作　者	繹史卷次			備　註
			正　書	附　載	案　語	
◦	老子	題周・李耳	83			
◦	河上公章句			83		
◦	道德指歸	題漢・嚴遵		83		
◦	關尹子	題周・尹喜	83			
◦	列子	題周・列禦寇	1, 5, 9, 19, 26, 27, 51 下, 54, 74, 77 下, 83, 86 四, 87 下, 94, 95 一, 95 三, 100, 103 上, 112 上, 113, 119, 134, 140	26, 57, 58, 74, 83, 87 下, 95 二, 102	3*, 10*, 83*, 86 四*, 95 一	
	注	晉・張湛			103 上	
◦	莊子	題周・莊周	4, 5, 9, 10, 12, 14, 18, 19, 44 二, 57, 75, 80, 83, 86 一, 86	5, 9, 10, 11, 20, 54, 74, 75, 86 一, 95 一, 95 三, 95 四	1*, 3*, 9*, 27*, 42*, 74*, 83*, 103 上*, 109*	

	書名	作者			
			四, 87 下, 89, 94, 95 一, 95 二, 95 四, 100, 101, 103 上, 103 下, 105, 109, 111, 112 上, 112 下, 122, 140			
	莊子注	晉・郭象			7, 95 一	
	莊子釋文	唐・陸德明			103 上*	
	莊子音義				116	
	莊子（御覽引）		86 四			
	莊子逸篇			5, 112 上, 112 下		
	莊子逸篇（太子御覽引）			83		
○	文子		1, 3, 83	9, 86 四	3*, 9*	
	文子（後漢書注引）		4			
○	列仙傳	題漢・劉向	83, 100	4, 5, 7, 9, 19, 51 下, 54, 82, 83, 96 下, 149		
○	抱朴子	晉・葛洪	5, 86 四	10, 11, 19, 20, 26, 86 二, 86 三, 95 一		
○	神仙傳	晉・葛洪		7, 83		
○	眞誥	梁・陶弘景		7		
○	亢倉子	題周・庚桑楚		1, 19, 83		
	田俅子	題周・田俅	6, 9			
	黃帝陰符經		5			
	靈寶要略			86 四		
	集仙錄				11	
	集仙錄（路史引）				5*	

存 疑

書　　名	作　者	繹史卷次			備　註
		正　書	附　載	案　語	
泰壹雜子		5			原案：漢書神僊、雜占各有泰壹雜子書
黃帝內傳		5	5		
黃帝巾几銘			5		

黃帝風經			151		
五行書				5	
五運歷年記		1			
丹壺書			1		
萬機論		5			案：御覽七十九引蔣子萬機論
眞隱傳		114, 128			
眞源賦		1	1, 10		

集部

楚辭類

書　名	作　者	繹史卷次			備　註
		正　書	附　載	案　語	
。楚辭		132			
。楚辭注	漢・王逸	20	3, 7, 9, 11, 12, 13, 14, 19, 20, 26, 60, 86 四		
王逸				132	

總集類

書　名	作　者	繹史卷次			備　註
		正　書	附　載	案　語	
。文選	梁・蕭統			54, 132*	
。文選注	六臣			9, 54, 95 四, 106	
秦零陵令上書（文選注引）				148*	
宋玉集	漢・宋玉		132		
宋玉賦	漢・宋玉	132			
。古文苑	宋・章樵			27	
章氏				27	
徐獻忠〔？〕				159 下	案：疑金石文

詩文評類

書　名	作　者	繹史卷次			備　註
		正　書	附　載	案　語	
。文心雕龍	梁・劉勰		5, 10, 24 四, 132		

存　疑

書　　名	作　者	繹史卷次			備　註
		正　書	附　載	案　語	
甯戚飯牛歌			44 一		

名氏存疑

繹史引稱

書　　名	作　者	繹史卷次			備　註
		正　書	附　載	案　語	
劉向	漢・劉向			17, 77 上*, 78*	
王肅	魏・王肅			16	
曹植	魏・曹植			27	
張紘	晉・張紘			9	
沈約	梁・沈約			15, 27, 86 四	
劉放	隋・劉放			27	
歐陽公	宋・歐陽修			18*	
蘇子瞻	宋・蘇軾			86 四	案：《文集》卷二十二〈莊子祠堂記〉
洪容齋	宋・洪邁			18*	
金仁山	宋・金履祥			14, 16, 19, 20, 22, 23 上, 26, 155	
楊用修	明・楊慎			78	
呂氏	？			26	
胡氏	？			44 二*	
程子	？			15, 20	
薊氏	？			22*	

第五章　歷史編纂學

第一節　編纂體例

一、《左傳事緯》

　　《左傳》原本體裁若何，已不可知〔註1〕，今世所傳，可能曾經改作者。《漢書・楚元王傳》附〈劉歆傳〉云：「初，《左氏傳》多古字古言，學者傳訓詁而已；及歆治《左氏》，引《傳》文以解《經》，轉相發明，由是章句義理備焉。」經劉歆之「引《傳》文以解《經》，轉相發明」，則《左傳》必經割裂竄亂殆無疑也；又杜預〈春秋經傳集解後序〉云：「分《經》之年與《傳》之年相附，比其義類，各隨而解之。」是杜預所見之本，必與今所傳者不同，可能不若《春秋》之分年也。由是觀之，《左傳》至少曾經二度割裂，今所見者編年之體，非原貌也。

　　馬驌《左傳事緯》易編年為紀事本末體，使首尾相貫，讀之易解，復無割裂凌亂之弊。其目的或不在復《傳》之舊貌，而《左傳》原本，或近乎此，

──────────

〔註1〕《左傳》原本體裁，自劉逢祿（《左氏春秋考證》）以來，康有為（《新學偽經考》）、高本漢（《左傳真偽考》）皆以為與《國語》相近，康有為且執於劉歆割裂《國語》而成；然近人反對此說者，亦言而有據，如孫次舟〈左傳國語原非一書證〉（《責善半月刊》一卷四、六、七期）、張以仁〈從文法語彙的差異證國語左傳二書非一人所作〉（《史語所集刊》三四上）。竊以為欲復《左傳》之舊觀，當先考除《左傳》經後人竄亂之文字，再彌縫其割裂處，參以《傳》文本身各條形式，及襄三十五年脫簡一條、哀十七年以後無《經》之《傳》，或可見其端倪。

亦不無可能也。

體裁既經改變，則《傳》文之迻易必不可免，茲述其體例如下：

（一）編次例

《左傳事緯》以敘事易編年，分爲一百零八篇。「例略」曰：「舊文《傳》麗于《經》，年時月日以相繫維也，易編年爲敘事，篇目一百有八，將令讀者一覽即解，且無遺忘之病。」於此可見其改作之意。篇目一百有八者，舉《左傳》所載大事，一事一目，其文簡略者則附於相關條目中。如「蔡景之弑」附於「陳二慶之亂」，「陸渾」附於「晉滅肥鼓」。各篇大抵依時次先後爲序，首「鄭叔段之亂」，《傳》文自隱元年至二年，次「衛州吁之亂」，《傳》文自隱三年至桓三年，而終於「晉知氏之亡」，共九十八則。其餘則爲事類，分爲「王朝交魯」、「小國交魯」、「魯滅小國」、「王臣喪亡」、「鄭臣之敗」、「郊祀」、「朔閏」、「蒐狩」、「城築」、「災異」等十目。

（二）標目例

《事緯》各篇標題，均舉國名，唯魯不然，蓋因《春秋》本即魯史之故。卷一「鄭叔段之亂」眉批云：「標題唯魯事不舉國名，《春秋》魯史也。」

（三）引書例

《左傳事緯》涵蓋全部《傳》文，不增減一字，「例略」曰：「杜氏謂《左傳》有先《經》、後《經》諸法，故往往有無《經》之《傳》及《經》詳而《傳》略、《經》略而《傳》詳者，即立敘事之法，雖《傳》中片語隻字，稍涉某事，因以附入，以無遺古史之文。」《事緯》涵蓋全部《傳》文，其有「郊祀」、「朔閏」等目者，主要即爲處理無事可歸之文字。至於敘事中《傳》文可能重複引用者，馬氏之處理方法，一爲從所重錄之，一爲細書作注。「例略」曰：「疏遺固陋，沓複亦繁。有一事或關兩事及數事者，止從所重錄之，論斷中互相援引，庶乎其淹貫也。」又曰：「事統於篇，年紀易紊，故每年必隔一字書之。年之首事則蒙本文大書某年，餘則分注某年，不使《傳》文疊出。」細書作注蓋僅限於年次。

（四）分斷例

《事緯》文斷用レ，事斷用ヽ。文斷者，分在兩年之事，文斷而事不斷也。如卷一「楚武始彊」錄莊十八年《傳》「巴人叛楚而伐那處，取之……冬，巴人因之以伐楚。レ十九年春，楚子禦之，大敗於津。」事斷者，一事之終

或數事連文而分隔之也。如卷四「楚莊爭霸」錄宣十三年《傳》「冬，晉人討邲之敗，與清之師，歸罪於先縠而殺之，盡滅其族。君子曰：惡之來也，己則取之，其先縠之謂乎？〃清丘之盟，晉以衛之救陳也，討焉。」在《傳》中二事連文而書，故分之也。〔註2〕

（五）釋經例

《左傳》原有所謂凡例、變例等解經之說，《事緯》均特別標舉之。五十凡例每句末除句號「。」外別加「◎」號；諸變例新意（書不書、禮不禮、追書故事及釋經之文字共二百八十五變例）每句末用「丶」號；例不稱凡者用「。」號。所謂「例不稱凡」者性質如凡例，屬通例，唯不用「凡」發例，如卷一「隱公之弒」錄隱元年《傳》：「天子七月而葬，同軌畢至；諸侯五月，同盟至；大夫三月，同位至；士踰月，外姻至。贈死不及尸，弔生不及哀，豫凶事，非禮也。」原書每句末除句號外，另加一「。」號，其式如「天子七月而葬同軌畢至」。此類對《左傳》竄亂問題之了解極有助益。

通檢全書，其體例嚴謹周延，對《傳》文不增減一字，不重複一句，尤為難得也。

二、《繹史》

《繹史》博引載籍，不厭其詳，注明出處，排比先後，臚列史料以當紀事之體，論其內容，則事具本末，論其體裁，宜屬長編。夫長編者，本撰述史書前匯集史料之過程也，究其始當推司馬光。光之修《資治通鑑》也，先成叢目，次作長編，再為考異，而後刪述成書。司馬光〈與范內翰祖禹論修書帖〉云：「請且將新舊《唐書》紀志傳及統紀補錄并諸家傳記小說，以至諸人文集，稍干時事者，皆須依年月日附添……但稍與其事相涉者即注之，過多不害。……俟如此附注畢，然後請從高祖初起兵修長編，至哀帝禪位而止。……其修長編時，請據事目下所記新舊紀志傳及雜史小說文集，盡檢出一閱。其中事同文異者，則請擇一明白詳備者錄之；彼此互有詳略，則請左右采獲，錯綜銓次，如《左傳》敘事之體也。……大抵長編寧失於繁，毋失於略。」由上知長編之體，以時為經，彙錄史料，且寧繁勿略。而其所以事繫於年時月日者，固因《通鑑》為編年體然也。準此以例《繹史》，則固長編屬也。考長編之作，諸家史目均不別立一體，似有未當。蓋《通鑑》長編今

固不存，而踵之者如李燾《續資治通鑑長編》，其本身即《續通鑑》，非爲《續通鑑》而作也，乾道四年四月奏上建隆元年至治平四年閏三月之五朝一百零八年部分（一百八卷）云：「臣今所纂集，義例悉用光所創立，錯綜銓次，皆有依憑。顧臣此書詎可便謂《續資治通鑑》，姑謂《續資治通鑑長編》，庶幾可也。」（《文獻通考》卷一九三引）其初本爲續《通鑑》而作，爲示謙退，故以長編名，而其篇帙倍蓰，則猶長編之例也。是此長編，乃最後之成書，與《通鑑》之長編，固不同也。其後李心傳纂《建炎以來繫年要錄》，此書與李燾《長編》相續，《四庫提要》稱「其書以國史日曆爲主，而參之以稗官野史、家乘誌狀、案牘奏議、百司題名，無不臚採異同，以待後來論定。故文雖繁而不病其冗，論雖歧而不病其雜。」此雖無長編之名而實長編之體也。降及道光間吳其濬撰《植物名實圖考》，亦先有《長編》之作，陸應穀敘其書曰：「淪齋先生（案：即其濬）具希世才，……所讀四部書，苟有涉於水陸草木者，靡不削而緝之，名曰《長編》，然後乃出其生平所耳治目驗者，以印證古今，辨其性味，看詳論定，摹繪成書。此《植物名實圖考》所由包孕萬有，獨出冠時，爲《本草》特開生面也。」其《植物名實圖考長編》雖爲《圖考》而作，然今與《圖考》並行，頗有可資取證者，亦得視爲成書。至夫晚近丁文江編《梁任公先生年譜長編初稿》則直以長編之型態印行，此或非丁氏本意，然亦可代表與其事之近代學者如胡適之、楊家駱先生之意見。長編之體，網羅眾說，薈粹異同，而敘次得體，可以詳明史事之顛末，宜可以自成體裁，而毋須附麗於編年或紀事本末也。

　　申明此節，則《繹史》體裁之歸類，不致如前人之左右爲難也。朱彝尊以爲其體例與《皇王大紀》相似，〈胡氏皇王大紀跋〉云：「《皇王大紀》八十卷，自盤古氏迄周赧王，舉二千餘歲事，廣摭史傳，以經義貫通之，庶幾擇之精而語之詳矣。近鄒平馬驌撰《繹史》，疑其未見是編，而體例頗相似，正可並存不廢云。」（《曝書亭集》卷四十五）其實二者固不相同。《四庫提要》非其說云：「此書（《皇王大紀》）體用編年，《繹史》則每事標題，而雜引古書之文，排比論次，略如袁樞《紀事本末》之法，體裁截然不同。不知彝尊何以謂其相似，殆偶未詳檢驌書歟？」（《皇王大紀》提要）然則雖知其非，亦無法歸類，故勉強入於紀事本末類，《繹史》提要稱其書「仿袁樞《紀事本末》之例，每一事各立標題，詳其始末，惟樞書排纂年月，鎔鑄成篇，此書則惟篇末論斷出驌自作，……」固亦知其不同，故《提要》又云：「史例六家

古無此式，與袁樞所撰，均可謂卓然特創，自爲一家之體者也。」蓋《繹史》僅臚陳史料，並不連綴成文，鎔鑄成篇，是以外於各體也。因定其爲紀事本末之長編，以別於編年之長編。至其編纂體例，約之如下：

（一）編次例

1. 《繹史》一百六十篇，篇各立目，每篇爲一卷，其篇帙較多者，或分上下，或別爲四或六分篇，仿《漢書》之法。如卷二十三「周官之制」分上下，卷二十四「周禮之制」分六分篇，卷四十四「齊桓公霸業」分四分篇。事之簡婳史料較略者附於相關篇目，如「女媧」附於「太皞紀」，「后啓」附於「夏禹受禪」，「魏文侯之賢」、「聶政刺韓傀」、「韓滅鄭」並附於「三卿分晉」等是。各篇依太古、三代、春秋、戰國爲序，外錄如同書志，次於最後。

2. 各篇之中，或以時次爲序，或以事類爲序，間或自標節目。以時次爲序者，如卷六十八「孔子類記」分爲本生、觀周、適齊、用魯、歷聘、哀公問、刪述、垂訓、遺事、多聞、外紀、終紀等十二節；其以事類爲序者，如卷八十七「晉卿興廢」先三卿世系考，次趙氏之難，次郤氏之亡，以下歷敘欒氏之亡、韓宣子爲政、祁氏羊舌氏之亡、范氏中行氏之亡、趙簡子之賢、趙襄子之立，終以知氏之亡。〈徵言〉云：「紀事則詳其顛末，紀人則備其始終，十有二代之間，君臣之蹟，理亂之由，名法儒墨之殊途，縱橫分合之異勢，瞭然具焉。」是以前人或目之爲紀事本末也。

（二）引書例

1. 諸書用字不同，悉依原本，不妄改字。〈徵言〉云：「如《公羊》『脤脩』，《穀梁》作『鍛脩』，無駭卒，《穀梁》作『侅』，齊人殲于遂，《公羊》作『瀸』，此類甚多；《周官》『法』皆作『灋』，《三禮》『徧』多作『辯』，《呂覽》『僅』或作『覲』，『期』或作『旗』，《莊子》『居』或作『姬』。此各書用字之異，不可更也。」又卷八十六之三案語云：「凡『小邾』，《公羊》俱作『小邾婁』；『審』，《穀梁》作『寧』；『班』，《公羊》作『般』。」又如《國語》「退」均作「逻」（例：卷五十一下引〈晉語四〉：「師逻次於鄍」），其他如「懸」作「縣」、「和」作「龢」、「罪」作「辠」等皆是。

2. 史料之重要者爲正書，次要者細書爲附載，有所辨說則加案語。例如卷五「黃帝紀」先引《史記・五帝本紀》敘黃帝之出身爲正書，附載則錄《帝王世紀》、《河圖握拒》、《孝經鉤命訣》、《拾遺記》、《白虎通》之說，案語引《五行書》「以戊子日生」以爲《拾遺記》「戊己之日生」之異說。又卷三十一「魯隱公攝位」，隱公元年三《傳》所釋元年春王正月、不書即位之文，均作正書，案語云：「此入春秋第一義例，《公》、《穀》各發異論，故三《傳》竝正書。以下紀事，惟《左氏》正書，其《公》、《穀》之尤卓者，或亦正書，餘皆細書。」蓋《左傳》敘事詳贍，故馬氏以爲重焉，有所不足，方藉重《公》、《穀》也。如卷十四「宋殤公閔公之弒」宋華父督弒殤公，《左傳》桓二年僅云：「宋督攻孔氏，殺孔父而取其妻，公怒，督懼，遂弒殤公。」故又正書《公羊傳》「督將弒殤公，孔父生而存，則殤公不可得而弒也」一節，以釋先攻孔父之故，復正書《穀梁傳》「督欲弒君而恐不立，於是先殺孔父」一節以明之，若僅據《左傳》，則不易推知先殺孔父之因由。

3. 所引各節，大體均依原書具錄，然亦有增減者。《繹史》通常照錄原文，甚有錄全書者，如《春秋》（卷八十六之三）、《易・爻辭》（卷二十二）、《象辭》（卷八十六之二）、《老子》（卷八十三）。然亦有節引者，節引有下列各種情況：

   (1) 略去該段所無需者：如卷八十九引《吳越春秋》第四：「六月，欲用兵，會楚之白喜來奔。闔閭見白喜而問曰……」、「白喜來奔」下節去「吳王問子胥曰白喜何如人也」一段；又如卷五引《古今注・輿服》：「黃帝與蚩尤戰於涿鹿之野，……故因而作華蓋也。」「黃帝」原文作「華蓋黃帝所作也」，因承上文作指南車，故節略此文，使之順暢；又如卷一五四引《漢書・五行志》凡述及漢事者多略去。〔註3〕

〔註3〕 亦有失引未及略去者，如一五四下引〈五行志〉：「《京房易傳》曰：夏雨雪，戒臣爲亂。」〈志〉因前文云：「文帝四年六月，大雨雪，後三歲，淮南王長謀反。」故引京房說，而馬氏所錄無夏雨雪者，不應引此節也；又如下文「厥災霜，夏殺五穀」係因武帝元光四年隕霜而言；「海數見巨魚，邪人進，賢人疏」係因成哀間出大魚而言；「黑龍從井出」爲惠帝時事，「馬生角」爲文帝時事，均屬漢事，不應引錄。

（2）略去前引他書已述及者：如卷十引《史記・五帝本紀》「舜得舉用二十年，而堯使攝政。……行厚德，遠佞人，則蠻夷率服。此二十二人，咸成厥功。」「蠻夷率服」下節去「舜謂四嶽曰」勑命二十二人之事，以《史記》此段採用《尚書・堯典》文，而〈堯典〉命此四岳九官十二牧之事已引在前，故略去也；又如卷四十四之一引《管子・小匡》：「桓公自莒反於齊，使鮑叔牙為宰，鮑叔辭曰：『夫管仲民之父母也，……』」原文「辭曰」下有鮑叔自言不及管仲者五一段，以其語略同〈齊語〉，而前引《國語》固已及之矣，故於此節去。

（3）略去原文所未安者：如卷二十引《逸周書・世俘》，節略「辛亥薦俘殷王鼎」至「乙卯籥人奏〈崇禹〉、〈生開〉，三終王定」一段，以其可能為錯簡也，案語云：「此記……殘缺錯簡，多所未詳。」朱佑曾亦云：「自『辛亥薦俘殷王鼎』以下至此（案：『三終王定』句），若移後『至于沖子』之下則順矣。」（《逸周書集訓校釋》卷四）又曰：「此篇非一人所記，故錯出于此。」（同上）

（4）約舉原文者：此類均見於案語中，如卷六案語引杜氏《左傳注》云：「鳳鳥知天時，故以名歷正之官；玄鳥〔燕也〕以春分來，秋分去；伯趙〔伯勞也〕以夏至鳴，多至止；青鳥〔鶬鴳也〕以立春鳴，立夏止；丹鳥〔鷩雉〕以立秋來，立多去，〔入大水〕；上四鳥皆歷正之官屬；祝鳩孝，故為司徒，主教民；……」此蓋合昭十七年各節《注》文為一，略其繁語，以清省也；文中用「；」號者原文不相連，用「〔　〕」號者節略之文。前章「引書表」中案語引述之書有「*」號者，皆此類也，以案語多評述，故無礙於史料之運用。

（三）取舍例

1. 二說相似則從其所重：《繹史》引用資料既廣且多，各書所載，不免有相同而近似者，多從其所重而錄之。如卷四十四之一引《左傳》莊八年：「齊侯使連稱管至父戍葵丘，瓜時而往，……二人因之（夷仲年）以作亂。」《管子・大匡》亦載此事，不引；又卷一〇一引《戰國策・魏策一》：「韓趙相難，韓索兵於魏……〔韓趙〕已乃知文侯以講於己也，皆朝魏。」案云：「《韓非子》同。」蓋此事亦見於《韓非子・說

林下》，僅於案語中說明，不另引。此類蓋重其較早出之說故。又卷九十五之三引《家語‧致思》子路治蒲，請見於孔子以問治，此事又見於《說苑‧政理篇》，稍略，不引；同卷又引《家語‧辨政》子路治蒲三年，孔子過之，三稱其善，此事又見於《韓詩外傳》六，不引，僅案云：「《韓詩》同。」此類蓋重其語詳也。

2. 二說各有長短無從取捨，則並列之：如卷七十七下引《晏子‧內篇‧諫下》景公成路寢之臺，逢於何遭喪願合葬一節，又引〈外篇七〉盆成适願合葬其母一節，案云：「一事也，內外篇記載駁異，不妨並美。」又卷一二○引《戰國策‧秦策二》楚絕齊，齊舉兵伐楚，陳軫以管莊子刺虎喻秦王，又引《史記‧張儀列傳》韓魏相攻，朞年不解，陳軫以卞莊子刺虎喻秦惠王，案云：「《策》言齊楚相伐，《史》言韓魏相攻，軫說則同，故兩存之以俟考。」

3. 書之偽者，說有可取則取，妄繆者不錄：如卷四十七引《詩說》：「〈河廣〉，宋桓夫人生襄公而出歸于衛，襄公即位，夫人思之而義不可往，故作此詩。」案云：「《詩說》顯明，不嫌其偽。」蓋取其說詩之有見，不因偽作而廢之也。卷十九案語云：「《六韜》偽書，故不多錄。」蓋存之者以見後世附會太公一斑耳。又卷三案語云：「《三墳》既以伏羲為燧人之子矣，又以朱襄為飛龍氏，昊英為潛龍氏，又上相共工，下相栢皇，及票陸、赫胥、昆連、葛天、陰康、大庭、混沌諸氏，皆伏羲之臣，而女媧為帝后，此其最妄謬者，不錄其辭。」又卷四四二引《管子‧輕重戊》桓公服魯梁，案云：「此篇又載有服萊莒楚代衡山等事，事既相類，種種悠繆，今不具錄。」又卷八十三論云：「道家稱為老氏之書者多附託，不具錄；錄其五千言焉。」是皆可見。

（四）互見例

《繹史》敘事引書，原則上均不重出，事之關應與史料之重複者則用互見之法：

1. 事之關應者：如卷五引《史記‧五帝本紀》：「黃帝二十五子，其得姓者十四人。……嫘祖為黃帝正妃，生二子，其後皆有天下：其一曰玄囂，是為青龍，青龍降居江水；其二曰昌意，降居若水。」案云：「玄囂、青陽，諸書為兩人，說見下卷。」而於卷六引諸書說，並於論中辨青陽與玄囂皆黃帝之子而非一人。同卷又引〈五帝本紀〉：「黃帝

崩……其孫昌意之子高陽立，是爲帝顓頊也。」案云：「《史》不記少昊氏，說見下卷。」卷六「少皡紀」專敘少昊氏，並於論中說青陽即少昊。又卷二十一引《史記‧魯周公世家》：「封周公旦於少昊之虛曲阜，是爲魯周公。周公不就封，留佐武王。」案云：「語詳『攝政篇』。」「攝政篇」者，卷二十二「周公攝政」之篇也，蓋卷二十一敘周建諸侯，故有關周公不就封而留周事，詳敘於下卷也。

2. 史料之重複者：卷一四七下「韓非刑名之學」引《韓非子‧內儲說上》，案云：「諸事已見別卷者不錄，下同。」又卷一五三引《禮記‧月令》，復節引《淮南子‧時則》，案云：「《淮南‧時則訓》同者不錄，錄其異者，餘倣此。」錄其異者如卷二十四之六引《禮記‧王制》：「凡養老，……九十者其家不從政，廢疾非人不養者，一人不從政，父母之喪，三年不從政……。少而無父者謂之孤……」案云：「〈內則〉九十者其家不從政，瞽者亦如之。凡父母在，子雖老不坐。其餘文同，無『少而無父』以下。」〈內則〉與此多同，故僅記其異文於此，不具錄。又卷一四三下「荀子著書」引《荀子‧禮論》，節略「三年之喪何也」至「是百王之所同，古今之所一也」一段，案云：「『三年之喪』一段，已見《禮記‧三年問》篇，今不錄。」蓋前已於卷二十四之四「周禮之制四」喪服一節引用〈三年問〉「三年之喪」之文，案云：「語本《荀子》。」以其內容相同，文字大致不差，故不重見也。

（五）補釋例

《繹史》所引各文，或有文意不清，或有敘事未詳者，則爲補釋以見義。其法或引故書或自爲說：

1. 引故書以釋之：如卷三引《史記‧封禪書》：「太帝使素女鼓五十弦瑟，悲，帝禁不止，故破其瑟爲二十五弦。」案語引《正義》曰：「太帝謂太昊伏羲氏。」〔註4〕又如卷五引《黃帝內傳》：「黃帝伐蚩尤，玄女爲帝製夔牛鼓八十面。」下引《山海經‧大荒東經》流波山上有夔獸之文以釋之。

2. 自爲說以補釋：如卷三引《新語‧道基篇》：「先聖仰觀天文，俯察地

〔註4〕 此文〈孝武本紀〉亦襲用，而「太帝」作「泰帝」，《正義》亦作「泰帝」，文載於〈孝武本紀〉，不在〈封禪書〉，馬氏從〈封禪書〉作「太帝」，復改《正義》「泰帝」字。

理……」案云:「先聖蓋指伏羲。」又如卷三十三引《左傳》隱公三年:「(石碏)子厚與州吁游,禁之不可,桓公立乃老。」案云:「衛桓公之立在春秋以前,周平王三十七年,至是十五年矣。」又如卷四十四之二引《尚書中候》:「齊桓之霸,遏八流以自廣。」《春秋保乾圖》:「移河爲界在齊呂,塡關八流以自廣。」案云:「言桓公塞九河之八以自廣其地。」

（六）標著例

1. 《繹史》引書,原則上僅標書名,不注篇名。

2. 注篇名之式有二:

   (1) 於案語註明:《禮記》、《大戴禮》全部注篇名;《詩經》通常竝引《詩序》,若僅引數章則注之,如卷十八引〈皇矣〉,案云:「〈皇矣〉三章四章。」卷二十引〈文王有聲〉,案云:「〈文王有聲〉後四章。」此例極少;《史記》有少數引文亦注篇名,如卷一〇一引〈河渠書〉、〈滑稽傳〉,卷一五九引《史‧龜策傳》、褚少孫〈補傳〉,卷一五七引「秦惠王二年,行錢。」案云:「見〈六國表〉。」

   (2) 於文首標篇名:此類均係作爲個人著述而引錄者,如卷四十四之三、四「管子著書」錄《管子‧牧民》、〈形勢〉、〈權修〉、〈立政〉、〈乘馬〉、〈七法〉、〈五輔〉、〈地員〉等篇;又如卷一〇三「楊朱墨翟之言」引《墨子‧親士》、〈尚賢〉、〈尚同〉、〈非攻〉、〈非儒〉等篇;又如卷一四三「荀子著書」之引《荀子》、卷一四七「韓非子刑名之學」之引《韓非子》等是。

3. 同一書蒙上文正書者不另標書名:卷三十一案語云:「《左傳》蒙上文正書不標名,餘同。」此謂正書連引一書,雖有附載他書廁於其間,後文亦不另標書名,蓋視附載猶注故。

4. 正書附載書名均加匡:此各刻本同,而文淵閣本不加,頗不便讀者;《國學基本叢書》本則用「【　】」(正書)與「〔　〕」(附載)號。

5. 書名之稱,正書附載多從本名,案語則或用異名:如各卷《呂氏春秋》正書附載用原名,案語所述,則多稱《呂覽》;又如《穆天子傳》之媢稱《穆傳》,《史記》之單稱《史》等皆是,此蓋就行文之便耳。

以上《繹史》體例多馬驌所不自言,故爲歸納之如此,以見馬氏編纂之非苟作者。

第二節　編纂方法

　　《事緯》與《繹史》編纂之法，馬氏所不自道，後人亦難詳明之。本節僅能試作較合理之推測，不敢謂必得馬氏之情也。

　　《左傳事緯》之編輯，應較單純：可能先依事立目，而後循原書逐年鈔錄，稍涉某事者則爲標明；每段鈔爲一紙，注明某年，歸入所當條目，而後依各目排比先後鈔纂即成。

　　馬驌之於《左傳》，當屬極熟而流者，其《繹史·徵言》云：「頃於《左氏春秋》篤嗜成癖」，並刻有「臣有左傳癖」之章，其對《左傳》敘事之涵融深審，應無可疑。故依事立目，當非難事；初步所立，或未盡善，仍可以分合調整而成爲後來之一百零八篇。循原書逐年鈔錄，則於《傳》文無所遺漏，馬氏所謂「無遺古史之文」也；每段一紙，則歸類鈔錄時，「從所重錄之」，可以避免重疊複沓之弊。若非如此，欲不增減《傳》文一字，恐不易爲也。

　　至於《繹史》之編纂，當遠爲複雜：可能亦先依事立目，再繙檢各書有關古史者，逐篇鈔錄，每條一紙，歸入相當之事目，於鈔錄過程中，並調整目錄，依所得資料分合增減之。鈔錄既畢，就各篇所錄分別考訂，考訂之間，去取已決。而後逐篇依事之先後與文之詳略信度纂成，其有類同不用者，則於所同者注之，考辨互見等說亦附入。

　　善鈔書可以成著作，馬驌固善鈔書且勤於鈔書者。其〈覽左隨筆〉應即隨覽隨鈔，再予歸類而成；《十三代瑰書》今雖不見，而成啓浣稱其書「卷帙甚富，草稿二篋」，且已輯成數十冊，則當係鈔錄而成，三百二十二種中，《左傳》、《管子》、《韓非子》、《國語》、《國策》等，分量均重，非勤奮致志不能爲之〔註5〕。馬氏鈔寫《十三代瑰書》與鈔集《繹史》資料，可能同時進行。前代學者得書每難，故鈔書自不可免。顧炎武〈鈔書自序〉云：「遊四方十有八年，未嘗干人。有賢主人以書相示者，則留。或手鈔，或募人鈔之。」顧氏之盛歎《繹史》，與此或不無關係。

　　馬氏所鈔，每則一紙，可以避免編輯之重複；分篇歸類，便於史料之蒐

〔註5〕　金壇蔣衡手寫十三經，凡十二年而成，其中《春秋左傳》即費時五年。錢泰吉《曝書雜記》引蔣氏〈自跋十三經殘字冊〉云：「余矢志力書，計全經八十餘萬言，於是先其難者，以《春秋左傳》二十萬言始，凡五年訖工。」雖鈔寫之工草或許有別，而馬氏之用力亦可想見。

集與考較。此法前人固嘗用之矣，白居易之作《六帖》、李燾之撰《長編》，皆以此也。楊億《談苑》云：「白居易作《六帖》，以陶家瓶數十，各題門目，作七層架列齋中，命諸生採集其事類投瓶中，倒取鈔錄成書，故所記時代，多無次序。」白氏所作，僅爲詩賦之辭藻典故設，是以多無次序，楊氏論其失當，然亦反應前人纂集類書之法，馬驌之撰《繹史》，應亦不外乎是；惟體例先定，故編次井然。又周密《癸辛雜識・後集・脩史法》稱：「余嘗聞李雙溪獻可云：昔李仁甫爲《長編》，作木廚十枚，每廚作抽替匣二十枚，每替以甲子識之，凡本年之事，有所聞必歸此匣，分日月先後次第之，井然有條，眞可爲法也。」亦此法之運用也。

此外，《繹史》所收史料有無目可歸又頗具價值不可輕棄者，則別彙聚之，如春秋部分，彙爲「春秋遺事」，卷一〇〇云：「事之異同，備載本卷（案：指事類所歸之各篇），其不可強附者，錄於此。傳曰：善學者若齊王之食雞跖也。采傳記，錄遺事，俾食跖者取焉。」〔註6〕其所不輕棄，亦爲便後人之取資也。

以上之所推測，雖未盡得馬氏當日之情，然亦頗有可能也。呂思勉稱道馬驌《繹史》，亦以其編纂之善也，呂氏《歷史研究法》第七章云：「編纂史料彙編，當用前人作史抄的方法，所謂史抄，是把從前人的著作，依著我所定的條理系統，抄集下來的。不改動原文。但遇兩書材料相同的，則去其重複，然亦仍須註明。有刪節處，亦須註明刪節。總使人家看起來，和看原書一樣。爲什麼必要用這種體例呢？那是因爲讀史總要據原始材料的；而且有許多地方，史事的眞相，就是據字句推勘而得；所以字句一有變動，又要生出一番校勘之勞，這個殊不犯著，所以要一概照抄，如有意見，則另註於下。善用這種體例的，亦可以成爲著作，如馬驌的《繹史》，便是一個例子。」自註云：「羅泌的《路史》，材料實較《繹史》爲豐富而可貴，如用《繹史》的體例作成，當更可貴。」以《路史》材料較《繹史》爲豐富而可貴，實未必然，而所稱《繹史》之善於編纂，實爲得之。其《讀史札記》亦云：「言古史，最爲後人所稱道者，莫如馬驌。」（戊帙「路史」條）

〔註6〕《呂覽・用眾》：「善學者若齊王之食雞也，必食其跖，數千而後足。」馬氏用此意，蓋謂博取精華也。《淮南子・說山》說同，惟「數千」作「數十」，似較合理。《文心雕龍・事類》亦采此說：「是以將贍才力，務在博見，狐腋非一皮能溫，雞蹠必數千而飽矣。是以綜學在博，取事貴約。」蹠同跖。

第三節　馬驌史學之成就

　　綜觀四、五章之所析論，吾人對馬驌之史學，可得較清楚之概念，其成就在歷史編纂方面尤爲特出，無論史料之蒐集、考訂，或史書之編纂，均有超乎前人者。約其所長，厥有四端：一曰體裁之別創也，二曰蒐集之全備也，三曰考訂之獨見也，四曰編述之客觀也。茲分敘如下：

一、體裁之別創

　　易《左傳》之編年爲敘事也，始於宋章沖之《春秋左氏傳事類始末》，章氏之書依年爲序，每事立目，然其目分之過細，甚者如僖十八年「鄭鑄三鐘」不過二十七字，文元年「閏三月非禮」四十八字，昭十年「宋平公卒」三十一字，均爲立目，故其事類多至三百餘，除若干篇次較長、文之相承顯明者外，無異於《左傳》之分節標目，未能遽以爲紀事本末之體也。至明傅遜《春秋左傳屬事》亦易編爲屬事，〈自序〉云：「取王敬文（執禮）本藏而成焉。懼其事繁紊且遺也，故於諸國事各以其國屬，而仍次第之。」其書蓋事以題分，題以國分。分目大抵稱當，而於《傳》文之引用，或重複，或節引，以紀事本末體例之，殊有未當。其「凡例」云：「凡一事而宜分見兩屬者，則置於所重之中，而於其輕者則從節，仍云詳見某處。……若有一二句從節者止空一字，不復云詳見餘見。」如卷一「子克子頹子帶之亂」引僖二十五年《傳》：「春，秦伯師于河上，將納王，狐偃言於晉侯曰：『求諸侯莫如勤王。』」以下節去，而於卷三「晉文公之伯」復重引此文，而「春」亦非原文所有。對《傳》文之處理，尙欠嚴謹。又《四庫提要》謂其「凡《傳》文之有乖於世教者，時亦糾正焉。」此則未盡史體矣。馬驌《左傳事緯》則出以史家之法，其體例之嚴謹實超軼前脩，「辯例圖譜，悉出新裁」（《繹史·徵言》），「帝派天官職官，則愚意所增」（《事緯·例略》），知其固有獨創者也。是以《四庫提要》稱「驌於《左氏》實能融會貫通，故所論具有條理；其圖表亦皆考證精詳，可以知專門之學，與涉獵者相去遠矣。」

　　《繹史》體裁之獨創，本章第一節已詳言之矣，前此類似之著作如蘇轍《古史》、羅泌《路史》、胡宏《皇王大紀》均遠不及之。《古史》爲補正《史記》而作，其〈敘〉稱太史公「其爲人淺近而不學，疏略而輕信，……甚者或采世俗相傳之語，以易古文舊說。」是故「因遷之舊，上觀《詩》、《書》，下考春秋及秦漢襍錄，記伏羲神農訖秦始皇帝，爲七本紀、十六世家、三十

七列傳，謂之《古史》。」其書以人爲經，仿《史記》之體，所敘資料均不注明來源，去取之際，多從主觀，《四庫提要》辨之詳矣，《提要》又云：「平心而論，史至於司馬遷，猶詩至於李杜，……轍乃欲點定其書，殆不免於輕妄。」《路史》則分前紀九卷，述初三皇（天皇地皇人皇）至陰康無懷，後紀十三卷，述太昊至夏后，另有餘論、發揮等。其書搜採頗不嚴謹，《四庫提要》云：「皇古之事，本爲茫昧，泌多採緯書，已不足據；至於《太平經》、《洞神經》、《丹壺記》之類，皆道家依託之言，乃一一據爲典要，殊不免龐雜之譏。」至於《皇王大紀》，所述上起盤古，下迄周末，前二卷僅粗存名號事蹟，帝堯以後始採集經傳而附以論斷。《提要》稱其較《路史》切實多矣，然考其史料，大約僅止於《詩》、《書》、《易》、《禮》等書，實極貧乏，如卷九祖庚一世，僅三祀引《商頌》之〈玄鳥〉、〈長發〉、〈殷武〉，七祀書「王崩，弟祖甲立。」卷十周太姒僅引《大雅・思齊》、〈大序〉、〈周南〉之十一篇，竟無他事可載，實疏略過甚。而史料之去取則依其心目中聖賢之標準，如卷十論曰：「今記（案指《呂覽》、《新序》）文王葬朽骨，……朽骨而無主則無爲望其報，於此見文王心無一毫在於利也，心無一毫在於利，眞天下之君也，此所以記之也；有載武王遇暍者於道，負置蔭樾之下，左擁而右扇之者。夫武王克相上帝，寵綏四方之君也，豈陵遲無政，姑息如此哉？乃道路妄庸人之言爾，是類則削。」若此絕非史家應有之態度。馬驌則以全備客觀爲主，不輕事刪削，即不同意之說亦加援引，固忠實於史料，以俟後人之別擇也。康有爲曾批評《古史考》、《路史》等書之妄作，其《孔子改制考》卷一「上古茫昧無稽考」曰：「六經以前，無復書記，夏殷無徵，周籍已去，共和以前，不可年識，秦漢以前，乃得詳記。而譙周、蘇轍、胡宏、羅泌之流，乃敢於考古，實其荒誕，崔東壁乃爲《考信錄》以傳信之，豈不謬哉！」康氏不議及《繹史》，豈因《繹史》之述而不作故邪？

二、蒐集之全備

前代學者，得書每多不易，益以舉業之導向，其上焉者精研數部，以此成一家之學；下焉者則除四書時文外，多廢書不觀，信乎博觀約取之爲難也。顧炎武〈鈔書自序〉云：「高祖爲給事中，當正德之末，其時天下惟王府官司及建寧書坊乃有刻板。其流布於人間者，不過四書五經《通鑑》性理之書。他書即有刻者，非好古之家不能蓄。」明代中葉書籍流傳之狀況可以推知，

即至明宋，顧氏亦仍苦得書之難，故雖未嘗干人，而不得不因鈔書而稽留也。乾隆三十九年李文藻〈送馮魚山說文記〉亦稱書價之高與粵中得書之難：「國家以《說文》治經，惠半農侍讀最先出，……高郵王懷祖戴〔震〕弟子也，己丑（1769）冬，遇之京師，屬爲購毛刻北宋本。適書賈老韋（案：在琉璃廠）有之，高其直。王時下第囊空，稱貸而買之。……予於是年赴粵，所攜書皆鈔本之稍難得者，謂其易得者隨處覓之。至則書肆寥寥，同官及其鄉士大夫家亦無可假是書。……」（《南澗文集》卷上）〔註7〕崔述亦嘗詆科舉拘限讀書者之眼界，《考信錄提要》卷上云：「至明，以三場取士，久之而二三場皆爲具文，止重四書文三篇，因而學者多束書不讀，自舉業外茫無所知。」〔註8〕馬驌不採四書，以其列在學官，「士子卯角誦習」；至於五經，則「士或偏治其一，不復旁通」，似亦反映當世多數士子之究心舉業與讀書之少，於是知馬氏上下群籍之爲難得也。

馬驌裒集史料，可謂上窮碧落下黃泉，舉凡當時可見之書，靡不網羅，其亡逸者，則不憚繁瑣，自注疏類書中輯出。輯佚始於宋人〔註9〕，至清而大盛。而清朝輯佚之盛，實由於自《永樂大典》輯古佚書始；然前此馬驌固已甚著意於此矣。《繹史》中不乏輯自他書所徵引者，雖未彙集成篇，其所蒐采，已可概見；至夫《十三代瑰書》中所錄，多有世所不傳之書，則無疑爲其輯佚之具體成果也（參第二章第四節）。〔註10〕

《繹史》中常有案稱「未聞」者，如卷六十五引《說苑》宋司城子罕亡，

〔註7〕　明末清初多鈔纂之作，如顧炎武《天下郡國利病書》、朱彝尊《經義考》、顧祖禹《讀史方輿紀要》等，或亦反映書籍難得之情況。

〔註8〕　蘇軾亦嘗歎宋代書較從前易得，而學者則多囿於科舉，束書不觀，其〈李氏山房藏書記〉云：「自秦漢以來，作者益眾，紙與字畫，日趨於簡便，而書益多，世莫不有。然學者日以苟簡，何哉？……近歲世人轉相摹刻，諸子百家之書，日傳萬紙，學者之於書，多且易致如此，其文詞學術，當倍蓰於昔人；而後生科舉之士，皆束書不觀，遊談無根，此又何也？」蘇軾之痛，蓋千古同然也。

〔註9〕　章學誠以爲輯佚始於王應麟之輯《鄭氏周易》、《鄭氏尚書注》、《三家詩考》（《校讎通義‧補鄭篇》），葉德輝則據黃伯思《東觀餘論‧跋慎漢公所藏相鶴經後》以爲始於眞靜陳尊師之輯《相鶴經》（《書林清話》卷八「輯刻古書不始於王應麟」）。

〔註10〕　崔述《補上古考信錄》卷下云：「或云：譙周《古史考》即以神農炎帝爲兩人，與《史記》同，惜余未得見其書也。」《古史考》宋元人猶及見之，至清初已亡，馬驌曾輯出十餘則，而崔述則歎其不得見，似未嘗措意於此，方之馬氏，固有不如者。

子韋不從，案云：「子罕之亡未聞。」又如卷七十九引《韓非子》鴟夷子皮事田成子，田成子去齊，走而之燕，案云：「田成子走燕，其事未聞。」夫未聞者，蓋謂無他說可佐證之也，似此，則非廣蒐史料不能下是語。因其聞見廣，故於史料之考訂別擇，非固執一說者所可擬。

三、考訂之獨見

馬驌考訂之見，已具論於上章第二、三節，其所以常能讀書有間者，蓋由於廣見聞而善比勘，殆所謂「觀千劍而後識器」者也。由於馬氏之「得魚忘筌，得意忘言」，特辭達而已，不事張揚，故往往有所考訂而不為說，是以考史之名不彰。顧其所論，雖未衍為長篇巨製，然大體已具，方之後世所謂科學方法者，亦不遑多讓也。

四、編述之客觀

馬驌之重編《左傳》，不增減更易一字，使其敘事貫串；《繹史》則臚列史料，異說並陳，所謂其身不言，使史料自言之也。自其先後輕重，可以知馬氏意之所在；更由於不廢異說，讀者可以自考正，別去取。除正面陳述外，亦不隱匿反面資料，態度之客觀，足為吾人法式。至其所不知，則不強作解人，蓋《穀梁》所謂「《春秋》之義，信以傳信，疑以傳疑」，夫子多聞闕疑之教也哉。

綜上所述，知馬氏之學，實有超乎前賢者，《繹史》之作，尤為創舉。蓋《古史》、《路史》、《皇王大紀》，以至乎《通鑑外紀》、《通鑑前編》，均不脫成一家言之志。然貫串史事，以成載記，則取材必須擇別，異說必須考辨，而諸書多不明材料之所從來，亦不敘所以去取之故，於其信度未免有礙；若得後人為之箋疏，知其言必有據，如胡克家之注補《外紀》，猶可表而出之，否則價值實不甚高也。馬氏或有鑑於此，故不汲汲於著成古史紀，蓋先敘列史料，別其等次，間明去取之故，或竝載兩歧之說，其甚無價值者則芟棄不錄，是則予後人以一完整之史料長編。載籍多在，可以稽考，而分列正書附載，閱者知所取擇，是其書雖非古史而猶一古史也。

然則吾人於《繹史》亦有所致其疑者，如晉厲公之弒，馬氏似特為其諱者。考《國語》之言及晉厲之弒者有四：〈晉語六〉：「既刺三郤，欒書弒厲公，乃納孫周而立之，寔為悼公。」又「三月，厲公弒。」又「欒武子、中行獻子圍厲公於匠麗氏。」〈晉語七〉：「既弒厲公，欒武子使智武子、彘恭子如周

迎悼公。」馬氏不取前三者，而卷六十四「晉悼公復霸」引〈晉語七〉則作
「既殺厲公」，考各本多作「弒」，惟《國語補音》作「殺」，然張以仁以爲《補
音》之「弒」皆作「殺」，此亦以「弒」爲宜。（參《國語斠正》卷十三）《繹
史》同卷引《左傳》成公十八年「使荀罃士魴逆周子于京師而立之」云云，
又略去前文不引，《左傳》前文云：「十八年春正月庚申，晉欒書、中行偃使
程滑弒厲公，葬之于翼東門之外，以車一乘。」既敘悼公之立，宜先述厲公
之薨，於此則舍之；而於卷六十一敘晉厲公事，亦不竟其終，僅論稱「晉厲
公在位八年。」且除《晉語》外，《呂覽・驕恣》、《淮南・人間》均有欒書、
荀偃囚殺厲公於匠麗氏之文，以馬氏之博取，何以略諸？似非單純之疏漏而
已。比較卷五十一「晉文公霸業」之費許多篇幅歷敘獻惠事，以及於文公即
位，詳略之間，實不可解。雖此小疵，要之，亦不能以一眚掩也。

第六章　歷史批評

　　《孟子》云：「尙論古之人，頌其詩，讀其書，不知其人可乎？是以論其世也，是尙友也。」（〈萬章下〉）焦循《正義》云：「古人各生一時，則其言各有所當，惟論其世，乃不執泥其言，亦不鄙棄其言。」蓋欲尙論古人，須明其所處時世之政事風俗，而後能體會其所以如何之故也。是以劉咸炘《治史緒論》曰：「史學有二：一曰作史之法，二曰讀史之識。作者有識，乃成其法，讀者因法而生其識。……識者，知政事風俗人才變遷升降之故，《孟子》所謂論其世者也。」今承此義，以見馬驌之史識。

第一節　知　人

　　孔子曰：「不知言，無以知人也。」蓋推原古人行事之心，察其言，觀其行，方足以知人也。馬驌之臧否古人者，往往而見，而常能推原其心，庶得其情。茲舉數則爲例：

一、論湯之代夏而有慙德

　　《繹史》卷十四云：「湯之代夏政也，迫而後起，不得已而後取之。然有慙德，何也？曰：始湯未有取天下之心，無取心而得之，湯之慙，湯之所以爲聖乎？」又云：「故湯之事桀，四海歸心而不貳，身拘重泉而無懟。遲之二十年，桀已耄矣，諫臣誅戮，讒邪日昌，韋顧昆吾之屬，播惡助虐而不可止，是始出師鳴條，爲南巢之放，豈非迫而後起，不得已而後取之？然湯猶以爲慙，此聖人之用心，異乎後世之利天下者矣！」蓋《左傳》襄二十九年

—177—

季札觀樂，見舞〈韶濩〉者，曰：「聖人之弘也，而猶有慙德，聖人之難也。」慙德者，前人或以爲「慙於始伐」（杜預《注》），或以爲「慙德不及古」（《尚書》僞孔《傳》），馬驌則以湯始無取天下之心，不得已而取之，是以爲慙，故論之如此。湯爲夏民而伐桀，此異乎後世之舉天下以爲我者也。馬氏又藉湯之誓亳眾，以堅其公天下之心。《繹史》卷十四又云：「惟是義師弔伐，而亳眾有不恤之怨者，何也？蓋自亳眾觀之，知商邑之安，不知夏民之危，知己之有穡事，不知夏民之在水火中也。常人狃於便安，聖心公於天下，故陳師誓眾，喻以天命民心，動以賞罰威勸，一戰而弔伐之義申。兵已輯，民已安矣。」

二、論周公之誅管蔡，蓋由於公義，亦不得已也

《繹史》卷二十二云：「抑〈大誥〉之書言殷亂而不及管蔡，何也？不忍言也。不忍言而卒誅之，何也？爲王室也。象欲殺舜，止於亂家，舜得而全之；管叔以殷畔，至於亂國，周公不得而全之。故黜殷天下之公義，誅管蔡亦天下之公義，公義之不得以私親掩，是周公之不幸也。」

三、論鄭莊公爲春秋之首惡

鄭莊公養成叔段之惡而後誅，世皆知之，或譏其失教（《左傳》隱元年），而城潁實母，因潁考叔之說，隧而相見，或大其悔；至於入許，《左氏》且稱君子謂鄭莊公於是乎有禮，馬驌蓋不以爲然也。《左傳事緯》卷一論云：「余觀鄭伯城潁實姜，人道絕矣，弟之不才，母氏奚尤？黃泉之誓，不幾千古罪人哉？夫寤生姜氏所惡也，叔段姜氏所愛也。姜之所愛，莊滋不能容矣。」此論其不孝也。《繹史》卷三十二論云：「〔莊公〕已嗣先君而有國矣，善事母而友愛厥弟，段也不才，夫豈不可教諫？親愛之、富貴之，抑亦可能慰母氏之心，乃姜之所愛，莊滋不能容矣。與之制則曰巖邑，懼其險阻而難制也，與之京則使居之，庶乎處大都以驕其志，因以蔽罪焉。」此謂莊公之不孝不弟，其志實在於剗除叔段也。《繹史》同卷又云：「鄭伯處心積慮，以成其殺，欲加之罪，何患無辭？……在莊之按兵未動，先邀愛弟之名，闕地而賦〈大隧〉，以爲天性之樂，母子猶初也，孰其信之？」是莊公之愛弟僞也，見母亦僞也，證以入許之役，知鄭莊之行事無不僞者。隱公十一年，鄭伯與魯公、齊侯伐許，既入，齊以許讓魯，魯不敢有，乃予鄭。鄭莊公則使許大夫百里奉許叔以居許東偏，並使公孫獲處許西偏，有制許叔之意，而《左氏》

乃稱其有禮。故馬驌曰：「甚哉《左氏》之輕予也，入春秋初，鄭莊彊暴，實曰首惡，而《傳》中稱之不置，抑過矣。……鄭許壤地相接，在所必爭。莊公利其土地，時來蓄謀，大宮授兵，其計已成。而直取之，謂任滅國之名，置之復無自利之實。故外爲甘言以欺二國（案：齊、魯），而內則攘之。不然，胡以處之東偏，又使獲制之也？齊魯遠處東海，即滅許而縣之，亦未能踰曹涉衛而有茲土，則入許誠以利鄭也。陰收其利，又以爲名，莊公之詐至矣！」（《事緯》卷一「鄭莊入許」）舍曰欲之，而實箸之熟矣，故《繹史》卷三十二乃表其心志云：「陰爲厚利而陽爲名高，狡爾瘯生，猶然克弟見母之故智耳。」至於周鄭交質，射王中肩，尤見其奸惡也。《事緯》卷一論云：「嗚呼！君尊臣卑，古今之大防也。使君而不君，臣而不臣，天下之綱紀紊矣，其何一尊之有？……周雖多故，亦唯是蠻夷戎狄，尚賴伯叔甥舅以鎮定之，不聞有兄弟之國，敢以一矢加王如鄭莊者也。」《繹史》卷三十五論云：「然而君臣無獄，況於稱兵，苟能謝罪入朝，臣道不虧，王怒可解，胡爲乎陳伍揚旝，矢集王肩？而謬爲卑辭，欲以掩過飾罪也。天下後世，盡可欺乎？平桓之時，諸侯之彊詐不仁，無如鄭莊公者，而善爲僞辭，以文其說。試觀其易田曰假，襲紀曰朝，逐其弟而愧餬口，離其母而賦融洩，滅許而分其國，則曰『我無利此土』，射王而中其肩，猶曰『不敢陵天子』，其於君臣母子兄弟鄰國閒，莫不內肆奸貪而外爲恭順，有聖天子出，必以鄭伯爲首誅焉。」蓋惡之甚也。

四、論晉靈公之弒，實趙盾之志

趙盾之弒靈公也，後世每稱董狐爲良史，而未嘗不爲趙盾惜也，《左傳》宣二年引孔子曰：「趙宣子古之良大夫也，爲法受惡，惜也！越竟乃免。」馬驌則以爲史書趙盾弒君，未爲冤也，蓋方襄公之薨也，盾本欲立公子雍，因穆嬴之偪而立夷皋（即靈公），所立非其意，故弒君固其素志也。《繹史》卷五十五論曰：「親弒靈公者趙穿也，而《春秋》書曰：『晉趙盾弒其君。』《傳》曰：盾亡而君弒，君弒而盾復。董狐斥書，故盾也爲法受惡，孔子稱爲良大夫。嗚呼！此非孔子之言也，盾若與聞乎弒，即至海外，猶將罪之，豈以越竟免哉！盾若不與聞乎弒，穿爲大逆，己受惡名，其何以服趙盾之心？無已，則穿之弒，而盾之志乎！」而後析論所以應歸咎於趙盾之因：「靈爲不道，臺上彈人、斗擊膳宰，其行事誠不足爲人君。雖然，夫豈天性哉？方襄公之薨

也，趙盾欲立公子雍，迫於穆嬴之偪，而立夷皋，所立非其意也。靈公以先君適嗣，方在襁褓之中，是子不才，夫豈不可教諫？盾專秉國政，未聞訓迪其君，而樹私立黨，文襄之業以衰。楚人曰：北方可圖，鄭人曰：晉不足與，是非盾之罪乎？族子授兵，身爲驟諫以要名，君既不仁，臣又不遜，至禍成伏甲，而踆犬絕頷，曰『君之獒，不若臣之獒也。』豈人臣禮哉？穿緣民眾不說，起而爲賊，盾入，與之共立乎朝。亡不越竟，反不討賊，是誠何心？故曰其志同也，志同則書重。大史曰：『晉趙盾弒其君。』子亦曰：『晉趙盾弒其君。』孝子慈孫，百世不能改矣，《春秋》大義炳如，其斯之謂與！」此蓋申夫子筆誅亂臣賊子之義也。

五、論孔子之不用於魯

《左傳事緯》卷十一云：「魯之於孔子也，惟定公一用之，用又弗終。嗚呼！聖人之窮也。計其終身施展之日，惟是夾谷之一會耳。曩者齊師壓境，……齊犁鉏之言曰：『魯用孔子，其勢危齊。』故告魯求會。然則此一會，魯之願，實齊之志也。夫齊土地甲兵，數倍於魯，謀臣猛士，數倍於魯，茲且變計而修好者，非畏魯國，蓋畏魯國之能用聖人焉。」此說齊知孔子之能而畏之，魯則不知用之，馬氏又云：「齊之君臣，日謀去孔子而不得，而魯人且將自去之。女樂來饋，彼婦興歌，而孔子不果留矣。」蓋孔子之去，雖齊之志，魯實爲之也。後魯雖又召之而卒不能用，至孔子之終，「時哀公微弱，三桓益彊，用田賦而不禁，討陳恒而不從，乃縈縈一誅，徒致慨於哲人其萎之後，哀公之不振，是又昭定之弗若也。」（《繹史》卷八十六）蓋極傷魯君之庸懦與孔子之寂寥也。馬氏以爲孔子者乃天下之孔子，非魯國所得私，故不能用於魯也當然：「嗚呼！使夫子而爲帝也，聖不過堯舜；使夫子而爲王也，賢不過湯文；使夫子而爲相也，功業不過稷契伊周。若夫垂憲百王，作法萬世，天之篤生夫子，非區區魯國所得私也，則魯之不用夫子也固宜。」（同上）此用反筆以述孔子之偉大，較司馬遷至聖之論尤有進者。雖然，其戚戚傷歎之情，亦不能掩焉。

李清之敘《繹史》也曰：「或奪或予，遂以筆舌爲衰鉞」，馬氏所論，蓋多此類，觀其筆誅鄭莊與推崇孔子，可以知之矣；而所難能者，爲原古人之心，以察其情，如論商湯之代夏、趙盾之弒君。夫能善體前人行事之用心，方足以尙論古人，於史家尤然。《詩》云：「他人有心，予忖度之。」此論史

者所宜知也。

第二節　論　世

孔子曰：「疏通知遠，《書》教也。」（《禮記‧經解》）太史公曰：「究天人之際，通古今之變。」（《文選‧報任少卿書》）所謂疏通知遠，通古今之變者，即《孟子》論世之義也。上世史料本多匱乏，第須博觀約取，方得疏通以知遠；通變者，明乎風俗政教之遞邅也。茲舉馬驌所論之要者如下：

一、論上古年世之難明

上古史料闕軼，作史者之所難明，年代世系，異說紛陳，其實無以確知也。《繹史》卷六論云：「最難知者，帝王之諸系；最無徵者，上世之年紀。《史》敘昌意於玄囂之下，何由知其爲黃帝之嫡？昌意降處若水，亦猶帝摯嗣位，堯受唐封，封建之來久矣，何由知其德之劣？《史》自三代以上，止表其世，共和以下，始紀其年，年固有不可強知也。必以顓頊爲在位七十八年，年九十八歲，則不得不就二十而曲爲之說，此皇甫氏之蔽也（案：指《帝王世紀》及顓頊生十年而佐少昊，二十而登帝位）。然則顓頊之年果若何，曰：是固不可知也。」如緯書者，往往強稱上古年世，而率多臆說，蓋以古者帝王德皆神異、壽皆久長；然後世之在位數十年者已不多見，修短不倫，故知其舛謬也。《繹史》卷一論云：「人壽之不齊，今猶古矣。黃帝在位百年，繼此者，唐帝殷宗，越周文考，多歷年所，顧不數見也，何獨洪濛之辟，皆身歷運會？抑堯舜齊聖，朱均不移，武周竝生，管蔡用畔；高陽高辛氏之子，有子有不才矣，安得九頭五龍，德皆神異，分理寰區，無或殂落，兄弟各一萬八千歲哉？信如十紀之說，名不雅馴，薦紳之所難言，即所稱二百二十六萬餘年，分爲十紀，則紀約二十餘萬年，因提六十八世，禪通九十餘世，世當得三千年，而一姓或止二三世，則是享年有永，祚世爲不長也。疏仡始黃帝以訖獲麟，不過二千年耳，方之以前，修短不倫，忽焉與魯史《春秋》同時絕筆，何其舛與？」古帝王之年世無憑，造作者任逞荒誕之說，實皆不愜於理。馬氏以爲上古名氏相當於族稱，而非一身之號，故能多歷年所也。《繹史》卷十論云：「古者帝王，一代之興，必建立名號，至如世及相承，則因之而不改。故太皥十五世皆襲庖犧氏之號，神農八世皆以炎帝稱，何獨黃帝之後，伯仲子孫遞相授受，必世世殊稱易運，而列爲五帝也哉！」同卷又云：「抑嘗考之：

《漢書》曰：『黃帝之子清陽，其子孫名摯，以金德王，號曰金天氏。』是少昊氏乃黃帝之後裔，而非其子也。《國語》曰：『少昊氏之衰，九黎亂德，顓頊受之。』蓋少昊氏一代之通稱，非當其世而遽衰也。然則顓頊之去黃帝，中閒曠隔，何得為黃帝之孫而昌意之子？《山海經》言黃帝生昌意，昌意生韓流，韓流生顓頊——韓流或作乾荒。按《山海經》所載古帝子孫，率多簡略，安知乾荒之外不更有所遺乎？且顓頊與帝嚳，亦未必親相接承也。不知傳歷幾世，而後高辛氏興，將帝嚳上至黃帝，又不止三世而已矣。」此一觀念，能解決一氏所歷年數過長之問題，蓋亦世官之說也。《繹史》卷五案語云：「神農氏後世德衰，非指炎帝之身也。」此以神農為族號；又卷十八論云：「后稷在陶唐虞夏之際，播時百穀，受封有邰，功誠偉矣，使其世嗣農官，守土保邦……」此以后稷為世官。〔註1〕

　　此外，馬氏又主張古帝治事時間有重疊，即所謂「試治」者，此為一極重要之古史觀。《繹史》卷六云：「抑嘗考之，黃帝在位已百年矣，少昊嗣之，未必復有八十四年之久，或者顓頊及見黃帝，由此登庸任治，其治天下，惡知不在軒昊之時？舜禹之功，成於唐世，奚必二十而登帝位哉！」卷八論云：「五帝之世，以公天下為心，非至德不足以治天下，非得至德之人，不敢授以天下。是以高辛高陽，咸起支封，又必試以官職，故高陽十五而佐黃帝，高辛亦十五而佐高陽，詢事考言，乃登大位，故曰五帝官天下。官天下者，以天下為公器，惟賢是擇，近不嫌於傳子，黃帝少昊是已；外不妨於異姓，堯舜是已。」職是之故，有舜成堯功，堯舜一家之說，《繹史》卷十論云：「〔舜在位〕當是時，俊乂登朝，化洽四海，賡歌喜起，揖讓廟堂之上，有更姓之名，而無改物之實，故唐虞猶一家也。」卷九論云：「而說者曰：四凶在朝，堯不能去，元愷在野，堯不能用，此非堯之不能也。當舜未登庸之時，共驩諸臣，類有鳩功任事之才，凶蹟未著，聖人何為無罪而行誅？抑帝所汲汲咨求者，得舜而授之以政。既得舜矣，考績黜陟之典，悉以委之，所去所舉，猶是以帝堯之心為心，而堯何庸有事哉？惟時禹皋稷契咸奏碩功，元愷之流，因才授職，罪人斯得，野無遺賢，於是舜之德，莫非堯之德，群下之功，莫非堯之功矣。」

〔註1〕　顧頡剛、史念海亦主此說，《中國疆域沿革史》云：「依《史記》所載，自后稷至文王共有十五世，而佔時千餘年之久，於理不合；《世本》……其相差仍巨。……然苟打破傳統觀念，不以后稷為虞廷之官，而依《左傳》所云……則知棄本商稷，世數年代固無不合也。」

二、論　霸

《春秋》之義，尊王攘夷，而所以行之者，端賴霸主也。有霸者出，合諸侯、尊王室、匡天下，否則往往喪亂薦仍。《繹史》卷八十二論曰：「昔子帶之亂，齊桓爲盟，而世子定，晉文納王而王室安；靖王之難，歷年而不競者，時無霸也。」此說尊王也。又卷五十八論曰：「狄自春秋以來，世爲諸國患，東則齊當其衝，南則鄭當其衝，東南則偪衛，西南則界晉，一盛於莊閔之際，而齊桓公救邢衛以攘之；再盛於僖文之際，而晉襄公敗箕以創之。中國之有霸，狄所憚也。齊桓衰而狄熾。」此說攘夷也。春秋所以須藉霸者而寧者，良以王綱不振故，而天子之依乎霸者，亦非得已耳。卷四十九論云：「晉師納王，於是請隧受田，無何而有河陽之召，雖功業攸崇，而天子陵遲極矣，所以定哀之世，傷天下之無霸，而閔僖之世，傷天下之無王，無王而後有霸，非得已也。讀史者至於惠襄之際，蓋不勝其辟雍鐘鼓之思矣。」

至相傳所謂五霸，凡有四說：《荀子‧王霸篇》以爲齊桓、晉文、楚莊、吳闔閭、越句踐；《白虎通‧號篇》有三：一爲昆吾、大彭、豕韋、齊桓、晉文；一爲齊桓、晉文、秦穆、楚莊、吳闔閭；一爲齊桓、晉文、秦穆、宋襄、楚莊，後說亦趙岐注《孟子》所主。馬驌從第二說，謂必有翼戴天子之功，而後可以稱霸，《繹史》卷四十四論云：「霸之名何昉乎？〈祭法〉曰：『共工氏之霸九州』，然則霸之名不已舊乎？或曰：古者有伯而無霸，其在唐虞，有州牧侯伯，商以文王爲西伯，周有二伯是矣。霸之名，我未之前聞也，其當周之末季，齊桓晉文之事乎？國佐有言曰：『五伯之霸也，勤而撫之，以役王命。』解者曰：是夏之昆吾，商之大彭、豕韋，周之齊桓晉文也。《白虎通》曰：『三王之道衰而五霸存其政。』則霸之名，若不自周起矣。蓋必有翼戴天子之功，而後可以稱霸。」是說霸應即伯，文中「解者」謂杜預注《左傳》成公二年也。馬氏之不數秦穆、宋襄、楚莊者，亦有說焉，卷四十四論又云：「秦穆公受甘言以縱鄭國，違黃髮而敗殽師，誅賢臣百里，而以子車氏殉，〈黃鳥〉刺焉；宋襄公不度德量力，求諸侯而虐用小國，敗泓身死，爲天下笑；楚莊王僭號陵上，憑威肆彊，觀兵以窺周鼎，倚怒以殘宋郊，易子析骸，力有餘而仁不足。此三君者，皆不聞有翼戴天子之功。粵稽昆吾、大彭、豕韋，蓋嘗於夏殷之中葉，匡輔王室，則并桓文而爲五矣。五霸之名，所由起乎？」在馬氏對霸之定義下，宜三者之不與也。卷四十七又論宋襄公之不霸者云：「襄

公乘數十年休養之餘，復際齊桓謝霸之日，奮志有為，首定齊亂，《史》以為〈商頌〉之作，由茲而興，當日之中外，未嘗不大有望於襄公也。卒之兵敗身死，以為天下笑。此其故何與？蓋嘗聞之：以力假仁謂之霸，宋之力自固有餘，服人不足。襄公未見齊霸之盛，而會逢其衰，鹹也淮也牡丘也，非不身從，然而救徐不克，謀鄫不成，襄公心竊易之，以為取而代之無難也，其視霸也易，故其志遂驕。」又云：「初，公之立也，以子魚為左師，自是以來，每事必諫，倘能用其一言，猶堪振禍。曷為知其仁而不聽其謀，剛愎自信，固敗是求，宋國之不亡也幸耳，列之於五霸，不亦惡乎？」又不以闔閭為然，卷四十四云：「即春秋之稱五霸，亦有進闔廬而黜宋襄者，循名責實，咸無稽焉。」若必取其一者，則於齊桓之後，晉文之前，廁一秦穆焉，卷五十四云：「中國不可一日無霸也，齊桓既沒，晉文未興，曠八年而無霸矣。無霸而有霸，則秦穆公為之也。」又論其所以故，為穆公能成晉文之霸，並禦戎狄而辟西土：「穆公於是再置晉君，輔以紀綱之僕，文公得是藉也，以霸諸侯，故曰：晉之霸也，秦穆公其有焉。定獻之亂，成文之功，中國再振，是齊桓所不能為者，穆能為之矣。秦晉世好，締以昏媾，乃圍鄭之役，秦受私盟，二國之畔，於茲焉始。既而秦復襲鄭，晉襄墨絰以擊之，隻輪不反，《春秋》於是大惡秦也，斥而貶之，為其貪遠國、違黃髮，亂人男女，喪其師徒也。穆公悔過而能用賢，彭衙再敗，又復修德，三舉而晉不能爭，轉敗為功，賢孰大焉？內削戎患，辟地千里，《左氏》大其悔過也，為張其辭曰：『遂霸西戎』，豈不韙哉！」

三、論春秋諸侯以利合

春秋諸侯黨立，為天下多事之由，《繹史》卷三十四論云：「東諸侯之黨立，而天下始多事矣。於是齊鄭為一黨，魯與宋衛蔡為一黨，五國之兩伐鄭也，宋人主兵而衛人倡謀，三國悉從事於宋衛者也。」而諸侯之分合，則所謂「喻於利」者也，是以其向背之間，往往因利所趨，而無道義存焉。〈左氏辨例〉卷二云：「春秋之世，唯利是視，尚何有於殷聘世朝之周禮哉？」《繹史》卷三十八舉魯宋之反覆云：「嚮也會稷之役，魯鄭齊陳也，今也宋納厲公，求賂成釁，魯不能和，輒比鄭以仇宋，是以賂合者，仍以賂離。然而宋戰方新，昭公入國，會姣會曹，魯宋同之，春秋之諸侯，何常之有矣。」又卷三十五論周鄭之戰，陳蔡衛三國之從王伐鄭，實由於私利：「陳蔡及衛，皆鄭之仇讎也，名曰從王，實欲修其私怨。然而王親將軍，三君不出，師無

紀律，民鮮鬥心，王師之敗，是又三國之尤也。」蓋以利合者必不能同心，宜其王師之敗績也。卷四十三論邢衛禦狄相救，亦因互利之故：「方翟人之入衛也，亦復病邢，齊人既遷邢，又復封衛，然則邢衛之國同病也，夷儀與楚丘，其相依猶唇齒也，衛與邢之相救，非相爲賜，勢不得不然爾。」各國之自利，自平王東遷，已顯然可見。卷三十論當時从王者秦晉鄭衛諸國，各有所利，亦各有所難，故無法與謀：「播遷以來，九族被棄，賢士困於下僚，中興之業，誰與爲謀者。是時从王之國，不過秦晉鄭衛已爾，秦與西戎世爲仇讎，當其力戰，蓋不獨爲王室也。平王以岐豐之地許之，西戎方據其郊，在平王不得不予，在秦亦不得不自取。然戎狄強盛，秦伯父子力爭二十餘年，而後得之，固不暇東略矣。況其僭臚郊祀，有無王之心乎！」蓋秦之戰西戎，實爲己利，「在平王不得不予，在秦亦不得不自取」，何其無奈！至於晉，則自顧之不暇，雖奉王命，亦無可如何也：「晉啟河內，表裏山河，足以蕃屏王室，然文侯雖賢，前有殤叔之難，後有曲沃之偪，晉之內亂，實自此始，而平王錫命，固諭以歸視寧邦矣，其委任又可知也。」鄭素爲王所重，因平王爲申后所出，鄭武公則娶于申也，然鄭僅滿足於迎立平王耳：「王爲申出，鄭武公娶于申，當桓公敗亡之際，其族散入南鄭，僅收餘眾，迎王於申，立之，東取虢鄶以爲國，其願已足。以申鄭昏姻之好，平王以武公爲司徒，世有其職，而遣役戍申，其事蓋可推矣。」而衛則無其權任：「惟衛武之賢，足以有爲，而權任不在焉。」而若其他各國，更無論已：「自四國之外，諸侯未有至者，且王既以罷兵息民示天下，即有志懷忠憤，繼起勤王者，將何所用之？況當時之列國，咸思自樹，更相侵伐，又未必乃心王室哉！平忘申侯之罪，即欲號令天下，恢復舊業，抑又難矣！」方王室之喪亂，天下諸侯各懷自利之心，「咸思自樹，更相侵伐」，欲周室之振，難矣哉！職是之故，春秋時代，各國之攻伐相仍，兵革薦至，乃無可免焉。太史公曰：「語有之：以權利合者，權利盡而交疏。」（《史記·鄭世家》）其春秋諸侯之謂歟？

四、論爲政在人

歷觀春秋各國之興衰，往往繫於政事是否得人也。馬驌以爲若得其人，主雖弱而國能強，即使不能霸於天下，亦足以晏安一方。《繹史》卷七十四論子產之用鄭云：「國非有彊弱也，得其人者昌，不得其人者亡。鄭小國耳，居南北之衝，自莊厲以來，晉楚交躪其地，國之不亡，倖矣。乃以五歲即位之

簡公，國家內亂，疆場外擾，悼共方爭，邊吏日警，而不數年閒，外患以平，內政以修，解甲息民，國家晏然稱治焉，謂非子產之力乎？」卷六十五論云：「宋之設官，以右師爲尊，司城居六卿之五，而子罕爲政，豈非以其賢乎？管子之秩，不參於高、國，而齊桓用之以霸；子罕之位，不加於華、向，而宋國賴之以安。故曰：國有賢人，社稷之衛也。」齊桓公之霸，因能用管仲，及其晚年所以漸衰者，管仲不在也，卷四十四論云：「管子之所以賢也，能輔君也。桓公之所以霸也，能用賢也。故曰：五霸桓公爲盛。」又云：「〔桓公〕功高志滿，於晚節見其漸衰焉。無他，管仲死也。故桓公中主也，得管仲而名彰。讀〈山高〉、〈牧民〉、〈輕重〉、〈九府〉諸篇，其規模宏焉，其經制詳且備焉。兵力甲於天下，而不敢教其君以請隧問鼎之事，此管子所以稱仁與？」一管仲之賢，能使中主如桓公者霸天下，且終其翼戴天子之令名，賢才之不能不重視有若此者。至如齊景公之不能用晏子，僅維持一國之稍安，馬氏於此，不能不爲其惜也。卷七十七論云：「晏平仲之在齊也，歷事三君，皆暗主也，……景公嗣位，若能委權任用，承霸國之餘烈，晉失諸侯，齊國之興，日可俟也。乃景公固非能大有爲之君也，所寵任者，梁丘據裔款之流，所好者宮室臺榭之崇、聲色犬馬之玩。嬰也隨事補救，以諷諫匡君心者，朝夕不怠，危行言孫，故能身處亂世，顯名諸侯，而齊國賴以之安也。」而於衛靈公之有才不能用，尤所不予也：「靈公在位四十餘年，當晉頃定之衰，倍晉合齊，政刑不修，而以無道聞。胡簋不知，而軍旅是問，任祝鮀、王孫賈之流，僅以不喪，而賢如蘧瑗、直如史鰌者，所稱衛多君子，反屈於下位，莫能用焉。」（卷七十五）官人之最可取者，莫如吳楚，卷八十九之論吳曰：「晉自會向以來，不復通吳，而季札之聘，反日接於上國，國有仁賢，修其禮治，是以篡弒雖作，勾吳卒彊，良有以哉！」卷六十九論楚曰：「有午與馮秉政於前，有子木繼政於後，而又來然丹於鄭國，復湫舉於晉都，濟濟充庭，咸稱國士。故康王以楚之弱主，諸臣盡得其用，卒能弭兵息民，南北分霸，諸夏入朝，雖時勢使然，要亦官人之明驗也。」卷九十四於此又三致意焉：「葉公諸梁可謂賢矣，先識白公之必亂，其後能定之。居方城之外，而繫國人之望，不賢而能之乎？圍公負王以出府，箴尹反正而除賊，幾於君弒國亡而後卒寧，殆天之祚楚也，亂之而治，危之而安，嗚呼異哉！」

五、論天道

夫史者，所以鑑往事而知來者，故有所謂因果律之存焉，馬驌則歸諸天

道。《繹史》三十四論宋殤公、閔公之弒，並及華督，以爲有天道存焉：「殤公弒而子馮入，以求援於諸國。《經》曰以成宋亂，《傳》曰爲賂立華，自是而督也世執政焉。馮立而督輔之，克沒其身，其子饗之，督也可以無患，即宋國宜若可無事也。乃禍起於忽微，宋萬之驟行其弒，戕閔公而兼殺華督，亦若有天道焉。」《左傳事緯》卷一「文姜之亂」論云：「觀于齊魯之亂，而知天道不爽，如是其昭然也。桓公不死于本國，而死于齊，天蓋巧于假手以爲隱公復讎，而因以終稔齊侯之惡，以斃其身，吉凶影響，可不畏與？」《繹史》卷三十八論云：「夫鄭莊不仁，構人之骨肉，而亂其國，於宋尤甚。子馮在鄭，則欲納之，華督弒君，則爲會以成之。然則宋莊處鄭日久，習見其詐，惟是得國之初，尚屈於鄭，故在位八年，行事不見於《經》。無何而鄭莊歿矣，適庶交爭，宋於是效其故智，首開難端，推刃尋讎，天道之好還，詎不信哉！」卷七十六論楚靈王之及身而報者曰：「郟敖，靈所縊而弒也，而身還自縊；幕及平夏，靈所殺也，而二子還見殺。昔詬天而呼，今投車而泣，匍匐棘圍，藁葬原野，雖欲追蹤六王二公之事，豈可得乎？」天之所報，往往非及身而顯，或延之數世也。如卷四十三論衛之亂滅云：「衛宣公納婦而授國於惠，則是淫亂者之可以享國也；惠公奪適而傳位於懿，則是竊立者之可以長世也。福善禍淫之道，不幾爽乎！是不然。爲惡者不必有近刑，懿公見殺於翟人，滅國殄世，猶是宣惠之餘殃也。」又如卷八十七論晉欒氏之亡云：「士鞅之論欒氏也，以爲書之德，其報在黶，黶之汰，其報在盈，及盈之身，而書之所施已沒，黶之怨實章，此據人事則然耳；若以天道，則欒氏之亡，端自書取之。何也？書黨莊姬以譖原屏，比楚茷以害三郤，而又親弒其君，倖免大戮，猶保其子，天之於人也，蓋遲久而後示罰焉。黶也侈汰，盈也聚慝，此所謂積惡餘殃，用絕厥世。」

　　據上所述，知馬驌所論，實博綜史事，覈其因由而有以知之，劉勰云：「觀千劍而後識器，操千曲而後曉聲」，其斯之謂與！

第三節　《左傳事緯》與《繹史》「論」之比較

　　《左傳事緯》成於順治八年以前，而《繹史》則完成於康熙九年，其間相去幾二十年，馬驌亦由單純之讀書生涯，歷經仕宦：同考、推官、縣令，其個性、思想當因人生經驗之影響而有所變易，比較《繹史》與《事緯》之文字，亦可見其若干。《繹史》在《事緯》之基礎上擴大而作，春秋部分之論，

亦多所承襲，惟仍有若干差異，如史料之擷取層面、篇章之分合等，此蓋由於二書性質不同：一爲古史之總述，一爲《左傳》之重編，其差別固所必然也。至於用字遣辭之異，可以覘知馬驌轉趨圓熟之由，此等轉變可得而言者有三：一曰態度之謙退也，二曰文字之簡練也，三曰用辭之精確也。茲分述如下：

（一）《左傳事緯》常用「余考」、「余稽」，《繹史》則多舍諸，於此可見其由狂傲自信，轉趨圓熟謙退，試列表比較之：（《事緯》數碼表條次，爲筆者所標；《繹史》則爲篇次，即原書之卷次）

《左傳事緯》	《繹史》
2.余考當日圍鄭之師，僅五日耳。	33.考當日東門之師，僅五日耳。
7.以吾考之王詩：桓王失信，諸侯背叛⋯⋯爲詩曰：「有兔爰爰，雉離于羅⋯⋯。	35.嘗讀〈王風・兔爰〉之篇矣，桓王失信，⋯⋯爲詩曰⋯⋯。
7.余稽周自文武成康號爲全盛⋯⋯。	35.周自文武成康，稱爲全盛⋯⋯。
11.考之隱桓之世，中國之壞地甲兵，無如齊者。	36.當隱桓之際，中國之甲兵，未有如齊僖者。
14.吾攷鄭忽以莊公世嫡，即無大援，分固當立。	38.夫鄭昭以莊公之世適，即無大援，分固當立。
1.余觀鄭伯城潁寘姜，人道絕矣。	32.城潁以寘母，黃泉而誓之，鄭伯之人道絕矣。
7.胡爲乎膽鼓抗命，矢集王肩，而文過飾罪，吾誰欺乎！	34.胡爲乎陳伍揚膽，矢集王肩，而謬爲卑辭以掩過飾罪也，天下後世，盡可欺乎？

《事緯》中念念不忘有「我」在，《繹史》則不然，可見其態度之謙遜。

（二）《左傳事緯》之論，行文每不厭詳盡，甚至拖沓乏力，而《繹史》則較爲精練，如：

《事緯》一（指條次，下同）：「段不過一馳馬試劍之公子耳，非如晉曲沃之能病翼、楚蔡公之能害靈王也。」《繹史》三十二：「段一馳馬試劍之公子耳，非能如晉之沃伯、楚之蔡公也。」案後者較爲簡練，良以曲沃蔡公之事，人所詳熟，故不煩贅說也。

《事緯》二：「桓公立十有三年而入春秋，隱四年春，書曰『衛州吁弒其君完』，衛無君矣。而兩書伐鄭，人嗟行役之勞，家賦〈擊鼓〉之篇，則州吁爲之也。」《繹史》三十三：「桓公嗣立，十三年而入春秋，越四年，《經》大

書曰……而稱人以伐鄭，《經》再書焉。嗟行役而賦〈擊鼓〉者，州吁爲之也。」案後者「越四年」較直書「隱四年」更能明白表出經歷時間之長短；「稱人以伐鄭，《經》再書焉」，一面點出《春秋》貶鄭之意，一面使文字更有力；至若「嗟行役」句，同用《詩經》，而顯然較原本駢句之冗散勉強者爲簡潔有力焉。

《事緯》二：「使其（州吁）在位日久，當不止楚虔之好武喜事，宋殤公之十年十一戰也。怨讟之聲，內外交起，〈燕燕〉飛而戴嬀悲，〈終風〉霾而莊姜怨。」《繹史》三十三：「假使在位日久，當不止宋殤之十年十一戰也。怨讟之聲，內外竝起，〈燕燕〉興悲，〈終風〉且怨。」案前者以《詩經》篇名作普通名詞，行文未免賣弄，以致拖沓。

《事緯》五：「苟有伯夷大伯之德與識，則中子立而孤竹存，季歷嗣而周室昌。苟無其德與識，雖子南之賢，尙啓蒯輒之爭……」《繹史》三十四：「大伯之讓周，以有文王也，苟無文王而徒以推讓爲節義，雖子南之賢，尙啓蒯輒之爭……」案前者文雖詳而氣弱，不若後者之簡要無虛文也。

《事緯》二十：「殺孟任之子般，不恤也；並殺其娣叔姜之子閔公，亦不恤也。內外交亂，比歲而弒二君。」《繹史》四十：「殺子般，又殺閔公，比歲而弒兩君。」案《事緯》繁複，惟恐不盡。

《事緯》二十：「僖公之立，天若啓之，卒能佐霸成功，爲魯國之令主，〈閟宮〉、〈泮水〉之詩是以作頌，遡其援立之功，非季子誰與歸乎？入春秋初，魯稱多事，桓公弒隱而不討，齊人殺桓而不讐；羽父驕逆，列爲世臣；文姜蕩亂，尊爲國母。咸謂宗國至此，其將殄乎！張公室而討逆賊，自季氏始，其世執政也，有自來矣。」《繹史》四十：「僖公之立，天若啓之，張公室、討亂逆，非季子吾誰與歸乎？季氏有定魯之功，故世爲執政。」前者敘述歷歷，文多煩瑣，未若後者之精要也。

（三）《事緯》用辭，偶有失當者，《繹史》則爲正之，如：

《事緯》一：「夫鄭莊不仁，好構人之骨肉而亂其國，於宋尤甚；宋莊在鄭，則欲納之；華督弒殤立莊，則爲會于稷以成之。然則子馮處鄭日久，習見其詐……」《繹史》三十八改爲「子馮在鄭，則欲納之」、「宋莊處鄭日久」，子馮即宋莊公，蓋在鄭之時，猶未成君，應稱名；得國之後，始稱宋莊，較合於敘述之實。

《事緯》五：「齊鄭爲一黨，魯與宋衛陳蔡爲一黨。五國連兵，兩伐鄭國，

宋主其兵，衛倡其謀，我與陳蔡悉從事於二國者也。……狡爾瘣生，易祊歸郜以固我交。」《繹史》三十四改稱「魯與宋衛陳蔡為一黨，……三國悉從事於宋衛者也。」蓋《春秋》為魯史，是以《事緯》從《春秋》所書稱魯為「我」，至於《繹史》則不應持此立場，故易之也。

《事緯》五：「數戰民疑，亂由中作，獨一孔父正色立朝，而流言復興，〔宋〕殤公至此一獨夫耳。」「獨夫」語出〈泰誓〉，《荀子・議兵》云：「誅桀紂若誅獨夫，故〈泰誓〉曰『獨夫受』，此之謂也。」蓋別有義，此處僅說宋殤之孤立無與，不得用「獨夫」二字，故《繹史》三十四改云「殤公至此，遂孤立無耦矣。」

由上觀之，可以知馬驌文筆之由繁瑣而入簡約，自冗沓而為凝鍊，其心態更由三十許人之恃才使氣，轉而為謙遜圓熟也。

附錄：《左傳事緯》與《繹史》春秋部分「論」之分合表

說明：

(1) 本表列次二書「論」之分合，以便查對比勘；篇目从原書所題。

(2) 次序依《繹史》，從其合也。

(3) 《繹史》之數碼為其篇次，即原書之卷次；《事緯》之數碼係原書之條次，為筆者所標。

(4) 備註欄有「*」號者表《繹史》文多精簡，其僅略有小異者則不另標記；有「。」號者表《繹史》該篇未引《左傳》。

(5) 《繹史》所論不見於《事緯》者，則《事緯》欄留空；《事緯》所論不見於《繹史》者，列於最後。

《繹史》		《左傳事緯》		備　註
31.	魯隱公攝位	4.	隱公之弒	
32.	鄭莊公克段入許	1. 3.	鄭叔段之亂 鄭莊入許	
33.	衛州吁宣姜之亂	2. 13.	衛州吁之亂 衛惠竊立	
34.	宋殤閔公之弒	5. 17.	宋殤之弒 宋閔之弒	

35.	桓王伐鄭	7.	周鄭繻葛之戰	
36.	魯文姜之亂	11.	文姜之亂	
37.	齊滅紀	12.	齊襄滅紀	
38.	鄭厲公簒國	14.	鄭厲簒國	
39.	曲沃并晉	16.	曲沃并晉	
40.	魯慶父之亂（三桓始事）	20. 32.	慶父之亂 公孫敖之奔	
41.	王子克王子頹之亂	10. 18.	王子克之亂 王子頹之亂	*
42.	楚子伐滅諸國	8. 22.	楚武始彊 楚滅諸小國	*
43.	衛懿公亡國（文公滅邢附）	24.	衛文滅邢	
44.	齊桓公霸業	15. 19.	齊襄之弒 齊桓霸業	*
45.	晉滅虞虢	21.	晉獻滅虞虢	
46.	魯人頌僖公			
47.	宋襄公圖霸	25.	宋襄圖霸	
48.	齊五子爭立	35.	齊懿之弒	
49.	王子帶之亂	26.	王子帶之亂	
50.	鄭穆公之立（靈公之弒附）	29.	鄭穆之立	
51.	晉文公霸業（上驪姬之亂、下襄公繼霸附）	23. 27.	晉驪姬之亂 晉文建霸	*
52.	衛元咺構訟	28.	衛元咺構訟	
53.	魯柳下惠之賢			
54.	秦穆公霸西戎	30.	秦穆霸西戎	
55.	晉靈公之弒	37.	晉靈之弒	
56.	陳夏氏之亂	40.	陳靈之弒	
57.	楚莊王爭霸（穆王附）	33. 39. 41.	楚穆圖北方 楚越椒之亂 楚莊爭霸	*
58.	晉滅赤狄（長狄之亡附）	42.	晉滅赤狄	
59.	晉齊靡笄之役	44.	晉景楚共狎盟	

60.	秦晉爲成	48.	秦晉爲成	
61.	晉楚鄢陵之戰	46.	晉楚鄢陵之戰	
62.	吳通上國（季札讓立附）	50. 69.	吳通上國 吳季札讓國	僅數語相同
63.	王臣亂亡	102.	王臣喪亡	
64.	晉悼公復霸	52.	晉悼復霸	
65.	宋子罕爲政	57.	宋子罕之賢	
66.	楚滅庸舒	59.	楚滅庸舒	
67.	衛孫甯廢立	60.	衛孫甯廢立	
68.	魯與邾莒之怨	61. 90.	世與邾莒之怨（附邾事） 季孫肥構怨邾齊（附邾事）	
69.	楚五令尹代政	62.	楚五令尹代政	
70.	齊崔慶之亂（靈莊叛晉）	63. 67.	齊靈莊叛晉 齊崔慶之亂	
71.	陳二慶之亂（蔡弑景侯附）	65.	陳二慶之亂（附蔡景之弑）	
72.	諸侯弭兵	68.	晉楚弭兵	
73.	宋共姬之貞			
74.	子產相鄭（竝載諸臣與慶、鄧析附）	70.	鄭子產相國	
75.	衛靈公之立（諸臣附）	75.	衛靈之立	*
76.	楚靈王之亂	71.	楚靈之亂	
77.	晏子相齊（上下）	72.	齊景納燕莒	僅數語同
78.	晉失諸侯	73. 85.	晉霸之衰 諸侯叛晉	
79.	陳氏專齊（陳佗之亂附）	76. 87. 91.	齊陳氏之大 齊悼之立 齊簡之弑	*
80.	三桓弱魯（仲遂殺適立庶附）	36. 47. 56. 74. 80. 97.	仲遂殺適立庶 叔孫僑如之亂 季孫宿專政 叔孫豎牛之亂 季孫意如逐君 哀公孫越	*

81.	宋公族廢興	34. 51. 78. 92.	宋昭之弒 宋桓族之亂 宋華向之亂 宋向魋大尹之亂	
82.	王子朝之亂	79.	王子朝之亂	
83.	老子道教			。
84.	鄭滅許	83.	鄭獻滅許	
85.	晉滅肥鼓（陸渾附、伐鮮虞附）	77.	晉滅肥鼓（陸渾附）	
86.	孔子類記（一、二、三、四）	89.	孔子用魯	
87.	晉卿廢興（上下）	45. 49. 64. 86. 98.	晉趙氏之難 晉厲之弒 晉欒氏之亡 晉范氏中行氏之亡 晉知氏之亡	＊
88.	魯陪臣交叛	84.	陪臣之叛	繹史有所增減
89.	吳入郢	82.	吳闔廬入郢	
90.	宋景公滅曹（子韋附）	88.	宋景滅曹	
91.	魯敬姜之賢			。
92.	衛莊公出公父子爭國	93.	衛莊出父子爭國	
93.	楚惠王滅陳	95.	楚惠滅陳	
94.	楚白公之亂（市南宜僚附）	94.	楚白公勝亂	
95.	孔門諸子言行（一、二、三、四）			。
96.	越滅吳上下	96.	越勾踐滅吳	
97.	王朝交魯（定靈昏齊附）	99.	王朝交魯	
98.	小國交魯	100.	小國交魯（戎狄附）	繹史增減並擴充
99.	春秋雜記	104. 105. 106. 107. 108.	郊祀 朔閏 蒐狩 城築 災異	繹史節略並擴充
100.	春秋遺事			。
		6.	陳佗之亂	

		9.	秦納芮取梁	
		31	晉襄繼霸	
		38.	鄭靈之弒	
		43.	王師敗于茅戎	
		53.	齊靈滅萊	
		54.	鄭僖之弒	
		55.	王室昏齊（定王、靈王）	
		58.	鄭西宮純門之變	
		66.	臧孫紇出奔	
		81.	晉祁氏羊舌氏之亡	
		101.	魯滅小國	
		103.	鄭臣之敗	

第七章　結　論

　　馬驌博古勤學，始終嗜書。在家則推財好義，出仕則興政愛民，蓋傳統士大夫之風範也。其祖九功好周人急，以讀書修德訓勉子孫，父化爻以續學補諸生，弟駉則事兄如父，居鄉嬋睦，而其子瑜則自云「我生好讀節義書」，其妾趙氏自經以殉夫，凡此具可覘知其家風之孝悌節義，好學敦睦也，是以里中稱德門焉。

　　《鄒志》稱馬氏「退讓斂抑，不事抨擊」，是彬彬君子也；李清謂其學古有獲，為政有冰蘗聲，是能經世致用者。故馬氏之論史事也，強調知人善任，親賢遠佞，觀其論子產之卒也曰：「死之日，鄭人丈夫舍玦珮，婦人舍珠珥，丁壯號哭，老人兒啼，曰：『子產去我死乎！民將安歸？』嗚呼！生令民愛，死令民哀，如子產者，所稱古良臣哉！」（《繹史》卷七十四）生令民愛，死令民哀，豈非馬氏所自期許者乎？方其卒也，靈士民皆哭，且為之制服，是其有遺愛也。又論宋共姬之貞云：「《春秋》之於宋共姬也，來聘書，納幣書，歸宋書，致女書，衛晉齊人之來媵又具書，言之盡，文之繁，中實有大美存焉。伯姬不幸而死於火，女而不婦，《春秋》憫之，記其卒復記其葬。女以貞順為德也，伯姬兼之矣。」（卷七十三）伯姬一婦人耳（伯姬共姬互文，在魯曰伯姬，歸於宋共公曰共姬），死於火，《左氏》非其行女道而不行婦道，馬驌所為特立一篇者，蓋重婦人之貞也。卷中兩取《公》、《穀》之文，而不是《左傳》，於《繹史》頗罕見，豈不因其平素重此，故子讀節義書而妾殉於夫邪？

　　至夫馬驌之學術也，亦有所超軼前人者，就經學而言，於《詩》則重敍《詩譜》，雖未必盡合鄭玄之舊，而於鄭氏上下而省，旁行而觀之意，應能得

之；於《禮》也，分章句、附傳記，且獨任其役，而成果乃高於張爾岐，然後世每高張氏而略馬驌，或以顧炎武之揄揚故也；至於《春秋》，則申《左氏》之例而發明孔子之義，曰痛王室之不競、傷世道之衰亂、惜攘夷之義闕也。由於馬氏之以經爲史也，故不憚於離析篇章，以六經爲我用；且因不主家法，故不囿於師說，不拘於故訓，是以雖不以經學見長而其成就亦有不可掩焉者。

就史學而言，《左傳事緯》與《繹史》之編纂體裁，均屬獨創，無論在史料之完備與編撰之體例上，均較前此同類著作如《左傳事類始末》、《春秋左傳屬事》與夫《古史》、《路史》、《皇王大紀》等爲勝；而史料之蒐采以完備爲尚，並廣用輯佚，固非吐果棄核、捃拾登薦者之可比；至夫史料之考辨，或以史實，或以制度，或以世次，或就事理文辭，或比較前後之牴牾，或考信於實物，要皆有見，實不止於尋行數墨，斤斤於瑣屑點畫而已。由於廣事蒐集，故能在同異之中得其間，並據以尋繹歷史記載之因襲衍變，對古史傳說之紛紜與疑信之雜廁，此誠首要之務也，馬氏《繹史》對古史研究之貢獻，要亦以此爲最焉。〔註1〕

就馬氏歷史批評之先後差異，可以推知其早期撰作《事緯》時，猶未免於明代史論、場屋試文之影響，故文辭有失之於冗贅者，至晚年所訂，精鍊確實，則可視爲史家之論矣。

馬驌之後，學者著述不乏受其影響者，或明舉其言，如陳厚耀、李鍇，或陰承其說，如高士奇、崔述，後者不言，亦無直接證據可以證實，僅能比較其文辭論說以見，亦不敢確指其受有影響也。茲略述如下：

一、高士奇（順治二年～康熙四十三年，1645～1704）

高士奇《左傳紀事本末》五十三篇，篇爲一卷，用袁樞《通鑑紀事本末》例，易編年爲紀事，凡列國大事，各從其類，不以時序，而以國序。除《左傳》外，雜取諸書爲「補逸」，另有「考異」以紀異說，「辨誤」以釐史實，「考證」以誌典要，「發明」以抒己說，末並附以論。其體例雖稱紀事本末，實與《繹史》相似。又「凡例」云：「是書凡《左氏》傳文罕有所遺，或有一傳而關涉數事者，其文不得不重見，則隨其事之所主，爲文之詳略。」知其於《傳》

〔註1〕 章學誠〈亳州人物表例議上〉說《繹史》云：「然馬氏之書，本屬纂類，不爲著作。」（《章氏遺書》卷十五）亦非知言。

文或有遺漏與重複，與《事緯》之嚴謹固不同也。

高氏之說與馬說同者舉例如下：

《左傳紀事本末》卷三十四「宋殤閔昭公之弒」論云：「南宮長萬乘丘之俘囚也，不正典刑而反為大夫於宋。」《繹史》卷三十四「宋殤公閔公之弒」論云：「萬之獲于魯，數月然後歸，典刑未正，而反升為大夫。」「典刑未正」諸書所不言，高氏似襲馬氏者。

《本末》卷五「魯隱公嗣國」辨誤引《史記》案云：「惠公雖非魯之令主，然魯秉周禮，不應有衛宣楚平之事，史遷之說近誣。」《繹史》卷三十一則云：「信如《史》言，則衛宣楚平之事，自惠公先之矣，惠公魯之令主，《史》說疑誣。」二者似相反而實相似也。

《本末》卷五論隱公之弒云：「顧隱之失，不在于讓，而所以處讓之道有未善也。」《繹史》卷三十四論云：「讓國非易言也……〔宋〕穆公知以國與殤與不知所以處殤。」論處讓之道意近。

《本末》卷四十一論云：「鄭莊公春秋諸侯中梟雄之姿也。」《事緯》卷一論云：「入春秋初，鄭莊彊暴，實曰首惡。」二者意同也。

就《左傳》紀事本末之體而言，高書不如《事緯》之嚴謹周密，以取材之豐富而言，則不如《繹史》之全備，范希曾亦云「高書不如馬驌《左傳事緯》。」（《書目答問‧補注》）

二、陳厚耀 （順治五年～康熙六十一年，1648～1722）

陳氏撰《春秋戰國異辭》，異辭者，其「凡例」云：「錄春秋異辭，錄其異於三《傳》、《國語》者也；錄戰國異辭，錄其異於《國策》者也。」其書雜採眾說，然似多取於《繹史》者。「凡例」云：「近馬氏《繹史》，考據詳審，時採其確論，附載篇末，間有鄙見，亦附誌之。」此雖僅說論之時採《繹史》，然所引固不止於論也；而於馬氏之說亦往往有不註明者，如卷四十八即有數則與《繹史》卷八十七下語同而未註明者：

1. 《異辭》引《說苑‧尊賢》趙簡子遊河事，注云：「《新序》、《韓詩外傳》俱作晉平公事。」與《繹史》頁十一上案語全同。

2. 《異辭》引《新序》卷一趙簡子上羊腸之坂，注云：「《說苑》晉文侯隨會事語同。」與《繹史》頁十三下案語全同。

3. 《異辭》引《莊子》逸文趙簡子出田事，注云：「逸篇，今本無，亦作

梁君公孫龍事。」與《繹史》頁十四上案語全同。

4.《異辭》引《韓詩外傳》逸文趙襄子之立，注云：「《通鑑》本此，今本無。」與《繹史》頁十九下案語全同。

又《繹史》卷八十七下引《說苑·臣術篇》公叔文子問史叟武子勝事趙簡子事，後引〈善說篇〉趙簡子問羊殖事，案云：「《家語》作晉平公問祁奚曰：『羊舌大夫何如？』按羊舌氏當趙簡子時久滅矣。《家語》近是。」《異辭》卷四十八引〈臣術篇〉語注曰：「按《家語》作晉平公問祁奚」云云，語同《繹史》，然馬氏此案稱「羊舌氏當趙簡子時久滅矣」，顯係因〈善說篇〉趙簡子問羊殖事而發，陳氏乃誤植於〈臣術篇〉公叔文子事後，鈔襲致謬之迹，至爲明顯。

《四庫提要》稱「馬驌《繹史》用袁樞《紀事本末》體，厚耀是書則用齊履謙《諸國統紀》體，而驌書兼採三《傳》、《國語》、《國策》，厚耀則皆摭于五書之外，尤爲其難者。」實則馬氏所採，不止於此五書，而陳氏所摭者，大體不出《繹史》之範圍，《提要》蓋失之。

三、李鍇（康熙二十五年～乾隆二十年，1686～1755）

李鍇撰《尚史》，自稱是書以馬驌《繹史》爲稾本，而離析其文，爲之翦裁連絡，改爲紀傳之體，作世系圖一卷、本紀六卷、世家十五卷、列傳五十八卷、繫六卷、表六卷、志十四卷，末附序傳一卷，仍於每段下各註所出書名，其遺文瑣事不入正文者，則以類附註於句下。蓋體例從《史記》而排纂則仿《路史》而小變之。《四庫提要》稱「此書一用舊文，翦裁排比，使事迹聯屬，語意貫通，體如詩家之集句，於歷代史家特爲創格，較鎔鑄衆說爲尤難。」然以馬氏《繹史》在，此書價值實不甚顯著也。余嘉錫甚推重《繹史》，而不以李氏之作爲然也，其《四庫提要辨證》卷五云：「居今日而欲考上古以至周秦之事，有《尚書》、《逸周書》以載言，《春秋左傳》、《史記》、《通鑑》（並《外紀》）以紀事，輔之以《紀年》、《國語》、《國策》，參之以諸子百家及古器物文字，而又有宛斯《繹史》以爲之緯，是皆學者所必讀。博觀愼取，傳信傳疑，其亦可矣；而李鍇者曾不之悟，好爲其難，勇過司馬，妄等譙周，遂奮筆而竄典謨，攘臂而據《繹史》，解剝其篇章，摭拾其翰藻，國爲世家，人爲列傳，事皆熟聞，詞非己出，取譬宛斯，可謂貌同心異。雖志切於攀龍，徒見誚其類犬耳。」

四、崔述（乾隆五年～嘉慶二十一年，1740～1816）

崔述撰《考信錄》，對廓古史之傳說，厥功甚偉，其著作深深影響及顧頡剛等《古史辨》派，而崔氏之說，固不乏與馬驌同者，茲舉數例：

崔述《補上古考信錄》云：「余於包犧氏之前，但取《易·序卦傳》文冠之篇首，附以《孟子》上世葬親之語，以見太古之大凡。」蓋包犧氏之前多所不取也；馬氏固已先持此態度，《繹史》卷一論云：「舍《詩》、《書》六藝之文，而妄信諸子讖緯之雜說，未能悉三代之世及，而遠求洪荒以上之氏號，斯好奇者之過也。尚論者斷自庖犧氏可矣。」

又《唐虞考信錄》卷一論堯之功成於舜云：「然堯開天救世之功，實成於舜，故堯之事業尤以舉舜敷治為最大。《尚書》既已載堯求舜之切，用舜之奇，與舜攝政命官之事，則堯之功即此已見，政（正）不必取七十載以前之政條舉而縷敘也。不善讀書者不能推求及此，遂若堯之生平碌碌無所表見，有賢而不能用，有奸而不能去，直待舜而後能用人行政，創制顯庸者，其失《尚書》之旨亦大矣。」此說馬驌已先之矣，《繹史》卷九論云：「抑帝所汲汲咨求者，得舜而授之以政。既得舜矣，考績黜陟之典，悉以委之，所去所舉，猶是以帝堯之心為心，而堯何庸有事哉？惟時……罪人斯得，野無遺賢，於是舜之德，莫非堯之德，群下之功，莫非堯之功矣。」

崔述最為顧頡剛所稱道者，厥為「層累造成古史說」，此說雖為顧氏所創，而實本於崔述（參顧氏〈與錢玄同先生論古史書〉，載《古史辨》第一冊，又《古史辨》第一冊〈自序〉）。崔氏之說曰：「夫《尚書》但始於唐虞，及司馬遷作《史記》，乃起於黃帝，譙周、皇甫謐又推之以至於伏羲氏，而徐整以後諸家遂上溯於開闢之初，豈非其識愈下則其稱引愈遠，其世愈後則其傳聞愈繁乎？」（《補上古考信錄》卷上）而此一觀念，馬氏固屢言之矣。《繹史》卷一論云：「〔上古〕文字未興，史官未設，尹昔之政教約束，固甚簡略也，孰能默識傳述，俾歷世罔或失墜？」又云：「二子者（案：指《列子·楊朱篇》引陽子居言、屈原《天問》）生當周季，去古未遠，而已歎古初之莫紀，矧百世以下，遭秦燔滅之餘，而妄稱上世之遺事，豈不亦迂誕哉！」又卷九引《符子》堯以天下讓巢父，案云：「《莊子》不言巢父，則巢父又後人增設。」又卷十九案云：「太公出處，自史遷已不能定矣，宜諸說之紛紛也。」

層累之說，固可遠推至《淮南子》「三代之善，千載之積譽也；桀紂之謗，千歲之積毀也。」（〈謬稱〉）然說猶未明，近世學者如楊寬則舉劉恕《通鑑外

紀》、歐陽修〈帝王世次圖序〉之說以爲證，而歸結於崔述之「益暢斯言」（參〈中國上古史導論〉，《古史辨》第七冊，頁 97～99），而中間實忽略馬驌之言也。

　　民初學者多有用及《繹史》者，如楊寬〈中國上古史導論〉、呂思勉〈盤古考〉、胡適《中國古代哲學史》、錢穆《先秦諸子繫年考辨》等，則此書應爲彼輩所熟知者，然而少所稱揚，僅梁啓超稱其爲「三百年來傑構」（《中國學術思想變遷之大勢》，頁 89），呂思勉「最爲後人所稱道者」（《讀史札記》，頁 1285）數語。平心而論，古史之討論，必因假借於《繹史》而使資料之蒐求倍加便利，則驌書之有助於《古史辨》時代學風之增益，應可肯定也。

　　自馬氏沒後，三百年來，新出史料之關乎古史者寖寖然富矣，甲骨金文固無庸論，即簡帛所書之先秦典籍如帛書《老子》、《孫臏兵法》、《侯馬盟書》、《黃帝四經》、《春秋事語》〔註2〕、雲夢《大事記》、帛書《戰國策》……等，均非馬氏當初夢寐之所及，若能仿《繹史》之體，爲作補編，則不特馬氏之功臣，其有裨乎古史研究者，亦不可限量也。晚近學者對上古史之研究多興趣缺缺，究其因，史料之龐雜零散與解讀之困難，實居首要，長編考辨之作，當能彌補此缺憾；否則不特古史研究之式微，寖假吾國傳統治學最客觀最科學之考證辨僞，亦將湮沒。誠然，述不如作之易於顯揚也，馬驌之聲名不彰即其一例。然學者不可以不務本，本者，章學誠所謂「功力」也。《遺書》卷二十九〈又與正甫論文〉云：「記誦名數，搜剔遺逸，排纂門類，考訂異同，途轍多端，實皆學者求知所用之功力耳；即於數者之中，能得其所以然，因而上闚古人精微，下啓後人津逮，其中隱微可獨喻、而難爲他人言者，乃學問也。」功力爲學問之本，舍功力而侈談學問，則必至空疎無據也。有子云：「君子務本，本立而道生。」於爲學也應亦如是。

〔註2〕馬王堆三號漢墓出土之古佚帛書、雜記春秋時事者（最早爲魯隱之弒、最晚爲三家滅知伯），原無題名，整理小組訂爲今名。

主要參考書目

一、本書目所列，以本文參考徵引者爲限，其他雖經寓目而無所取資者不與焉；較次要而不列於此者，則隨文注出。

二、本書目分三類，一爲漢以前之典籍，以其世次著者常不能確定，故依四部爲類，校釋附焉；一爲漢以後之論著，略依作者朝代爲次；一爲論文。

壹、典籍（校釋附）

1. 《周易正義》，魏・王弼、晉・韓康伯注、唐・孔穎達正義，阮元刻十三經注疏本，藝文印書館景印（後同）。

2. 《尚書正義》，題漢・孔安國傳、唐・孔穎達正義，十三經注疏本。

3. 《尚書今古文注疏》，清・孫星衍撰，清經解本。

4. 《毛詩正義》，漢・毛亨傳、鄭玄箋、唐・孔穎達正義，十三經注疏本。

5. 《周禮正義》，漢・鄭玄注、唐・賈公彥疏，十三經注疏本。

6. 《周禮正義》，清・孫詒讓撰，楚學社篹湖精舍本，藝文印書館景。

7. 《儀禮正義》，漢・鄭玄注、唐・賈公彥疏，十三經注疏本。

8. 《儀禮正義》，清・胡培翬撰，續清經解本。

9. 《禮記正義》，漢・戴聖編、鄭玄注、唐・孔穎達正義，十三經注疏本。

10. 《大戴禮記補注》，清・孔廣森撰，顨軒孔氏所著書第五、六冊。

11. 《大戴禮記解詁》，清・王聘珍撰，光緒十三年廣雅書局刊本，世界書局景印。

12. 《左傳正義》，晉・杜預集解，唐・孔穎達正義，十三經注疏本。

13. 《春秋左氏傳舊注疏證》，清・劉文淇、劉毓崧、劉壽曾撰，排印本，明倫出版社。

14. 《公羊傳注疏》，漢・公羊壽傳，何休解詁，唐・徐彥疏，十三經注疏本。

15. 《穀梁傳注疏》，晉·范甯集解，唐·楊士勛疏，十三經注疏本。

16. 《史記》，漢·司馬遷撰、晉·裴駰集解、唐·司馬貞索隱，張守節正義，乾隆四年武英殿刊本，藝文印書館景。

17. 《漢書》，漢·班固撰，唐·顏師古注，同上。

18. 《後漢書》，劉宋·范曄撰、唐·李賢注，乾隆四年武英殿校刊本，藝文印書館景。

19. 《逸周書》，晉·孔晁注，四部叢刊景明嘉靖刊本。

20. 《逸周書集訓校釋》，清·朱佑曾撰，道光二十六年刻本，藝文印書館景。

21. 《國語》，吳·韋昭注，嘉慶庚申（1800）讀未見書齋重刊天聖明道本，藝文印書館景。

22. 《國語斠證》，民國·張以仁撰，商務印書館排印本。

23. 《戰國策》，漢·高誘注，嘉慶癸亥（1803）讀未見書齋重刻宋剡川姚氏本，藝文印書館景。

24. 《山海經箋疏》，清·郝懿行撰，琅環仙館刊本，藝文印書館景。

25. 《今本竹書紀年疏證》，民國·王國維撰，世界書局。

26. 《古本竹書紀年輯校》，清·朱右曾輯，民國·王國維校補，世界書局。

27. 《竹書紀年訂補》，民國·范祥雍撰，世界書局。

28. 《穆天子傳》，晉·郭璞注，四部叢刊景明天一閣本。

29. 《越絕書》，漢·袁康撰，鐵如意館主校本，世界書局景。

30. 《吳越春秋》，漢·趙曄撰，明弘治覆元大德本，世界書局景。

31. 《孔子家語疏證》，清·陳士珂輯，商務印書館。

32. 《荀子集解》，清·王先謙撰，光緒辛卯（1891）刊本，藝文印書館景。

33. 《新序》，漢·劉向撰，明程榮刊漢魏叢書本，新興書局景。

34. 《說苑》，漢·劉向撰，明程榮刊漢魏叢書本，新興書局景。

35. 《法言》，漢·揚雄撰，明程榮刊漢魏叢書本，新興書局景。

36. 《晏子春秋》，四部叢刊景江南圖書館藏明活字本。

37. 《管子》，題唐·房玄齡注，四部叢刊景鐵琴銅劍樓藏宋本。

38. 《管子集校》，民國·許維遹原撰，聞一多參校，郭鼎堂等整理，龍門書店。

39. 《韓非子集釋》，民國·陳奇猷撰，河洛出版社。

40. 《墨子閒詁》，清·孫詒讓撰，宣統二年重刊定本，無求備齋墨子集成景。

41. 《呂氏春秋集釋》，民國·許維遹撰，世界書局。

42. 《淮南鴻烈集解》，民國・劉文典撰，粹文堂書局。

43. 《白虎通德論》，漢・班固撰，漢魏叢書本。

44. 《論衡》，漢・王充撰，漢魏叢書本。

45. 《風俗通》，漢・應劭撰，漢魏叢書本。

46. 《老子》，四部叢刊景鐵琴銅劍樓藏宋本。

47. 《列子集釋》，民國・楊伯峻撰，明倫出版社。

48. 《莊子集釋》，清・郭慶藩撰，河洛出版社。

49. 《楚辭補注》，漢・王逸章句、宋・洪興祖補注，四部叢刊景江南圖書館藏明覆宋本。

貳、論　著

1. 《古史考》，蜀・譙周撰，章宗源輯，嘉慶十一年平津館刊本。

2. 《昭明文選》，梁・蕭統編，六臣注，四部叢刊景宋本。

3. 《文心雕龍》，梁・劉勰撰，民國・范文瀾注本，明倫出版社。

4. 《述異記》，梁・任昉撰，漢魏叢書本。

5. 《初學記》，唐・徐堅編，嘉靖辛卯（1531）錫山安國重校刊本，新興書局景。

6. 《藝文類聚》，唐・歐陽詢編，新興書局景舊刊本。

7. 《史通》，唐・劉知幾撰，清・浦起龍《史通通釋》本，世界書局景。

8. 《詩本義》，宋・歐陽修撰，四部叢刊景宋本。

9. 《古史》，宋・蘇轍撰，文淵閣四庫全書本。

10. 《太平御覽》，宋・李昉等編，四部叢刊三編景靜嘉堂藏宋刊本。

11. 《冊府元龜》，宋・王欽若等編，中華書局景明刊本。

12. 《路史》，宋・羅泌撰，四部備要本。

13. 《春秋左傳事類始末》，宋・章冲撰，通志堂經解本。

14. 《皇王大紀》，宋・胡宏撰，文淵閣四庫全書本。

15. 《歷代鐘鼎彝器款識》，宋・薛尚功編，清・陸友桐臨寫汲古閣鈔本，藝文印書館景。

16. 《古文苑》，宋・章樵編注，鐵琴銅劍樓藏宋刊本，鼎文書局景。

17. 《集古錄跋尾》，宋・歐陽修撰，光緒丁亥（1887）行素堂校刊，新文豐出版社景。

18. 《朱文公集》，宋・朱熹撰，四部叢刊景明嘉靖本。

19. 《詩序辨說》，宋・朱熹撰，詩經傳說彙纂本。

20. 《儀禮經傳通解》，宋・朱熹撰，文淵閣四庫全書本。

21. 《朱子大全》，宋・朱熹撰，四部備要本。

22. 《資治通鑑》，宋・司馬光等撰，章鈺校本，世界書局。

23. 《資治通鑑外紀》，宋・劉恕撰，四部叢刊景明刊本。

24. 《癸辛雜識》，宋・周密撰，學津討原本。

25. 《文獻通考》，元・馬端臨撰，殿本，新興書局景。

26. 《春秋左傳屬事》，明・傅遜撰，文淵閣四庫全書本。

27. 《丹鉛雜錄》，明・楊慎撰，萬有文庫薈要本，商務印書館。

28. 《丹鉛續錄》，明・楊慎撰，叢書集成簡編本，商務印書館。

29. 《東華錄》，清・蔣良驥編，活字本。

30. 《大清世祖章（順治）皇帝實錄》，石印本，華聯出版社景。

31. 《大清聖祖仁（康熙）皇帝實錄》，石印本，華聯出版社景。

32. 《古今圖書集成》，清・陳夢雷等纂，鼎文書局景。

33. 《清會典》，清・崑崗等撰，石印本，國學基本叢書景。

34. 《大清會典事例》，光緒十二年敕撰二十五年刻本，中文書局景。

35. 《欽定學政全書》，清・童璜等纂，嘉慶十七年刻本。

36. 《嘉慶重修一統志》，石印本。

37. 《濟南府志》，舊刻本，學生書局景。

38. 《重修安徽通志》，清・何紹基等重修，光緒三年刊本。

39. 《山東通志》，清・孫葆田等撰，民國四年重印本，華文書局景。

40. 《鄒平縣志》，清・羅宗瀛等修，民國三年補刊，成文出版社景。

41. 《淮安府志》，清・顧棟高等修，咸豐壬子刊本（1852）。

42. 《淮安府志》，清・吳昆田等修，光緒十年刊本。

43. 《長山縣志》，舊刻本，成文出版社景。

44. 《繹史》，清・馬驌撰（版本見本文第二章）。

45. 《左傳事緯》，清・馬驌撰（版本見本文第二章）。

46. 《日知錄》，清・顧炎武撰，黃汝成集釋，排印本，世界書局。

47. 《謫觚十事》，清・顧炎武撰，顧亭林遺書彙集本，中華文獻出版社。

48. 《亭林文集》，清・顧炎武撰，四部叢刊景原刊本。

49. 《漁洋山人精華錄》，清・王士禎撰，四部叢刊景林佶寫刊本。

50. 《漁洋山人感舊集》，清・王士禎撰，廣文書局景石印本。

51. 《帶經堂詩話》，清・王士禎撰，廣文書局景舊刻本。

52. 《分甘餘話》，清・王士禎撰，民國十六年掃葉山房石印本。

53. 《尚書古文疏證》，清・閻若璩撰，舊刻本，政大圖書館藏。

54. 《潛邱劄記》，清‧閻若璩撰，清經解本。

55. 《蒿庵閒話》，清‧張爾岐撰，新興書局景石印本（筆記小說大觀第二十八編）。

56. 《儀禮鄭注句讀》，清‧張爾岐撰，文淵閣四庫全書本。

57. 《冬夜箋記》，清‧王崇簡撰，《說鈴》本。

58. 《左傳紀事本末》，清‧高士奇撰，德志出版社景舊刻本。

59. 《經義考》，清‧朱彝尊撰，舊刻本，政大圖書館藏。

60. 《曝書亭集》，清‧朱彝尊撰，四部叢刊景原刊本。

61. 《施愚山先生文集》，清‧施閏章撰，康熙間曹棟亭刻本。

62. 《學餘堂集》，清‧施閏章撰，文淵閣四庫全書本。

63. 《古今偽書考》，清‧姚際恆撰，顧頡剛校點本，華聯出版社。

64. 《史記志疑》，清‧梁玉繩撰，鼎文書局。

65. 《陔餘叢考》，清‧趙翼撰，乾隆庚戌（1790）湛貽堂刊本，華世出版社景。

66. 《十駕齋養新錄》，清‧錢大昕撰，萬有文庫薈要本。

67. 《章氏遺書》，清‧章學誠撰，民國十一年劉承幹嘉業堂刊本。

68. 《四庫全書總目提要》，清‧紀昀等撰，藝文印書館景。

69. 《崔東壁遺書》，清‧崔述撰，顧頡剛校點本，世界書局。

70. 《春秋大事表》，清‧顧棟高撰，同治癸酉（1873）重雕本，廣學社景。

71. 《周季編略》，清‧黃式三撰，儆居遺書本，中華大典會景。

72. 《尚史》，清‧李鍇撰，文淵閣四庫全書本。

73. 《春秋戰國異辭》，清‧陳厚耀撰，文淵閣本。

74. 《今世說》，清‧王晫撰，新校本，世界書局。

75. 《顧亭林先生年譜》，清‧吳映奎撰，光緒乙酉（1885）孫谿槐廬家塾校刻本。

76. 《顧亭林先生年譜》，清‧張穆撰，刻本，廣文書局年譜叢書景。

77. 《閻潛邱年譜》，清‧張穆撰，叢書集成簡編本。

78. 《歷代名人年譜》，清‧吳榮光撰，國學基本叢書本。

79. 《南澗文集》，清‧李文藻撰，舊刊本，文海近代中國史料叢刊第九十六輯景。

80. 《黃氏逸書考》，清‧黃奭輯，懷荃室藏版，藝文印書館景。

81. 《國朝耆獻類徵初編》，清‧李桓編，湘陰李氏板。

82. 《國朝先正事略》，清‧李元度編，四部備要本。

83. 《碑傳集》,清‧錢儀吉編,光緒十九年江蘇書局校刊,藝文印書館景。

84. 《漢學師承記》,清‧江藩撰,萬有文庫薈要本。

85. 《書林清話》,清‧葉德輝撰,世界書局排印本。

86. 《國朝貢舉年表》,申江袖海山房石印本,文海出版社景。

87. 《明清歷科進士題名碑錄》,舊刻本。

88. 《國朝書畫家筆錄》,清‧竇鎮撰,宣統三年文學山房聚珍板,文史哲出版社景。

89. 《孔子改制考》,清‧康有為撰,民國十一年重刊本,商務印書館。

90. 《宋代金文著錄表》,清‧王國維撰,海寧王靜安先生遺書本,商務印書館。

91. 《中國學術思想變遷之大勢》,民國‧梁啟超撰,中華書局(以下民國以來僅舉作者名)。

92. 《清代通史》,蕭一山,商務印書館,民國五十二年台初版。

93. 《清史稿》,趙爾巽等,民國十六年印本。

94. 《先秦諸子繫年考辨》,錢穆,香港大學出版社。

95. 《中國的科名》,齊如山,中國新聞出版公司。

96. 《清代捐納制度》,許大齡,燕京學報專號之二十二。

97. 《偽書通考》,張心澂,明倫出版社。

98. 《明清黨社運動考》,謝國楨,漢苑出版社。

99. 《顧寧人學譜》,謝國楨,商務印書館。

100. 《中國教育史》,陳東原,商務印書館。

101. 《金石書錄目》,容媛,大通書局。

102. 《閻毛古文尚書公案》,戴君仁,中華叢書委員會。

103. 《春秋辨例》,戴君仁,中華叢書委員會。

104. 《左氏春秋義例辨》,陳槃,史語所專刊。

105. 《明清政治制度史》,陶希聖、沈任遠,商務印書館。

106. 《中國典當業》,楊肇遇,商務印書館。

107. 《中國典當業述評》,趙連發,石室出版社。

108. 《清代知縣職掌研究》,徐炳憲,東吳大學中國學術著作獎助委員會。

109. 《讀史札記》,呂思勉,木鐸出版社。

參、論 文

1. 顧頡剛,〈古史辨自序〉,《古史辨》第一冊。

2. 楊寬,〈中國上古史導論〉,《古史辨》第七冊。

3. 王重民，〈李清著述考〉，《圖書館學季刊》二卷三期。

4. 王獻堂，〈李南澗之藏書及其他〉，《山東省立圖書館季刊》第一集第二期。

5. 淨雨，〈清代印刷史小記〉，《文華圖書館季刊》三卷四期，世界書局輯印書林雜話四種之一，附印於《書林清話》。